Socorro, ESTOU CASADO!

O que você precisa saber para ter uma vida inteira de felicidade

JOYCE MEYER

Socorro, ESTOU CASADO!

O que você precisa saber para ter uma vida inteira de felicidade

BELO HORIZONTE

Edição publicada mediante acordo com FaithWords, New York, New York. Todos os direitos reservados.

Diretor
Lester Bello

Autora
Joyce Meyer

Título Original
Making Marriage Work

Tradução
Maria Lucia Godde / Idiomas & Cia

Revisão
Idiomas & Cia / Ana Lacerda / Fernanda Silveira

Diagramação
Julio Fado
Ronald Machado (Direção de arte)

Design capa (adaptação)
Fernando Rezende
Ronald Machado (Direção de arte)

Impressão e Acabamento
Promove Artes Gráficas

Rua Caxangá, 466
Bairro Guarani, CEP 31840-150
Belo Horizonte/MG - Brasil
contato@bellopublicacoes.com.br
www.bellopublicacoes.com.br

© 2000 por Joyce Meyer
Copyright desta edição
FaithWords
Hachette Book Group
New York, NY

Publicado pela
Bello Comércio e Publicações Ltda-ME.
com a devida autorização de
Hachette Book Group e todos
os direitos reservados.

Primeira Edição – Julho 2011
2ª. Reimpressão — Fevereiro 2013

Todos os direitos reservados. Nenhuma parte desta publicação poderá ser reproduzida, distribuída, ou transmitida por qualquer forma ou meio, ou armazenada em base de dados ou sistema de recuperação, sem a autorização prévia por escrito da editora.

Exceto em caso de indicação em contrário, todas as citações bíblicas foram extraídas da Bíblia Sagrada Nova Versão Internacional (NVI), 2000, Editora Vida. Outras versões utilizadas: KJV (Apenas trechos do Novo Testamento:Versão King James em língua portuguesa, Abba Press), ARA (Almeida Revista e Atualizada, SBB) e NTLH (Nova Tradução na Linguagem de Hoje, SBB). As seguintes versões foram traduzidas livremente do idioma inglês em função da inexistência de tradução no idioma português: AMP (*Amplified Bible*), TM (*The Message*) e KJV (*King James Version*, Trechos do Antigo Testamento). Todos os itálicos e negritos nos versículos são da autora e não constam no original.

CIP-BRASIL. CATALOGAÇÃO NA FONTE

Meyer, Joyce

M612   Socorro, estou casado!: o que você precisa saber
        para ter uma vida inteira de felicidade / Joyce Meyer;
        tradução de Maria Lucia Godde / Idiomas e Cia. –
        Belo Horizonte: Bello Publicações, 2013.
        328p.
        Título original: Making marriage work: the advice
        Your need for a lifetime of happiness.

ISBN: 978-85-61721-67-1

1. Casamento. 2. Relações homem - mulher.
3. Felicidade. I. Título.

CDD: 173
CDU: 177.61

Sumário

Introdução   7

Parte 1: Triunfo ou Tragédia?

1. Uma Só Carne? Você Tem Certeza?   13
2. Mas Isso Não Vai Doer?   30
3. Antes de Começar de Novo, Tente Isto...   42
4. O Homem Não Deve Estar Só   50
5. Conte Até Dez Antes de Falar   64
6. Talvez Eu Tenha Tido *Um Pouco* de Culpa...   73
7. Posso Cortar Essa Fruta para Você?   89

Parte 2: Fazendo Escolhas

8. Aquela Toalha Molhada é a Sua?   107
9. Eu Prometo Amar Você, Mas...   121
10. Vamos nos Comunicar!   137
11. Existe uma Maneira mais Gentil de Dizer Isto?   155
12. Você Precisa de Quê?   168
13. E Então, o Que Isto Vai me Custar?   187
14. Passe-me o Curativo, Por Favor   207

Parte 3: O Fruto do Casamento

15. Por Que Você é Tão Diferente de Mim?   225
16. Dois é Melhor que Um   247
17. A Lógica do Amor   258

18. Como Ganhar e Manter 272

19. O Preço da Paz 290

20. Socorro — Acho que Estou Apaixonado! 306

Oração por um Relacionamento Pessoal com o Senhor 320

Mais uma Bênção Disponível para Você 321

Notas Finais 323

Sobre a Autora 325

Introdução

A união de duas pessoas em um casamento harmonioso é um processo que leva tempo. Deus disse que o casamento uniria duas pessoas e faria com que elas se tornassem como uma só carne. Sou a primeira a admitir que fazer um relacionamento dar certo é difícil e por vezes até doloroso. Fazer o que Deus diz nem sempre é fácil, mas minha vida é um testemunho vivo de que obedecer a Deus gera recompensas maiores do que eu jamais poderia esperar. Se você me dissesse há vinte e cinco anos que um dia eu viveria em tamanha combinação com meu marido a ponto de sermos como um só coração focado em objetivos comuns, eu teria rido e perguntado a que filme de ficção científica você assistira. No entanto, somos a prova viva de que dois opostos podem se atrair e juntos se tornarem uma força para realizar o plano de Deus, tanto para o nosso prazer quanto para o impacto que exerceremos no mundo.

Um popular programa de notícias matutinas dos Estados Unidos noticiou recentemente uma tendência em crescimento: eles são a nação com o maior número de casais que vivem juntos sem serem casados. A pesquisa também mostrou que esses mesmos casais têm menos probabilidade de ficarem juntos por toda a vida do que aqueles que se comprometem um com o outro por intermédio do casamento. Qual é a diferença? Ambos os grupos alegam amar um ao outro, mas apenas os casais casados fizeram a promessa de continuarem trabalhando nesse amor que nutrem um pelo outro.

Somente o tempo e as dificuldades podem provar se a promessa feita um ao outro será mantida, e assim enaltecer a presença do seu amor. Para terem vitória em vez de tragédia em um casamento, os casais de hoje precisam aprender a manter a promessa que fizeram no dia do matrimônio. Ao manterem a promessa do casamento, será revelado a eles o mistério de como duas pessoas se tornam uma só carne, assim como o plano de Deus para o nosso relacionamento com Ele.

Neste livro, examinaremos o que Deus queria dizer quando afirmou que o marido e a mulher se tornariam uma só carne. A versão da Bíblia Almeida Atualizada afirma em Efésios 5:31 que o homem e sua mulher *serão uma só carne*, mas muitas outras versões usam as palavras *se tornarão* em vez de *serão* (Almeida Revista e Atualizada, Nova Tradução na Linguagem de Hoje, Nova Versão Internacional). Graças a Deus porque temos a chance de *nos tornarmos* uma só carne, ou a maioria de nós seria desqualificada quando chegássemos ao fim da lua de mel.

> ———— ✳ ————
> Para terem vitória em vez de tragédia em um casamento, os casais de hoje precisam aprender a manter a promessa que fizeram no dia do matrimônio.

TORNAR-SE UM LEVA TEMPO

Tornar-se um leva tempo. Infelizmente, muitos casais estão desistindo do plano de Deus antes que o benefício do projeto que Ele planejou se manifeste em sua vida. Os votos do casamento não atuam de forma sobrenatural para trazer perfeita harmonia a dois indivíduos. Ao contrário, os votos matrimoniais são uma promessa de que eles não desistirão um do outro, apesar de suas diferenças, enfermidades e sucessos, mas se comprometerão a esperar que o plano de Deus tenha êxito. A Bíblia diz que o processo de um homem se tornar um com sua esposa é um mistério profundo, mas que nesse processo o coração de Cristo para com a Sua igreja será revelado.

À medida que você ler sobre a história de amor improvável que se desenvolveu entre Dave e eu, você verá que Deus com toda certeza pode operar milagres. Dave pediu a Deus que o conduzisse a uma mulher que precisasse de ajuda, e quando me viu, ele afirma que foi "amor à primeira vista". Eu não estava procurando ninguém, mas estava determinada a enfrentar a vida à minha maneira. Dave se deparou com o conflito no primeiro dia em que me disse "olá", mas Deus sorriu para ele aquele dia e foi fiel para completar a boa obra que Ele havia começado em nós.

Olharemos para o coração de Deus e para o Seu propósito para o casamento e veremos que Ele é confiável e que os Seus planos são a nosso favor e não contra nós. Então, à medida que considerarmos os Seus objetivos para o nosso casamento, poderemos abraçar os motivos pelos quais Deus quis que um homem e uma mulher se tornassem uma família. Deus dá instruções claras sobre como atingir os objetivos que Ele coloca diante de nós. Os caminhos Dele não são os nossos caminhos, mas Ele nos dá o poder e a graça de que precisamos para agir corretamente de modo que possamos ver a Sua face e refletir a Sua bondade ao longo da nossa vida.

Examinaremos ainda as diferenças entre homens e mulheres e como essas diferenças podem edificar ou destruir o outro. A escolha quanto a se iremos ajudar ou atrapalhar o nosso cônjuge é nossa. Se optarmos por ajudar, precisamos recorrer à fonte de amor sobrenatural de Deus que está disponível diariamente para todos.

Darei alguns exemplos dos meus erros e das minhas deficiências. Se você já me ouviu ensinando ou leu meus livros anteriores, sabe que uso muitas ilustrações sobre "o que não fazer". Mas também posso provar que Deus é fiel em abençoar aqueles que se arrependem de sua teimosia e seguem a Sua direção.

Mostrarei que a felicidade não tem a ver com encontrar um cônjuge que aja corretamente o tempo todo. Dave conhece minha opinião; ele sabe que acho que ele às vezes assiste a jogos demais na TV e joga golfe em excesso, mas veremos a surpreendente reviravolta do que Deus diz para fazermos com um cônjuge que "não acha" que está errado.

Não encerrarei este assunto sem lhe mostrar os princípios divinos sobre como "jogar limpo" e confrontar as ameaças que se levantam contra o relacionamento com o seu parceiro. Este é um livro importante, e acredito que Deus lhe revelará verdades espirituais e aplicações poderosas que curarão, restaurarão e renovarão o seu relacionamento com o seu cônjuge, independentemente da situação em que vocês estejam no relacionamento um com o outro.

Meu objetivo com relação a este livro é encorajar as pessoas que têm um casamento ruim a acreditarem que podem ser curadas. As pessoas que têm um bom casamento precisam continuar a fazer o que precisam fazer para que o seu relacionamento continue dando certo. A maioria das pessoas não sabe manter o que têm. Gálatas 5:1 diz: "Foi para a liberdade que Cristo nos libertou. Portanto, permaneçam firmes e não se deixem submeter novamente a um jugo de escravidão". Entendemos assim que quando os casais alcançam essa liberdade, isso não significa que eles irão mantê-la se não mantiverem um foco saudável em seu relacionamento.

Na verdade, se as pessoas têm uma fraqueza real em uma área, Satanás voltará e as tentará naquela área no primeiro instante em que ele achar que elas estão dormindo e não estão prestando atenção. Mas Deus nos ajudará por meio do poder do Seu Espírito Santo. Podemos aguardar com expectativa a bênção e o bem que recebem aqueles que se conformam com a Sua vontade em propósito, pensamento e ação.

O amor entre duas pessoas cria um lugar seguro para onde elas podem ir quando estão cansadas e não estão na sua melhor forma. O amor vê o melhor na outra pessoa quando não pode ver o melhor em si mesmo. De Deus não se zomba; colheremos o que plantamos. Se amarmos o nosso cônjuge, por nossa vez seremos amados quando precisarmos de graça em nossa vida. Alguém precisa ser o primeiro a semear as sementes certas. Siga em frente com a leitura deste livro para renovar sua mente com os princípios bíblicos sobre como plantar amor no seu relacionamento. Isso lhe trará uma colheita de felicidade vinda diretamente do suprimento abundante de Deus.

> ✳
>
> O amor vê o melhor na outra pessoa quando não pode ver o melhor em si mesmo.

Parte 1

TRIUNFO OU TRAGÉDIA?

Capítulo 1

UMA SÓ CARNE? VOCÊ TEM CERTEZA?

Por essa razão, o homem deixará pai e mãe e se unirá à sua mulher, e eles se tornarão uma só carne.

GÊNESIS 2:24

O casamento começa com uma promessa entre um homem e uma mulher de honrarem e se apegarem um ao outro por toda a vida. Muitos casais dependem do amor para manter o casamento de pé, mas o compromisso é a cola do casamento, e o amor é a recompensa por manterem a promessa de permanecer um ao lado do outro nos bons e maus momentos, na saúde e na doença, na pobreza e na riqueza. O processo de manter essa promessa é o que faz o amor crescer entre os dois.

A história de como Dave e eu nos conhecemos é provavelmente semelhante ao primeiro encontro de muitas outras pessoas. No entanto, nem todo casal começou tendo tantos problemas quanto eu tinha, e nem todo casal desfrutou as vitórias e os triunfos que celebramos ao longo do nosso casamento. Nosso relacionamento nem sempre deu os bons frutos que hoje transbordam para a vida de outras pessoas. Sem Deus, nós estávamos fadados à tragédia, mas Ele nos mostrou princípios de vida que nos ajudaram em meio às dificuldades e lutas que a maioria dos casais enfrenta.

A nossa história prova que, com Deus, todas as coisas são possíveis, e que a promessa do compromisso gera o fruto do amor.

Por volta dos meus vinte e três anos, eu era uma pessoa cheia de decepção. Meu coração havia sofrido uma injustiça após a outra, e eu nunca soube o que era ser feliz ou estar em paz com a vida. Quando conheci Dave, eu já havia sofrido com um relacionamento abusivo por parte de meu pai e com um casamento de cinco anos com um jovem que tinha tantos problemas quanto eu.

A promessa do compromisso gera o fruto do amor.

Nasci durante a Segunda Guerra Mundial, quando a guerra estava no ápice, em 1943. Meu pai foi convocado para o serviço militar no dia seguinte ao meu nascimento, e eu só o vi uma vez durante os três primeiros anos de minha vida. Quando ele voltou da guerra, era um homem amargo, irado e viciado em álcool, que deixou nossa família com lembranças dolorosas. Suportei aproximadamente quinze anos de abuso sexual por parte dele, o que obviamente teve um efeito devastador sobre a minha personalidade.

Eu não compreendia como poderia me libertar da raiz maligna de rejeição que se desenvolveu em minha alma, e achava que ninguém jamais iria me querer depois de ter sofrido esse abuso. Então, casei-me com o primeiro jovem que apareceu em minha vida, embora ele tivesse tantos problemas quanto eu. Ele também havia sido criado de forma inadequada, e seus pais permitiram que ele abandonasse a escola ainda muito cedo. Tivemos um relacionamento durante cinco anos que foi despedaçado pela dor e por mais rejeição. Creio que nos separamos cerca de vinte vezes durante esses cinco anos. O meu breve casamento terminou em divórcio, e meu primeiro marido, que vivia com outras mulheres, terminou indo para a prisão por emitir cheques sem fundo.

Embora tenhamos nos divorciado, tive um filho desse relacionamento a quem dei o nome de David, que era o nome do meu irmão. Quando meu filho tinha cerca de nove meses de idade, conheci Dave Meyer. Dave trabalhava com um jovem que morava no apartamento que ficava em cima do apartamento dos meus pais, o qual foi projetado para a moradia de duas famílias.

Uma noite, eu estava lavando o carro da minha mãe quando Dave estacionou em frente à minha casa com o jovem que morava no apartamento de cima. Tentando flertar comigo, ele disse: "Quando você terminar de lavar esse carro, se importa de lavar o meu?". Eu era muito sarcástica e retruquei: "Se você quer andar de carro limpo, lave o seu carro você mesmo".

Dave tinha vinte e seis anos e estava saindo com três garotas ao mesmo tempo, procurando ardentemente uma esposa. Ele diz que sabia que nenhuma delas era a garota certa para ele. Ele estava orando por alguém "que precisasse de ajuda". Quando ele deu uma carona até em casa ao nosso inquilino, com quem havia trabalhado por anos, Dave disse que chamei a sua atenção. Recentemente, ele contou a seguinte história com suas palavras a um amigo nosso.

"Ela estava usando um short curto e eu a achei muito bonita, então disse a mim mesmo: **Bem, vou tentar esta aqui.** Debrucei-me na janela do carro e disse: 'Ei, quando você terminar de lavar esse carro, se importa de lavar o meu?'.

Ela não fez por menos e disse: 'Amigo, se você quer andar de carro limpo, lave o seu carro você mesmo'. Imediatamente, este pensamento me atingiu: **Esta é a garota certa para mim.** Aquela voz dentro de mim simplesmente explodiu. 'É ela, a garota que você estava procurando'".

Dave diz que sempre gostou daquela "chama" original na minha personalidade. Houve muitas vezes em que essa chama gerou discussões, mas com o passar dos anos, Deus transformou nós dois. Eu costumava achar que Dave realmente se divertia com os meus rompantes de temperamento. Lembro-me das vezes em que estávamos discutindo acaloradamente e Dave conseguia mudar minha atitude ao dizer com um sorriso: "Ei, aqui está aquela velha chama de que tanto gosto — mantenha essa chama acesa!".

Dave obviamente gosta de desafios. Ele me faz lembrar Calebe, o espião do livro de Josué, no Antigo Testamento, que disse: "Dê-me uma montanha", quando ele e Josué estavam dividindo a propriedade na Terra Prometida. Por que alguém iria querer tomar posse de uma montanha? Mas Dave gosta de desafios e estou con-

— 15

vencida de que o fato de ele me querer tinha de ser um ato sobrenatural de Deus no seu coração. Não havia nada de convidativo na minha personalidade que fizesse alguém me querer tanto assim.

Sou grata porque Dave continuou a perseguir a sua "montanha". No nosso primeiro encontro, fomos ao boliche e quase bati nele. Depois fomos a um jogo de basquete juntos, jogamos pôquer uma noite com o irmão dele, fomos assistir a um filme, e depois fomos dar um passeio de carro em um domingo. Basicamente tivemos cinco encontros e ele me pediu em casamento. Aquele realmente foi um cortejo relâmpago.

Quando Dave me pediu em casamento, eu era um caos do ponto de vista emocional. Estava morando com meus pais e lidando com os desafios de enfrentar meu pai novamente. Eu queria desesperadamente sair daquela situação, e estava mais longe de saber o que era o amor do que nunca. Dave disse que me amava muito quando me pediu em casamento. Pensei: *Bem, por que não? Ele é bonito!* Eu não podia saber se o amava ou não, porque não sabia o que era o amor depois da maneira como havia sido tratada antes de conhecer Dave.

Todas as pessoas que um dia disseram que me amavam tinham me ferido, por isso eu não confiava em ninguém. Meus muros estavam cuidadosamente posicionados para proteger meu coração. Eu tinha medo de ser ferida novamente, então mantinha certa distância, mas Dave parecia entender o motivo dos meus medos e optou por me amar mesmo assim.

Desde o momento em que Dave me pediu em casamento, achei que ele fosse me rejeitar. Na noite em que fez o pedido, ele dizia o tempo todo: "Preciso lhe dizer uma coisa".

Eu estava com pressa porque meu pai estava fora de casa bebendo e se divertindo, e eu queria chegar em casa antes dele. Papai ficava violento às vezes, então eu ficava dizendo a Dave: "Preciso ir para casa".

Mas ele insistiu: "Preciso lhe dizer uma coisa importante". Achei que ele fosse terminar comigo. Finalmente, decidi deixar que ele dissesse o que queria para que as más notícias terminassem logo. Quando ele me pediu em casamento, fiquei chocada. Eu tinha uma forma negativa de ver as coisas. Foi difícil para mim acreditar que alguma coisa boa pudesse acontecer comigo.

Minha resposta a Dave quando ele disse que queria se casar comigo foi: "Bem, você sabe que tenho um filho". E ele disse: "Se eu amo você, então amo tudo que faz parte de você". Então decidimos nos casar em seis meses. Terminamos nos casando cerca de três meses depois de termos nos conhecido. Divorciei-me do meu primeiro marido em setembro, conheci Dave em outubro, e nos casamos em sete de janeiro do ano seguinte.

Dave diz que poderia ter me pedido em casamento na primeira noite em que saímos, mas ele sabia que aquilo iria me assustar. Ele disse que sabia que eu era a garota com quem deveria se casar. Porém, muitas decepções haviam me atingido antes da oferta de amor dele, então duvidei do seu compromisso desde o momento em que entrei na igreja e o vi no altar. Durante todos os nossos preparativos para o casamento, eu ficava pensando que provavelmente não levaríamos a cerimônia adiante.

Na verdade, cheguei atrasada para a cerimônia. Minha mãe estava literalmente a ponto de ter um ataque de nervos. Ela estava irritada porque eu não quis deixar que ela tirasse mais fotos quando ainda estávamos em casa, e me deixou irritada também. Quando cheguei à igreja, todos estavam se perguntando onde é que eu havia me metido.

Ambos concordamos que o nosso casamento foi um acontecimento sobrenatural. Dave era um cristão cheio do Espírito Santo e obviamente estava ouvindo a voz de Deus. Deus podia ver o resultado final, enxergando além da pessoa que eu era no dia em que Dave estacionou na porta da minha garagem. Nós nos casamos, e então a diversão começou.

A SUA CARNE OU A MINHA?

Se duas pessoas precisam se tornar uma só carne, como Deus costuma repetir na Sua Palavra, era óbvio que um de nós teria de fazer algumas mudanças. Naquela época me parecia certo que Dave era a pessoa que precisava de correções.

Quando Dave e eu nos casamos, já tínhamos David, então engravidei de Laura alguns meses depois. Ela nasceu em abril de 1968, e nós havíamos nos casado em janeiro de 1967. Então, dezoito meses depois, tivemos Sandy. Com três filhos, morávamos em um apartamento de três cômodos. Havia apenas uma sala, um quarto e a cozinha. O apartamento fazia parte de um *flat* para quatro famílias. Todos os outros que moravam ali eram um pouco mais velhos que nós. Tínhamos um carro e quase nenhum dinheiro. Dave ia trabalhar todos os dias, e eu ficava em casa com as crianças. O primeiro lugar onde moramos tinha ratos. Eu estava grávida de sete meses de Laura, e havia ratos por toda parte. Acho que chegamos a pegar dezessete ratos em um único dia.

Certa vez, liguei para Dave para dizer a ele que eu havia amarrado um rato no banheiro. Eu tinha atirado um desentupidor no rato, amarrado uma corda em torno da maçaneta do banheiro, tinha passado a corda por todo o corredor e a prendido em um armário, e dali a havia amarrado em volta do pé da cama. Dave levou meia hora para desmontar minha barricada. Quando ele chegou até o desentupidor, aquele filhote de rato estava morto, com as quatro patas para o ar.

Quando estava no hospital com Laura, Dave decidiu que deveríamos nos mudar do nosso apartamento de cinco cômodos para aquele *flat* de três cômodos para economizarmos. O aluguel do apartamento em que estávamos morando custava noventa dólares por mês, e o aluguel do *flat*, cerca de sessenta e cinco dólares por mês. Sem me dizer nada a respeito, Dave mudou todas as nossas coisas para o apartamento de três cômodos. Você pode imaginar como fiquei furiosa quando Dave me levou para casa, na volta do hospital, para um apartamento diferente, e ainda por cima menor? Afinal, havíamos finalmente apanhado todos os ratos, ou pelo menos nos acostumado com os que haviam restado! Hoje ele diz que sabia que eu ficaria furiosa, mas como eu estava furiosa o tempo todo de qualquer maneira, ele não achou que isso faria qualquer diferença!

O apartamento novo tinha baratas. Havia uma tão grande que decidimos chamá-la de Harvey. Quando eu me sentava no meio da cama à noite para amamentar Laura, Harvey vinha voando pelo corredor. Eu tinha pavor dela, e quando a via começava a berrar feito louca! Depois de berrar por ter visto Harvey, eu começava a gritar com Dave por ter nos mudado para aquele lugar horrível. Dave finalmente pegou Harvey, e depois de fracassar sucessivamente ao tentar incendiá-la com combustível de isqueiro, ele enviou o inseto ainda vivo para sua irmã, que havia morado ali anteriormente e que o havia convencido a se mudar para lá.

O bairro onde morávamos era pequeno. Havia uma loja de artigos diversos na esquina, uma padaria, uma mercearia, uma pequena confeitaria, e uma bonita loja do outro lado da rua. Eu nunca ia a lugar algum além daquele bairro. Toda sexta-feira eu atravessava a rua e fazia o cabelo, e durante o restante do tempo, ficava trancada com as crianças. Estava tentando trabalhar como babá para ganhar um dinheiro extra, mas eu era a última pessoa do mundo que precisava trabalhar com isso — eu mesma estava no limite!

Mas mesmo em meio a tudo isso, nós nos divertíamos um pouco. Nem tudo era um pesadelo ou uma loucura, mas era o cenário perfeito para o caos e as provações. Dave era sempre bom comigo e tentava me fazer relaxar. Ele ia até o armazém comigo, andava até o corredor ao lado e atirava as coisas para mim por cima das prateleiras! Depois ele corria atrás de mim com o carrinho de compras até eu ficar irritada com ele. Não importava o que Dave fizesse, ele estava determinado a se divertir.

Nunca haviam permitido que eu me divertisse quando era criança, nem depois, quando estava crescendo. Eu era muito insegura e me sentia como se todos estivessem me inspecionando. Pelo fato de achar que ninguém gostava de mim, eu agia como se não precisasse de ninguém — como se eu não me importasse. Mas bem lá no fundo, eu realmente me importava, e tentava ser o que achava que os outros esperavam de mim. Porém, como não estava em paz comigo mesma, o processo de me *tornar uma* com Dave teve um começo difícil.

Entrei no nosso casamento me sentindo como se cada um de nós estivesse determinado a cuidar de si mesmo. Dave fazia o que era melhor para ele, e eu fazia o que era melhor para mim. Se Dave assistisse ao futebol no domingo quando eu queria fazer outra coisa, eu achava que ele não estava interessado em mim. Meus pensamentos me incomodavam e me deixam sempre em agonia. **Você não se importa comigo; você não está cuidando de mim.**

Eu tinha rompantes de temperamento regulares. Quando Dave assistia ao futebol aos domingos, eu limpava a casa, batendo com as coisas por toda a parte e fazendo barulho para que ele soubesse que eu estava zangada. Eu arrastava o aspirador de pó para lá e para cá enquanto tinha uma crise de autopiedade, depois ia para o banheiro dos fundos para chorar. Com toda a minha encenação, estava tentando fazer com que ele fizesse o que eu queria. Esse tipo de comportamento é o que hoje chamo de "manipulação emocional".

Fiz isso tantas vezes que Dave ficou imune ao meu barulho. Ele assistia aos jogos porque sabia que eu iria dar um ataque de qualquer maneira. Às vezes ele brincava com as crianças quando sabia que eu estava furiosa com ele. Eles ficavam no chão, as crianças colocando rolinhos no cabelo de Dave, todos ignorando a minha exigência por atenção. Quando você está extremamente irritado, e obviamente não está afetando ninguém, isso deixa você louco.

Eu estava sempre procurando valor no que fazia. Até mesmo no trabalho, eu tentava galgar a escada do sucesso. Na igreja, eu tentava me envolver nos grupos certos e com a liderança disso e daquilo. É claro que eu tinha uma personalidade de liderança natural, mas a minha personalidade estava tão caótica, que eu queria todas essas coisas pelos motivos errados. Não estava tentando servir a Deus; estava procurando formas de parecer importante. Meus esforços para fazer coisas boas eram fundamentados apenas na "aparência" por causa da mentalidade concentrada em "obras" que eu tinha — e minha língua sarcástica não estava me ajudando a conseguir o que eu realmente queria.

Após cerca de seis anos de casados, eu havia praticamente esgotado a paciência de Dave. Ele era um otimista, sempre tentando me ajudar a ver além da minha situação. Mas eu não conseguia entender por que meus esforços para manipulá-lo não estavam dando certo, e, naturalmente, nossa vida sexual estava sendo afetada por causa de toda a raiva que eu sentia. Finalmente, certo dia, Dave disse: "Sabe, Joyce, você conseguiu me fazer chegar ao ponto em que mal consigo suportá-la". E ele acrescentou: "A única coisa que posso lhe dizer é que se você continuar desse jeito que é, não posso garantir com certeza o que acabarei fazendo". Os comentários dele me encheram do temor de Deus, e me fizeram avaliar seriamente o valor que eu dava a ele e ao nosso casamento.

Durante todo esse tempo, estávamos indo à igreja. Eu realmente amava a Deus. Eu havia nascido de novo e sabia que iria para o Céu quando morresse. Mas não era cheia do Espírito. Dave era presbítero, e eu fazia parte da diretoria da igreja. De acordo com as instruções do programa de evangelismo, saíamos todas as semanas batendo de porta em porta, e falando com as pessoas sobre Jesus. Éramos vistos como líderes na igreja. Estávamos vivendo a vida do faz de conta, mas por trás das portas fechadas, o que havia era um mundo e uma existência inteiramente diferentes.

Eu precisava de respostas reais de um Deus real. É claro que eu também queria essas respostas bem rápido. Mas uma das primeiras coisas que aprendi foi que a felicidade não acontece quando fazemos a coisa certa pelo motivo errado. Você não pode fazer o que é certo somente para conseguir que algo certo aconteça com você. Você precisa fazer o que é certo porque é certo, e ponto final. Então Deus o recompensará. Se a sua motivação for: "Tudo bem, vou fazer isso para conseguir que você mude, mas se você não mudar, então vou deixar de fazer", você nunca

> ✽
> A felicidade não acontece quando fazemos a coisa certa pelo motivo errado.

desfrutará a recompensa que vem de Deus. Ele vê o nosso coração e sabe se estamos tentando manipular os outros ou se obedecemos a Ele puramente por amor e nada mais.

Dave queria que eu mudasse, e eu queria que ele mudasse. Mas precisei chegar ao ponto em que finalmente compreendi que precisava fazer o que era certo, quer Dave mudasse ou não. Ainda que ele jogasse golfe todo sábado e assistisse ao futebol todo domingo pelo resto da vida, eu precisava agir corretamente independentemente do que ele fizesse.

É impressionante como Deus transforma as coisas. Recentemente Dave queria jogar golfe enquanto eu precisava fazer outras coisas e queria que ele fosse comigo. Ele me respondeu dizendo: "Bem, você pode fazer essas coisas sozinha".

Eu disse: "Eu realmente prefiro que você vá comigo", ao que ele respondeu afirmativamente.

Há quinze anos, ele não teria feito isso. Eu o importunava e estava furiosa o tempo todo, e ele havia aprendido a me ignorar. Mas agora, na maior parte do tempo, ele pode fazer o que quer, e isso não é um problema. Mas se de vez em quando eu quiser que ele faça algo diferente comigo, ele tem a liberdade de escolher estar comigo. Ele sabia que eu não ficaria furiosa se ele realmente quisesse jogar golfe, mas também sabia que deveria ser importante para mim querer que ele estivesse comigo desta vez, do contrário eu não teria pedido isso a ele.

A questão é que se ele tivesse dito, "Não, realmente quero ir jogar golfe na sexta-feira"; eu teria dito, "Tudo bem, então vou escolher as coisas que precisamos para a casa, e você terá de confiar nas minhas decisões". E ele teria concordado.

As mesmas situações que costumavam gerar separação e conflitos entre nós ainda existem, mas elas não têm mais o efeito de divisão que tinham sobre nós. Aprendemos a ser sinceros com os nossos sentimentos sem ameaçar a segurança um do outro. Aprendemos a encontrar o momento certo para confrontar um ao outro com os problemas que costumavam nos lançar em cantos opostos do ringue.

Dave e eu aprendemos a nos amar, e do nosso amor nasceu um ministério mundial. Nunca foi meu objetivo iniciar um imenso ministério. Eu apenas estava amando a Deus e tentando aprender a amar Dave porque era isso que Deus estava me pedindo para fazer. Deus fez grandes mudanças em nossa vida.

Aprendemos a ser bons administradores quando estávamos pagando os sessenta e cinco dólares de aluguel mensal pelo nosso apartamento. Hoje Deus provê todos os recursos necessários a cada mês para um ministério de alcance mundial. Compartilho isso somente para lhe mostrar a vasta extensão da capacidade de Deus de levar pessoas totalmente comuns e simples, como Dave e eu, a dar passos gigantescos de fé.

> Dave e eu aprendemos a nos amar, e do nosso amor nasceu um ministério mundial.

Eu era uma dona de casa que tinha apenas o Ensino Médio e morava em uma cidade da qual ninguém havia ouvido falar, Fenton, no Missouri, quando Deus me chamou para fazer isso. Eu não estava procurando um ministério grande; estava tentando sobreviver ao abuso sexual, aos relacionamentos fracassados, a uma mente confusa e a emoções confusas. Mas eu amava a Deus.

É impressionante o que Deus fará se você simplesmente amá-lo. Complicamos o Cristianismo a ponto de perder a alegria da nossa salvação. A coisa mais importante que precisamos fazer é receber o amor de Deus, aprender a amar a nós mesmos de forma equilibrada, amar a Deus em troca, e depois deixar que esse amor flua através de nós para um mundo cheio de pessoas agonizantes e sofredoras.

Deus nos dará em troca não apenas o que dermos, mas também nos dará abundante alegria. O mundo está cheio de pessoas ricas que possuem "coisas", mas que são infelizes. É bom ser próspero materialmente, mas é ainda melhor ser feliz e biblicamente abençoado juntamente com a prosperidade.

As portas que Deus abriu para nós nos impressionam. Não consigo entender por que, mas estou decidida a continuar passando por elas tentando ajudar o maior número possível de pessoas a receberem a alegria de Deus na vida. A nossa sociedade hoje está em um caos muito grande, e as pessoas não percebem que precisam de Deus!

Muitas pessoas têm uma impressão de Deus que absolutamente não é real, e elas não sabem como se voltar para Ele a fim de resolverem os seus problemas. Deus chamou Dave e eu para um ministério no qual podemos mostrar ao mundo um Deus empolgante que é divertido, generoso, maravilhoso, e que pode resolver os seus problemas. Recebemos milhares de cartas confirmando que a nossa simples mensagem de confiar em Deus fazendo o que Ele nos diz para fazer está atingindo o coração das pessoas.

> *
>
> Deus chamou Dave e eu para um ministério no qual podemos mostrar ao mundo um Deus empolgante que é divertido, generoso, maravilhoso, e que pode resolver os seus problemas.

Uma mulher nos escreveu dizendo que vivia com um homem há quinze anos. Eles não eram casados e tinham um filho de oito anos. Ambos eram viciados em drogas e haviam sofrido abuso na infância. Ela fugiu de casa aos quinze anos. Sua carta dizia:

Nós acreditávamos em Deus, mas vivíamos em pecado. Certa manhã, deparei-me com o seu programa de televisão, A Vida na Palavra. *Nem sei por que parei para ver. Mas comecei a assistir ao programa todas as manhãs enquanto limpava a casa, e parecia que você estava falando diretamente comigo.*

Agora me levanto todos os dias esperando ansiosamente ver A Vida na Palavra. *Assisto ao programa primeiro, depois leio minha Bíblia e, por fim, oro. Meu namorado, nosso filho e eu começamos a frequentar a mesma igreja que eu frequentava quando era jovem. Nós três fomos salvos há duas semanas. Joyce, deixamos as drogas e vamos nos casar no próximo mês.*

Quero que saiba que você me alcançou e ajudou a mim e à minha família a fazermos uma reviravolta em nossa vida. Por favor, continue fazendo o que você faz.

Quando Dave e eu lemos a frase seguinte, nós dois choramos no nosso quarto. Ela disse:

Agora nosso filho será criado na igreja por cristãos e não por viciados em drogas.

Existem muitas pessoas como essa mulher, que acreditam em Deus, mas vivem em pecado. O Cristianismo não é apenas uma viagem até o altar para fazer a oração do pecador arrependido. Não é apenas caminhar até à igreja no domingo de manhã ou ter um adesivo no porta-malas do carro, um gravador ou um broche com o nome de Jesus. O Cristianismo precisa ser vivido em um estilo de vida que soluciona problemas. Precisamos aprender a morrer para nós mesmos e a viver como Cristo.

Outra mulher nos escreveu dizendo:

Meu marido era viciado em jogo. Certa noite, tivemos uma discussão porque ele ia sair e jogar mais do nosso dinheiro fora. Já estávamos em um buraco financeiro tão profundo que era inacreditável.

Estávamos discutindo, e meu marido ia sair. Ele entrou no quarto para pegar as chaves na penteadeira. Estendi a mão e liguei a televisão. Ali estava você, dizendo: "Você que é viciado em jogo...". Ele ficou paralisado.

Nós filmamos esses programas com meses de antecedência, de forma que só Deus poderia ter orquestrado algo assim. Oh, como Deus é poderoso! A mulher disse que seu marido ainda tem alguns problemas, mas ele tem frequentado os Jogadores Anônimos e se comprometeu seriamente a vencer o vício.

Uma mulher que começou a assistir ao programa disse que não acreditava em mulheres como pregadoras porque haviam lhe ensinado que era errado as mulheres ensinarem ou pregarem. O único motivo pelo qual ela começou a acompanhar o programa foi porque ela gostava das minhas roupas. (Eu disse a Dave: "Está vendo, Dave, minhas roupas estão ajudando a causa de Cristo. Não tenho outra opção senão fazer compras!")

A mulher que gostava das minhas roupas era costureira. Ela comprou um caderno para desenhar os moldes dos modelos que eu usava. Todas as noites, às onze horas, ela se sentava e desenhava a roupa que eu estava vestindo. Então ela disse:

Eu acrescentava todos os brilhos, e olhava para a parte de trás de suas mangas e as desenhava para poder fazê-las. Não tenho ideia de quando comecei a ouvir o que você dizia, mas em algum ponto de todo aquele processo, Deus tocou profundamente meu coração. Hoje estou mais perto de Deus do que nunca estive em toda a minha vida.

Sou cristã há trinta anos, mas nunca tive um relacionamento muito íntimo com Deus. Suas mensagens me aproximaram muito Dele. Meu marido não acreditava em mulheres pregando, mas ele viu uma mudança tão grande em mim, que agora, se fico um pouquinho de mau humor, ele diz: "É melhor você não deixar de assistir à Joyce Meyer hoje".

Minha carta favorita foi enviada por Rick Renner, que tem um ministério na Letônia. Tenho o privilégio de estar na televisão em toda a região da antiga União Soviética. A carta contava como Deus estava se movendo na vida de uma mulher de forma poderosa através das ministrações a que ela assistia na TV. Em muitos pequenos vilarejos russos onde parece que as pessoas não têm muita coisa, a maioria das famílias ainda consegue ter uma televisão.

Rick escreveu: "Acho que esta história irá abençoá-la, Joyce". Ele disse que um pastor da Ucrânia levou uma equipe de evangelismo para um pequeno vilarejo russo onde eles tinham certeza de que nunca havia existido uma igreja ou um ministério de evangelismo. Eles acreditavam que aquele era um território inteiramente novo e tinham a expectativa de oportunidades tremendas.

Eles bateram à porta da primeira casa da aldeia, e uma pequena mulher a abriu. Quando eles começaram a compartilhar o Evangelho, ela disse: "Oh, esperem, esperem, esperem; entrem. Deixem-me contar o que aconteceu comigo".

Quando eles entraram, ela contou que estava assistindo a "Boas Novas com Rick Renner", e foi salva naquele momento. Ela disse que trazia um tumor, na parte inferior de suas costas, do tamanho de um melão pequeno, o qual não podia ser retirado porque era perigoso demais. O tumor, que ela tivera durante a maior parte de sua vida, fazia com que ela tropeçasse quando andava. A mulher usava roupas soltas para que as pessoas não o vissem. O tumor era muito desconfortável e havia afetado toda a sua vida.

Um mês depois de ser salva, ela estava assistindo a um ministro na TV que apontou para a tela e disse: "A cura pertence a você". Em um instante, ela acreditou. Ela ouviu um estouro alto em suas costas, correu para o banheiro e viu que todo o conteúdo do tumor estava escorrendo por suas costas e pela parte de trás de suas pernas. Por volta do fim do dia, aquela coisa havia desaparecido completamente — e não havia mais nenhum vestígio dela.

Mais um mês se passou. Ela estava assistindo a outro ministro que começou a falar sobre o batismo no Espírito Santo. A mulher russa disse que recebeu o batismo no Espírito Santo e começou a orar no Espírito ali mesmo em sua pequena casa, naquela aldeia russa. Ela nasceu de novo, foi curada e batizada no Espírito Santo, mas achava que ainda estava faltando alguma coisa. Então ela contou a eles: "Agora encontrei 'A Vida na Palavra', com Joyce Meyer. Minha alma está sendo curada e estou amadurecendo como cristã".

Em 1990, tivemos uma rara oportunidade de entrar em uma rede popular da Ásia chamada "Starworld". É uma rede secular, mas é um canal em língua inglesa que atinge meio bilhão de pessoas que querem praticar o inglês. Eles nunca tiveram nenhum tipo de transmissão religiosa naquele canal. Esta carta veio da Ásia, onde estávamos compartilhando as Boas Novas do Evangelho todas as manhãs:

Certo dia, às seis da manhã, por acaso levantei-me cedo e liguei a televisão. Eu a vi pela primeira vez. Eu estava assistindo à Starworld há dez anos, e nunca achei nenhum programa tão inspirador quanto as palestras que você ministra. Eu me diverti muito.

Tenho me sentido deprimida há muitos anos. Às vezes pensava em explodir, embora meus alunos nunca o imaginassem. Eu nunca demonstrava isso exteriormente.

Você faz ideia de quantas pessoas são infelizes, mas nunca deixam isso transparecer exteriormente? Elas vivem uma vida falsificada, colocando um sorriso de plástico no rosto todos os dias, e simplesmente tentando esconder sua infelicidade. Jesus morreu para que tivéssemos mais do que uma vida falsificada.

Na minha profissão, acho que posso dizer que sou uma professora qualificada, mas pessoalmente, sempre achei que eu era infeliz interiormente. Eu tentava me analisar — tentava descobrir que problemas psicológicos eu tinha — mas sempre falhava. Na verdade, eu era apenas muito infeliz.

Mas quando eu a vi, você disse: "Quero compartilhar algo que pode ajudá-lo a entrar em um lugar de descanso". Você disse: "A frustração vem das obras da carne", e eu nunca me esquecerei de sua descrição sobre as sementes em suas mãos, que foi muito impressionante.

Suas paráfrases são tão impressionantes que não consigo abrir mão delas. Então, desde a primeira vez em que a vi, há aproximadamente duas semanas, nunca mais perdi a chance de encontrá-la às seis da manhã todos os dias. Estou totalmente obcecada pelas suas palestras. Estou certa de que vou seguir o seu caminho.

Consegui uma Bíblia em inglês emprestada para poder acompanhar a leitura. Não encontrei nenhuma livraria ao meu alcance que venda este Livro. Quando você pediu que abríssemos o Livro em 1 Pedro capítulo 5, eu abri o Livro que pedi emprestado. Não era a palavra que você estava lendo. (O motivo foi porque eu estava lendo na versão Amplificada.)

Ela continuou:

Para dizer a verdade, antes de ouvir suas palestras, eu nunca achei que me interessaria por qualquer crença religiosa porque conhecia muito pouco a respeito delas. Creio que talvez o Livro que pedi emprestado não seja da mesma edição do que você possui. O meu diz: "A Bíblia Sagrada dos Gideões".

Você poderia me dizer onde e de que forma posso conseguir o Livro que você usa? Muito obrigada.

Atenciosamente,

Sua ouvinte...

É claro que nós enviamos o "Livro" para ela imediatamente, e estamos crendo na sua salvação. É impressionante quantas pessoas nunca ouviram falar sobre os princípios divinos para aplicá-los em sua vida.

O Cristianismo tem tanto a oferecer às pessoas! Ele é um estilo de vida. O Cristianismo precisa ser vivido na nossa vida diária se quisermos afetar a vida de alguém.

Depois que tomei a decisão de me tornar cristã, precisei aprender a viver como uma cristã. Aprendi que as bênçãos de Deus não podem ser desfrutadas quando estamos com um pé mundano preso na teimosia, no medo e na rebelião; e o outro pé tentando tocar o Reino. Também aprendi que as bênçãos de Deus não são apenas para nós mesmos. Quando fazemos o que é certo, isso afeta a vida de outros.

Isso é parte do milagre que Deus opera entre duas pessoas. O plano Dele é restaurar o nosso relacionamento com Ele e, depois, o nosso relacionamento um com o outro. Ele não mudou o nosso estilo individual ou a nossa forma de encarar a vida; Ele simplesmente transformou o nosso coração para aceitarmos melhor um ao outro. Ele nos ensinou a nos adaptarmos e a suprirmos as necessidades um do outro quando possível. Ele nos ensinou a cuidar um do outro tão bem quanto cuidaríamos de nós mesmos.

> *
>
> Deus simplesmente transformou o nosso coração para aceitarmos melhor um ao outro. Ele nos ensinou a nos adaptarmos e a suprirmos as necessidades um do outro quando possível.

Se os maridos e as esposas pudessem praticar essa habilidade de aceitarem e cuidarem um do outro em casa, esses padrões de relacionamento poderiam se irradiar para a maneira como tratamos as pessoas no trabalho, no nosso bairro e no nosso mundo. Então, o *mistério* do relacionamento do qual Deus falou em Efésios 5:32 começaria a revelar seu segredo.

Capítulo 2

MAS ISSO NÃO VAI DOER?

Além do mais, ninguém jamais odiou o seu próprio corpo, antes o alimenta e dele cuida, como também Cristo faz com a igreja, pois somos membros do seu corpo. "Por essa razão, o homem deixará pai e mãe e se unirá à sua mulher, e os dois se tornarão uma só carne".

Efésios 5:29-31

Em que Deus estava pensando quando projetou dois indivíduos exclusivos, que nunca seriam copiados, estranhamente maravilhosos, com as próprias visões, sonhos e objetivos, e depois disse a eles: "Agora vocês vão se tornar uma só carne"? E qual de nós dois nós devemos nos tornar? Ele deve se tornar como eu, ou eu devo me tornar como ele? O que Deus está realmente nos pedindo para fazer e qual é o Seu propósito com tudo isso?

Primeiramente, precisamos entender que a instrução para que maridos e mulheres se tornassem um foi dada àqueles que têm comunhão com Deus. "Tornar-se um" não foi algo que nos foi dito para **fazermos**, mas foi algo que Ele disse que **aconteceria** conosco durante a realização do Seu plano.

Deus quer que os casais cristãos sejam sujeitos um ao outro devido a uma reverência a Cristo. O propósito Dele baseia-se no fato de que somos membros (partes) do Seu próprio corpo. Os casais cristãos devem se tornar como uma só carne em seus objetivos e suas decisões a fim de mostrarem ao mundo — em pequena escala — o poder que emana da unidade que um relacionamento pessoal com Deus deve refletir. Veja o versículo que se segue ao comentário de que os casais devem se tornar uma só carne.

Este é um mistério profundo; refiro-me, porém, a Cristo e à igreja. — Efésios 5:32

Os casais casados que se submetem à liderança de Deus são exemplos do relacionamento de amor que deve existir entre o crente e Jesus. Em outras palavras, os incrédulos que não podem ver Cristo, devem poder enxergar o Seu amor quando observarem o relacionamento entre os casais cristãos. Como crentes, devemos colocar a nossa atenção no Senhor. E quando colocamos o foco em Cristo, Ele sempre nos transmite poder

> ❋
>
> "Tornar-se um" não foi algo que nos foi dito para fazermos, mas foi algo que Ele disse que aconteceria conosco durante a realização do Seu plano.

para realizarmos ou recebermos o desejo do nosso coração.

Deleite-se no Senhor, e ele atenderá aos desejos do seu coração. Entregue o seu caminho ao Senhor; confie nele, e ele agirá. — Salmo 37:4,5

Do mesmo modo, quando uma esposa se deleita em seu marido como se estivesse se deleitando do Senhor, o Senhor por sua vez atenderá os desejos e as petições secretas do seu coração. Deus também instruiu o marido a alimentar e proteger cuidadosamente sua esposa como faria com a própria carne. Deus não nos chamou para o cativeiro, mas para o mistério do Seu caminho, que conduz à liberdade. O melhor de Deus nos será restituído se confiarmos Nele e praticarmos a Sua Palavra.

Deus disse que os dois *deverão* se tornar como um. Há uma finalidade na Palavra de Deus que aponta para o fim e não para o processo. Ele promete que o marido e a esposa se **tornarão** um assim como Cristo é um com a igreja. Deus está fazendo essa obra em nós. Não é algo que **fazemos** acontecer; é algo que deixamos que aconteça quando confiamos em Deus para fazer o que Ele prometeu realizar em nós.

ALGUÉM TEM DE SER O PRIMEIRO

Para permitir que o plano de Deus funcione, pelo menos uma das duas pessoas envolvidas precisa começar a confiar no plano. Ou a esposa precisa confiar em Deus o suficiente para voltar sua atenção para o seu marido, ou o marido precisa amar sua esposa e cuidar das suas necessidades como Cristo cuida de nós. Que mistério profundo o fato de Cristo ter vindo como nosso servo, mas, no entanto, nós achamos difícil servir aos outros. Quanto mais nos adaptarmos aos caminhos Dele, mais as Suas bênçãos encherão a nossa vida.

Deus nos amou primeiro, e nós o amamos em troca. Ele nos dá segurança com relação ao Seu amor e começamos a amar os outros e, finalmente, o amor passa a estar tão entrelaçado dentro de nós, que já não importa mais quem foi o primeiro a amar o outro. Efésios 5:1 continua:

Portanto, sejam imitadores de Deus, como filhos amados.

O livro de Efésios explica essa lição de amor dizendo que devemos ser úteis, auxiliadores e gentis uns com os outros, e termos o coração manso, compassivo e compreensivo para com o outro. Ao nos tornarmos como Cristo, voltaremos naturalmente a nossa atenção para as necessidades das outras pessoas.

Nem o marido nem a esposa estabelecem o padrão do que o outro deve se tornar. Só Cristo é o modelo ao qual devemos nos adaptar. Atingir o objetivo de se tornar um com o outro é um processo diário, assim como se tornar semelhante a Cristo é uma trajetória de estudo que dura uma vida inteira. É doloroso trabalhar em um relacionamento, mas é mais doloroso colher fracasso, dissensão e separação daqueles a quem amamos porque simplesmente os negligenciamos e plantamos sementes ruins.

Portanto, para se tornar "um" com o outro, precisamos primeiramente entrar em acordo com Deus nos aproximando de Cristo e nos tornando como Ele. Quando convidamos Jesus para entrar nos nossos relacionamentos e fazemos o que Ele nos diz para fazer, nos tornamos como Ele nos nossos pensamentos e atos, e consequentemente, nos tornamos amorosos como Ele. Assim podemos desenvolver e manter bons relacionamentos.

Não há judeu nem grego, escravo nem livre, homem nem mulher; pois todos são um em Cristo Jesus. — Gálatas 3:28

O AMOR CRESCE ONDE É SEMEADO

Quando conheci Dave, ele estava em pleno processo de se adaptar à mente de Cristo. Ele estava disposto a me aceitar como eu era, assim como Deus está disposto a aceitar todos nós da forma como somos quando o encontramos. Deus nos ama, "com defeitos e tudo", e suponho que você poderia dizer que Dave estava fazendo vista grossa para os meus. Mas assim como o amor de Deus nos transforma para sermos mais semelhantes a Ele, o amor Dele entre duas pessoas

O amor de Deus entre duas pessoas pode fazer com que elas se adaptem e vivam em paz uma com a outra.

pode fazer com que elas se adaptem e vivam em paz uma com a outra à medida que se tornam mais semelhantes a Cristo em seu relacionamento.

Se Dave não estivesse andando com Deus, nosso casamento teria sofrido por mais tempo do que sofreu, ou talvez não tivesse sobrevivido. Ele foi muito paciente comigo durante os anos em que eu estava lutando contra tantas dificuldades. O fato de eu ter nascido de novo ajudou — pelo menos eu fazia algum esforço mínimo para agradar a Deus. Eu queria fazer o que era certo, mas não sabia o que era isso devido à falta de ensinamento bíblico significativo, ou muitas vezes não estava disposta e era incapaz de escolher as atitudes corretas devido a todo o cativeiro e às fortalezas que haviam se estabelecido na minha personalidade.

Nasci de novo aos nove anos. Na noite em que fui salva, precisei sair de casa escondida para ir à igreja com alguns parentes que estavam nos visitando porque meu pai não teria permitido se tivéssemos pedido a ele. Eu sabia que havia ido àquele lugar, naquela noite, para ser salva; mas não sei como sabia na época que precisava de salvação.

O pastor não fez o apelo naquela noite. Eu estava com muito medo, mas no fim do culto fui até à frente da igreja, levando duas de minhas primas comigo. Olhei para o pastor e disse: "O senhor pode me salvar?".

Ele lamentou não ter feito o apelo, mas recebi uma gloriosa purificação da minha alma naquela noite. Eu sabia que havia nascido de novo, mas no dia seguinte roubei em um jogo de esconde-esconde com minhas primas, olhando para ver onde elas estavam indo, e achei que tinha perdido a salvação! Eu já estava na casa dos vinte anos quando finalmente entendi que Jesus havia prometido não me abandonar. Hebreus 13:5 confirma essa promessa... porque o próprio Deus disse: "Nunca o deixarei, nunca o abandonarei".

Olhando para trás, posso ver que desde a experiência da minha conversão eu estava determinada a me libertar da situação em que estava e a me tornar algo mais do que meu pai pensava a meu respeito. Agora entendo que quando recebi o Senhor, a Sua força entrou em mim para vencer aquela situação. Durante a minha adolescência, eu orava e falava com Deus quando precisava de ajuda para sair de várias situações.

Deus estava comigo todos aqueles anos, e Ele me ajudou a suportar e a sair das circunstâncias que me mantinham cativa. Eu sempre esperei que minha mãe deixasse meu pai, mas ela nunca fez isso, e eu não conseguia entender por que ela ficou com ele. Certa vez, quando eu buscava respostas, Deus me mostrou que os pais possuem uma tremenda autoridade sobre a vida dos filhos e que meu pai fez muitas escolhas erradas — eu estava no centro da mira dele.

Quando Deus dá um filho a alguém, Ele dá aos pais a autoridade de tomarem decisões por ele, sejam elas boas ou más. Porém, o mais impressionante é que Deus pode pegar uma criança que foi criada por pais que tomaram decisões erradas e transformar o coração dela tornando-o tão puro como se nada lhe houvesse acontecido. Não há nada que Deus não possa transformar para o bem se o amarmos e obedecermos a Ele. Deus tirou todo o mal da minha vida e usou-o para alcançar muitas vidas com o Seu amor e com o Seu poder transformador. Eu o encorajo a não desperdiçar a sua vida tentando

> ✳
>
> A vida nem sempre é justa, mas Deus, sim.

entender por que as coisas acontecem do jeito que acontecem; apenas feche a porta para o passado e deixe Deus conduzi-lo para um futuro maravilhoso.

Pessoas que sofrem fazem outras pessoas sofrerem. Satanás quer que a pessoa que foi ferida passe o resto de sua vida odiando aquele que a feriu, mas o plano de Deus é exatamente o contrário. Deus nos ensina a perdoar pela fé, a confiar Nele para curar as nossas emoções, e depois continuarmos vivendo. A vida nem sempre é justa, mas Deus, sim. Ele é o Deus de justiça e trará compensação àqueles que foram feridos, se colocarem a sua confiança Nele em vez de resolverem as coisas com as próprias mãos.

O AMOR FAZ COM QUE AS COISAS COOPEREM PARA O BEM

Deus promete que se o amarmos, Ele fará com que as coisas cooperem para o nosso bem. Que promessa maravilhosa! Veja em Romanos 8:24-28 a promessa de Deus de realizar aquilo que esperamos:

Pois nessa esperança fomos salvos. Mas, esperança que se vê não é esperança. Quem espera por aquilo que está vendo? Mas se esperamos o que ainda não vemos, aguardamo-lo pacientemente. Da mesma forma o Espírito nos ajuda em nossa fraqueza, pois não sabemos como orar, mas o próprio Espírito intercede por nós com gemidos inexprimíveis. E aquele que sonda os corações conhece a intenção do Espírito, porque o Espírito intercede pelos santos de acordo com a vontade de Deus. Sabemos que Deus age em todas as coisas para o bem daqueles que o amam, dos que foram chamados de acordo com o seu propósito.

Será que serve de ajuda saber que o Espírito Santo está orando por você, mesmo quando você não sabe pelo quê deve orar? (Ver Romanos 8:27.) Ele está orando para que o projeto e o plano de Deus nos conduza à Sua vontade. Isso significa que o nosso parceiro matrimonial também pode entrar no projeto e no propósito perfeito de Deus à medida que continuarmos a amar a Deus e a colocar a nossa esperança nas Suas promessas.

Quando Dave e eu nos casamos, eu tinha muitos problemas, mas nem sabia que estava prestes a ter dificuldades sérias. Dave, por outro lado, era cheio do Espírito, coisa que não se ouvia falar na igreja Protestante que ele frequentava naquela época. Ele estava na antiga quarta série quando nasceu de novo, e só tinha dezoito anos quando recebeu o batismo no Espírito Santo, sobre o qual falarei com mais detalhes em um capítulo posterior. Ele conta sobre uma tremenda experiência com o Senhor quando era menino. Depois, quando adolescente, sentiu como se houvesse uma muralha que precisasse escalar para conhecer mais de Deus. Ele queria mais da vida do que estava tendo, e buscou isso por muito tempo.

Certo dia, quando estava no intervalo de trabalho em uma empresa de engenharia, Dave foi ao banheiro e disse a Deus: "Não vou sair daqui até que o Senhor me dê o que estou procurando". Acho muito engraçado o fato de ele estar sentado no sanitário do banheiro quando Deus respondeu sua oração. Isso prova que Deus está disposto a nos encontrar onde estivermos.

Dave levava isso muito a sério. Ele **não** ia sair até que Deus lhe desse o que ele estava buscando, e foi isso que aconteceu. Seu rosto brilha quando ele conta a história de como Deus o preencheu, ali mesmo. Antes desse preenchimento do Espírito de Deus, sua visão era muito ruim, e Deus curou seus olhos! Deus começou a revelar-se a Dave e a ensiná-lo sobre a graça. A instrução de Deus continuou por dias sobre o tema da graça. Então Deus ensinou a Dave sobre o amor, e durante os anos seguintes Dave cresceu e se tornou um crente em Jesus Cristo muito forte e maduro.

O AMOR DE DEUS É O PRINCÍPIO DO ROMANCE

Quero contar-lhe mais sobre a história de Dave porque estou convencida de que os casamentos darão certo se pelo menos uma das duas pessoas estiver buscando a Deus para ter direção. Alguém precisa vir em primeiro lugar — não importa se é a esposa ou o marido. Mas um deles precisa saber como ouvir a voz de Deus com relação aos conflitos e desafios que enfrentam e estar disposto a fazer as mudanças que Deus direcionar para que o amor comece a crescer no relacionamento. No nosso caso, Dave sabia como ouvir a voz de Deus.

Por meio de acontecimentos sobrenaturais e de estranhas coincidências, Deus mostrou a Dave como desacelerar sua vida e mantê-la em um ritmo "de câmera lenta", a fim de estar em sincronia com Ele. Quando Dave compreendeu esse processo, ele deliberadamente desacelerou para poder ficar no ritmo de Deus, concentrando-se em ouvir a Deus por dias e dias. Dave disse que vivia quase em câmera lenta durante aquele tempo de renovação, depois, Deus acelerou sua vida para o ritmo normal novamente. Mas quando Ele fez isso, Dave se sentiu sincronizado com Deus.

> ❋
>
> Esteja disposto a fazer as mudanças que Deus direcionar para que o amor comece a crescer no relacionamento.

Isaías falou sobre uma experiência semelhante com Deus no capítulo 50, versículo 4:

O Soberano, o Senhor, deu-me uma língua instruída, para conhecer a palavra que sustém o exausto. Ele me acorda manhã após manhã, desperta meu ouvido para escutar como alguém que está sendo ensinado.

Depois dessa experiência, Dave descobriu que em tudo que fazia, ele parecia saber o que Deus queria que ele dissesse. Já não satisfazia mais a Dave ter apenas uma **boa** resposta; ele agora estava ciente de que Deus tinha uma resposta **perfeita** para cada situação. Foi uma revelação sobrenatural que, na época, Dave não percebeu o quanto era milagrosa.

Na época em que foi para o exército, Dave havia passado anos andando em intimidade com Deus, e já estava considerando a voz sobrenatural de Deus em sua vida como algo "garantido", pois havia sido uma parte muito natural de sua vida. O seu entendimento da vontade de Deus havia sido adquirido por meio de uma comunhão íntima com Deus, e não pelo estudo da Palavra. Então, quando estava no serviço militar, ele passou por um tempo em que se sentia como se a presença de Deus o tivesse abandonado.

A PALAVRA DE DEUS ESTABELECE O SEU AMOR NO NOSSO CORAÇÃO

Dave não entendia por que Deus não falava com ele como antes. Mas, desde que estamos casados e ambos estamos no ministério em tempo integral, ele tem entendido o propósito de Deus em deixá-lo passar por esses períodos de silêncio. Quando se sentiu totalmente só, ele precisou aprender a viver novamente porque havia se acostumado a viver dependendo da voz de Deus para tudo. Quando seus sentimentos mudaram, ele precisou buscar uma segurança que transcendesse os "sentimentos". Ele teve de aprender que as promessas de Deus são reais, independentemente do que os nossos cinco sentidos experimentam.

Deus desejava que Dave estabelecesse seu relacionamento com Ele na Palavra que havia sido dada a ele. Dave precisava descobrir as promessas que haviam sido feitas a ele na Palavra de Deus e aprender que Ele é fiel para manter as Suas promessas independentemente de como Dave se sentisse. Dessa vez, ele precisou aprender a voltar à intimidade com Deus somente por intermédio da Palavra e da fé.

À medida que começou a estudar as promessas de Deus, ele viu que Deus ainda estava tão próximo dele quanto nos dias em que começou a amá-lo. Embora os sentimentos sejam instáveis, a Palavra de Deus permanece firme, como Isaías também expressou no capítulo 40, versícululo 8:

A relva murcha, e as flores caem, mas a palavra de nosso Deus permanece para sempre.

Deus queria que Dave dependesse da Sua Palavra — das Suas promessas. Durante esse período, Dave se familiarizou com as Escrituras, que confirmavam o que Deus havia lhe ensinado sobre a graça e o amor. Três anos depois, ele deixou o serviço militar e casou-se comigo. Deus o havia preparado bem para todos os meus problemas. Ele havia aprendido com firmeza a **não** agir com base nos sentimentos. Ele explica que a graça de Deus o tornou capaz de ser paciente comigo e de me amar em meio às minhas angústias.

Quando eu estava zangada, Dave não deixava que isso roubasse a sua alegria. Ele sabia que Deus estava trabalhando em nós, e ele não deixava que as nossas discussões o abatessem. Durante aqueles primeiros anos do nosso casamento, primeiro pela graça de Deus e depois pela fé na Sua Palavra, Dave continuava desfrutando a vida mesmo quando eu estava furiosa. A felicidade dele durante as minhas provações me deixava zangada e irritada, mas, ao mesmo tempo, atraía-me para ele. Eu queria o que ele tinha.

Eu via uma estabilidade em Dave que nunca tinha visto em ninguém em toda a minha vida. Não importava o que eu fizesse, ele permanecia o mesmo. À medida que os anos se passaram, Dave pôde olhar para trás e ver que Deus o estava preparando o tempo todo para o nosso casamento. Quando Deus estava se revelando a mim naqueles primeiros anos, eu não percebia que Ele estava me fazendo pensar como Ele pensa. E quando parecia que Deus tinha me abandonado, Ele na verdade estava me cortejando ou me atraindo para Si para que eu mergulhasse na Palavra, e depois dependesse dela.

NÃO DEIXE NINGUÉM ROUBAR A SUA ALEGRIA

Foi um fator chave para o nosso sucesso o fato de Dave não permitir que eu o fizesse infeliz. Muitos desentendimentos poderiam ser evitados se não dependêssemos do nosso cônjuge para nos fazer feliz. O contentamento de Dave estava na promessa de Deus e não na minha submissão. Quando conto isso em algumas reuniões, vejo que é algo que realmente ministra ao coração das pessoas. As pessoas acreditam que se têm um problema, elas são quase que obrigadas a ser infelizes. Eu era uma pessoa dependente, com um comportamento irritadiço, e queria tornar Dave codependente de mim para poder controlá-lo. Parecia-me justo que, se eu não era feliz, ele também não deveria ser!

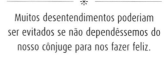

Muitos desentendimentos poderiam ser evitados se não dependêssemos do nosso cônjuge para nos fazer feliz.

Dave foi um modelo para mim. Ele me mostrou novas maneiras de lidar com a decepção e com o desentendimento. Eu desafiava a estabilidade de Dave ao extremo. Às vezes, eu não lhe dirigia a palavra durante duas ou três semanas. Nem uma única palavra. Eu simplesmente me calava e não dizia nada. Mas Dave me amava e me mostrava o amor ágape de Deus. Eu via o amor incondicional de Deus nele, e se eu quisesse recebê-lo poderia me beneficiar dele, mas, se não quisesse, isso não o impedia de me amar. A estabilidade de Dave me impressionava. Ele ficava zangado comigo às vezes, mas de algum modo era sempre capaz de demonstrar o seu amor enquanto reprovava os meus atos. Ele era o mais próximo do que eu poderia imaginar de como seria a paz ou o amor.

É importante que aqueles que são casados com uma pessoa perturbada (ou com alguém que está com problemas, ou que não é salvo, ou seja qual for o caso) esforcem-se para terem estabilidade em Deus. Esse pode ser um processo doloroso, mas é o caminho direto para a paz e a alegria. As pessoas não devem deixar que o comportamento perturbado de um cônjuge determine a sua alegria. Elas devem se esforçar para serem estáveis e sólidas, de modo que o seu comportamento possa testemunhar para a outra pessoa.

Durante minha infância, a única maneira que eu conheci para lidar com alguma coisa era por meio da raiva, da força e da manipulação. Os desentendimentos eram tratados controlando-se as pessoas com ataques de nervos. Em outras palavras, "Estou furioso com você e vou continuar furioso até você fazer o que eu quero que você faça". E essa era a minha maneira de lutar pelo que eu queria. Cresci em uma atmosfera negativa, na qual me ensinaram: "Você não pode confiar em ninguém. Qualquer pessoa que queira fazer alguma coisa boa ou até diga que quer fazer alguma coisa boa por você tem algum motivo oculto".

Estou usando o exemplo das pessoas que influenciaram a minha infância não para desrespeitá-las, mas para demonstrar que acredito que as pessoas repetem o que lhes foi ensinado quando crianças, a não ser que Deus faça uma obra em sua vida. Mais tarde, falarei sobre como aprendemos a ter confrontos saudáveis. Mas, nos primeiros anos de minha vida, aprendi a ser negativa.

SER FELIZ É RESPONSABILIDADE SUA

Depois de seis anos de casamento, Dave estava começando a se cansar da luta. Quando vi que Dave não estava mais tentando conversar comigo para aumentar a minha moral e me dar segurança, percebi que era a minha vez de fazer alguma coisa quanto à minha infelicidade. Se um cônjuge pode fazer tudo certo por alguém, então Dave vinha fazendo todas as coisas certas pela nossa felicidade conjugal. Mas eu não podia estar em harmonia com ele até que estivesse em harmonia com Deus.

Na época, eu não estava ciente do quanto a minha infelicidade era dolorosa para Dave. Ele reflete sobre aquele tempo de desafio com lembranças de ternura e pesar. Quando eu o levava ao limite, ele saía sozinho, orava e chorava. No começo, ele tentava conversar comigo sobre as coisas, dizendo: "Você precisa mudar ou isto tem de mudar". E nada acontecia. Aquilo me deixava pior. Então Dave percebeu que eu não podia mudar de fora para dentro. Tinha de ser de dentro para fora. Daquele momento em diante, ele percebeu que tudo que podia fazer era orar quando eu estivesse sendo sarcástica ou agressiva. Ele clamava: "Deus, não posso mudar isto! Só Tu podes entrar dentro dela e mudar isto".

Foi nesse momento do nosso casamento que comecei a ler a Palavra de Deus com um novo interesse e entusiasmo. A Palavra estava começando a fazer sentido para mim e me atraiu para desejar mais de Deus em minha vida. Sei que as pessoas não gostam de "respostas prontas" para a vida, mas as Boas Novas do Evangelho são muito simples. Creio que toda pessoa precisa pegar a Bíblia e estar disposta a fazer o que ela diz independentemente do que qualquer outra pessoa faça. E elas precisam fazer isso como sendo para o Senhor. Só então podemos encontrar o verdadeiro caminho para a felicidade e a integridade.

Capítulo 3

ANTES DE COMEÇAR DE NOVO, TENTE ISTO...

Não andem ansiosos por coisa alguma, mas em tudo, pela oração e súplicas, e com ação de graças, apresentem seus pedidos a Deus. E a paz de Deus, que excede todo o entendimento, guardará o coração e a mente de vocês em Cristo Jesus.

Filipenses 4:6,7

Se mais pessoas realmente orassem por seus relacionamentos difíceis, acredito que elas veriam mudanças pacíficas em seus casamentos. Geralmente, as pessoas concentram todos os seus pensamentos ativos nos seus problemas, em vez de se concentrarem em seu relacionamento com Deus. Consequentemente, elas perdem a paz que Deus quer lhes dar.

A paz não era sequer um conceito nos primeiros dias do nosso casamento. Depois de seis anos de casados, Dave estava em um ponto em que se pudesse pedir uma segunda chance, ele provavelmente teria oferecido a Deus outra costela, e dito: "Senhor, que tal um modelo novo? Este aqui não está funcionando!". Felizmente, Dave não me trocou por uma nova esposa. Ele pediu a Deus para me transformar nas áreas que estavam nos causando tanta dor, e, depois de algum tempo, eu realmente comecei a mudar nessas áreas. Foi durante o tempo de intercessão que comecei a ler e estudar a Palavra.

Comecei a estudar a Palavra, mas como geralmente acontece quando uma pessoa está mudando, parecia que eu estava piorando antes de melhorar. A Palavra estava me trazendo convicção, e felizmente Dave não parou de orar por mim. Quando contamos sobre esse tempo de nossa vida, já ouvi Dave dizer: "Quando você está orando por alguém em uma área e a pessoa piora, essa não é a hora de parar de orar. É a hora de se animar. A maioria das pessoas desiste quando ora por alguém, pois a pessoa inicialmente piora, e elas acham que suas orações não estão funcionando. Mas, na verdade, Deus está começando a tratar com essa pessoa, e a carne dela está ficando muito irritada".

Haverá um período de transição, de modo que se você continuar orando durante esse período, a pessoa passará por ele e será transformada naquela área. Geralmente os cristãos desistem de orar porque querem ter sucesso instantâneo e respostas imediatas.

Jesus nos disse para pedirmos e continuarmos pedindo, para buscarmos e continuarmos buscando, e para batermos e continuarmos batendo até que a porta por onde queremos entrar se abra. Mateus 7:8 promete uma resposta:

Pois todo o que pede, recebe; o que busca, encontra; e àquele que bate, a porta será aberta.

Quando Deus estava tratando comigo, eu me sentia mais teimosa do que nunca antes de começar a melhorar. Descobrir que você é a pessoa que precisa mudar, em vez daquela que você acha que o está irritando, pode deixá-lo louco. Quando Dave viu o quanto eu estava ficando irritada, ele se animou em vez de desanimar.

É muito importante entender que um processo leva tempo, e tempo é algo que Deus tem, e muito. Ele não tem pressa no que se refere a resolver as coisas. Ele sabe que a eternidade supera a longevidade do hoje. Ele trabalhará em nós até que a obra esteja completa, não importa quanto tempo demore. Quando você vir que Deus está tratando com o seu ente querido, não desista, mas alegre-se e continue orando.

Leva tempo para receber a bênção. Muitas pessoas querem que tudo aconteça **agora**. As coisas não vão acontecer agora. Você precisará passar por um processo de aprendizado ou por uma metamorfose, como a lagarta que se transforma em borboleta. Há muitas coisas que precisam acontecer nesse processo. Quando Deus completar a obra no seu casamento, você não lamentará nenhuma parte do processo necessário para chegar aonde Ele quer que você esteja. A felicidade será tão completa que o processo não importará mais. Mas não desista no meio do caminho. Deus tinha algo grande reservado para os dois parceiros do casamento quando prometeu que eles se tornariam um. Se você está tendo problemas no seu casamento, *não desista!*

> ✳
>
> Deus tinha algo grande reservado para os dois parceiros do casamento quando prometeu que eles se tornariam um.

FIQUE FIRME

Creio que muitos casais estão se divorciando depois de anos de casamento porque não receberam instruções adequadas sobre como se levantar contra os inimigos do casamento, dos quais o orgulho e o egocentrismo são dois dos piores. Existem alguns modelos, mas precisamos procurar por eles: pessoas que possuem relacionamentos amorosos e estáveis, que se dispuseram a ser pacientes e a superar as suas dificuldades, que entendem que a grama do vizinho nem sempre é mais verde como costumamos ser tentados a acreditar. A igreja deve demonstrar ao mundo como deve ser um casamento segundo os padrões divinos; em vez disso, porém, a porcentagem de divórcios entre cristãos atualmente é tão alta que praticamente não difere da porcentagem de divórcios entre aqueles que estão no mundo.

Pelo fato de vivermos em uma sociedade que espera que as coisas aconteçam instantaneamente, a maioria das pessoas quer que tudo seja bom imediatamente. Mas existe um processo que precisa ocorrer para que qualquer coisa seja sólida. É por isso que gosto do lema do nosso ministério: *o que é lento é sólido; o que é rápido é frágil.* Se for rápido, não vai durar muito, e não vai ser muito eficaz. Mas se for lento, haverá muita solidez.

A carta aos Efésios tem muito a dizer sobre o processo de estabelecimento da família e da igreja. Paulo ensina claramente que as forças espirituais da maldade virão contra nós à medida que nos fortalecermos no Senhor (Efésios 6:10-12), e quando elas fizerem isso, devemos nos revestir com toda a armadura de Deus.

> *Por isso, vistam toda a armadura de Deus, para que possam resistir no dia mau e permanecer inabaláveis, depois de terem feito tudo. (...) Assim, mantenham-se firmes, cingindo-se com o cinto da verdade, vestindo a couraça da justiça.* — Efésios 6:13,14

Se você estudar os momentos em que parecia que Deus trazia respostas instantâneas, descobrirá que alguém tinha orado e insistido nas suas petições por aquele milagre por muito tempo. Deus responde por meio de um processo de acontecimentos, e não devemos abandonar a nossa esperança antes de obtermos a Sua resposta. Podemos ver a resposta de Deus se manifestar de repente, mas provavelmente havia um trabalho sendo feito por trás dos bastidores há muito tempo. Ele está trabalhando na sua situação, embora você ainda não tenha visto as evidências. É isto que é a fé: é a certeza das coisas que não se veem.

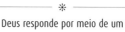

Deus responde por meio de um processo de acontecimentos, e não devemos abandonar a nossa esperança antes de obtermos a Sua resposta.

Quando comecei a mergulhar na Palavra, Deus me fez um grande favor chamando-me para pregar, porque sou uma pessoa comprometida e responsável. Se eu fosse fazer isso, eu faria direito, o que significava que precisava estudar muito. Eu estudava em casa durante seis, sete ou oito horas por dia para os estudos bíblicos que lecionaria por apenas uma hora.

Gradualmente, comecei a mudar e a me conformar à Palavra. Uma das primeiras coisas que precisei aprender foi a respeitar as pessoas. Aprender a respeitar a autoridade e a me submeter a ela foi outro acontecimento importante em minha vida. Foi muito difícil para mim fazer isso porque eu não confiava em ninguém. Eu não podia acreditar que Dave tomaria uma decisão considerando no seu coração o que era melhor para mim. Antes de Dave, ninguém tinha feito isso comigo, portanto, eu não tinha uma experiência positiva na qual basear minha confiança. Eu precisava aprender a confiar.

À medida que lia a Palavra, percebia que Deus tinha um plano para me abençoar e não para me fazer sofrer. O casamento foi ideia Dele, e Ele o estabeleceu com um propósito que era maior do que eu podia compreender. Ele disse que veio para nos dar paz:

> *Eu lhes disse essas coisas para que em mim vocês tenham paz. Neste mundo vocês terão aflições; contudo, tenham ânimo! Eu venci o mundo.* — João 16:33

Eu não tinha essa paz, e as Escrituras apontavam para o fato de que a paz era o objetivo que Deus tinha em mente quando estabeleceu a autoridade e os relacionamentos. Eu tinha muita fome de estabilidade e de paz. E decidi que iria ter paz independentemente de quais mudanças fossem necessárias. Entendi que para ter paz, eu precisava estar em Cristo e deixá-lo viver em mim. Nesse momento, parei de discutir tanto com Dave. Eu tinha finalmente chegado ao ponto em que discutir simplesmente não valia mais a pena.

MANTENHA O FOCO NA PROMESSA

À medida que estudava a Palavra, comecei a ver que Deus se concentra no resultado final, e não no processo pelo qual passamos. A nossa esperança está na resposta Dele, e não nas nossas provações ou no nosso período de espera. À medida que o tempo passava, Deus começou a mudar algumas áreas em mim, e Dave disse que era como se eu fosse uma pessoa inteiramente nova.

Quanto mais eu me apaixonava por Jesus, mais queria obedecer a Ele. Quanto mas eu obedecia ao Senhor, mais queria estar envolvida com Ele. Quanto mais envolvida eu estava, mais ainda o amava, e logo me tornei ávida por oportunidades de obedecer-lhe. É por isso que Jesus disse: "Se me amarem, vocês me obedecerão". E realmente é assim que funciona: seja qual for o grau em que obedecemos a Ele, é nessa medida que o amamos.

Comecei a querer ter paz, entendendo que o fato de não tê-la estava afetando a minha unção para ministrar. Foi então que recebi uma revelação sobre a contenda e sobre como mantê-la fora do nosso casamento e da nossa vida.

SEPARE O SER DO FAZER

Além desse profundo desejo por paz, outra mudança radical para mim foi aprender que eu tinha uma raiz de rejeição, sobre a qual falei em meu livro *A Raiz da Rejeição*. Esse problema impedia minha comunicação com Dave. Eu não sabia o que havia de errado comigo. Estávamos bem desde que ambos pensássemos da mesma forma sobre alguma coisa, mas se Dave tivesse uma opinião própria sobre como algo deveria ser e ela estivesse em conflito com a minha ideia, sentia como se ele estivesse me humilhando.

Ele tentava me dizer: "Não estou tentando humilhar você. Tenho uma opinião e você tem outra. Temos o direito de ter opiniões diferentes". Mas eu não conseguia entender isso por causa da maneira como havia sido tratada. Se Dave rejeitasse a minha opinião, **sentia** que ele estava me rejeitando.

Embora eu não conseguisse resolver tudo isso em minha mente, sinceramente não sabia por que não conseguíamos conversar. Tentávamos falar sobre alguma coisa, e eu ficava confusa. Eu ficava tão confusa, que nem sabia mais o que estávamos fazendo, e era horrível. Passamos por isso uma vez, depois outra, e mais outra, e mais outra.

Durante esse período, eu estava dando aulas para o nosso grupo de estudo bíblico em casa sobre rejeição! Algumas outras coisas aconteceram no nosso relacionamento durante aquele período. Deus me disse: "Você está reagindo a ele desta forma porque ele não concorda com você e você acha que ele a está rejeitando. Você não está separando o seu **ser** do seu **fazer.** Dave a ama, mas não concorda com você neste ponto. E você precisa deixar que ele tenha a própria opinião". Aquele foi um momento de decisão importante para mim.

Deus quer que os cônjuges superem os obstáculos que os separam um do outro. Infelizmente, há poucos modelos em nossa vida para demonstrarem como Deus pretendia que fosse a união de um marido e de uma mulher. A rebelião, o medo, a insegurança e a impaciência nos impedem de receber a bênção que Deus pretendia que o homem e a mulher desfrutassem juntos.

Tive de aprender a me submeter à autoridade de Deus confiando que Ele tem em mente o meu bem. Tive de aprender que Deus me ama o suficiente para me dirigir a ações que trarão bênção, e não cativeiro. Ele me disse, na Sua Palavra, para amar meu marido — "ame Dave". Eu só podia provar que Deus era digno de confiança fazendo o que Ele dizia que eu fizesse. A cura começou à medida que fui obediente ao que Deus me orientou a fazer.

Deus estava me pedindo para deixar Dave ter uma opinião diferente sem que isso fosse uma ameaça à minha autoestima. Precisei aprender a deixar Deus resolver as diferenças entre nós enquanto aprendia a respeitar as diferenças e a personalidade de Dave. Falaremos mais amplamente sobre isso em um outro capítulo.

A paz vem quando confiamos primeiro em Deus. Tive de aprender a confiar em Deus quando Dave e eu tínhamos opiniões diferentes. Ao permitir que Deus entrasse em minhas preocupações, comecei a ter um novo respeito pelo ponto de vista de Dave. A partir do momento em que a ameaça da rejeição foi removida das nossas discussões, meu coração começou a mudar. A recompensa pela minha obediência foi uma sensação crescente de admiração pelo meu marido.

> ✳
>
> Tive de aprender que Deus me ama o suficiente para me dirigir a ações que trarão bênção, e não cativeiro.

DEUS PODE FAZER NOVAS TODAS AS COISAS

Deus não precisa ter um bom material com o qual possa construir; Ele está disposto a pegar todo o caos que oferecemos a Ele e transformá-lo em milagres. Ele tem a capacidade de fazer novas todas as coisas.

Em Ezequiel 36:26, Deus faz uma promessa a todos aqueles que se aproximam Dele. "Darei a vocês um coração novo e porei um espírito novo em vocês; tirarei de vocês o coração de pedra e lhes darei um coração de carne". Deus pode dar um coração sensível a alguém cujo antigo coração foi ferido e magoado pela dureza da vida.

Essa promessa é feita várias vezes em 2 Coríntios 5:17: "Portanto, se alguém está em Cristo, é nova criação. As coisas antigas já passaram; eis que surgiram coisas novas!". Deus torna o passado inexistente, como se ele nunca tivesse acontecido, para que possamos enfrentar o amanhã sem as lembranças perturbadoras do ontem. Ele tem promessas esplêndidas e maravilhosas para o nosso casamento se confiarmos Nele e fizermos o que Ele nos orienta a fazer.

> Deus não precisa ter um bom material com o qual possa construir; Ele está disposto a pegar todo o caos que oferecemos a Ele e transformá-lo em milagres.

Capítulo 4

O HOMEM NÃO DEVE ESTAR SÓ

O casamento deve ser honrado por todos; o leito conjugal, conservado puro; pois Deus julgará os imorais e os adúlteros.

Hebreus 13:4

Deus tem um propósito para o casamento. O que Deus pretendeu que o casamento fosse e o que a maioria de nós acredita que ele seja são duas coisas totalmente diferentes. Tudo que Deus criou foi bom, mas quando Ele olhou para o homem, disse que não era bom que ele estivesse só, então Deus criou a mulher e disse a eles que se tornassem um. Ele os abençoou e lhes disse para serem frutíferos, para se multiplicarem e para dominarem a terra.

Confiar no plano de Deus nos ajuda a compreender qual é o Seu propósito. Deus sempre começa com algo bom e poderoso, mas não demora muito até que o inimigo venha e perverta isso no esforço de roubar e destruir o que Deus queria nos dar.

O dicionário *Merriam-Webster's Collegiate®* define "casamento" como "**1a**: o estado de ser casado; **b**: a relação mútua entre marido e mulher...; c: a instituição por meio da qual homens e mulheres são unidos em um tipo especial de dependência social e legal com o propósito de fundar e manter uma família; **2**: o ato de casar ou o rito pelo qual o estado de casado é levado a efeito; *especialmente*: a cerimônia de casamento e festividades ou formalidades que a acompanham; **3**: uma união íntima ou próxima, ex: o casamento da pintura e da poesia — J. T. Shawcross."[1]

O casamento certamente é mais que uma cerimônia, mas para muitas pessoas hoje ele foi reduzido meramente a um dia de flores e festividades. A nossa taxa de divórcios é extremamente alta.

O divórcio costumava afetar apenas os não cristãos, e os crentes levavam muito a sério a intenção de fazer seus casamentos darem certo. O divórcio não era uma opção para o cristão porque a Palavra de Deus só estabelecia certas condições sob as quais alguém podia desistir do seu casamento. As pessoas costumavam levar mais a sério a intenção de

> ✳
> Confiar no plano de Deus nos ajuda a compreender qual é o Seu propósito.

fazer seus casamentos darem certo, mas hoje, cada vez mais crentes e pessoas cristãs que amam a Deus e conhecem a Palavra estão desistindo dos seus casamentos. Elas estão jogando a toalha e dizendo: "Bem, esqueça isso. Simplesmente não conseguimos viver juntos".

Conheço uma mulher que ama o Senhor e, no entanto, depois de vinte e três anos de casamento, seu marido a abandonou. Há muitas circunstâncias diferentes envolvidas no divórcio, e ela sabe que muitos de seus problemas foram sua culpa. Ele estava disposto a fazer o casamento dar certo. Ela sabia que se o chamasse e dissesse, "Tudo bem, sinto muito, vamos tentar e fazer com que dê certo", haveria uma boa chance de ele voltar. Mas ela disse: "Não sei se quero me importar. Simplesmente não sei se realmente o amo ou se algum dia realmente o amei".

Ninguém realmente ama ninguém a não ser que Deus coloque esse amor no seu coração. 1 João 4:8 diz: "Quem não ama não conhece a Deus, porque Deus é amor". Isso me diz que se Deus é amor, então devemos permitir que Deus nos instrua sobre como devemos tratar as pessoas. Não tenho tanta certeza de quantos de nós amávamos uns aos outros quando nos casamos, para início de conversa. Na maior parte do tempo, os jovens casais se casam por causa da atração física, Às vezes, as pessoas só se casam porque se sentem sozinhas. Existe todo tipo de motivos diferentes.

Posso lhe dizer neste instante que quando me casei com Dave eu não fazia a menor ideia do que era o amor. Eu não sabia dar amor; eu não sabia receber amor. Nunca havia visto o verdadeiro amor vindo em minha direção. Não sabia o que era. Quando Dave começou a me dizer que me amava, eu simplesmente não conseguia liberar as palavras de minha boca para dizer a ele que o amava também.

Passei a amar Dave ao longo dos anos que vivi com ele. Observando-o, sofrendo com ele, rindo com ele, chorando com ele, criando filhos com ele, brigando com ele, fazendo as pazes com ele; trabalhando juntos e jogando golfe juntos; agora posso dizer que sei que o amo profundamente.

Talvez sua vida de casado não esteja atualmente com problemas sérios, mas isso não significa que daqui a cinco anos o diabo não poderá desferir um ataque contra o seu casamento, e você precisará se lembrar do que estou compartilhando neste livro. Creiame, o diabo ataca a unidade da família e o lar.

Quando essas dúvidas começam você pensa: *Na verdade, nem sei se algum dia eu o amei. Isso nunca vai dar certo. Tudo que fazemos é brigar.* E depois você começa a colocar os olhos em outra pessoa. Você precisa entender que ela provavelmente tem mais problemas do que a pessoa que está ao seu lado. Como eu já disse, a grama do vizinho nunca é mais verde.

A Bíblia diz que o casamento é uma união. Ora, **união** é uma palavra interessante. Significa a junção de dois para que sejam um. Usamos esse termo de uma forma um pouco imprecisa. Sabemos que devemos ser um com o Divino, o corpo de Cristo deve ser um, e duas pessoas que se casam devem ser uma. Mas parece que não compreendemos totalmente o que isso significa.

Imagine que eu esteja segurando um copo vazio. Ao meu lado há uma xícara de café e um copo de água. O café, é claro, é escuro e preto, e a água é clara. Muitas vezes quando as pessoas se casam, elas são tão diferentes quanto o café e a água. É raro duas pessoas que se casam serem muito parecidas! Na maioria das vezes, as pessoas são muito diferentes uma da outra quando se unem.

Depois de derramar aquela xícara de café e aquele copo de água no mesmo copo, existe alguma maneira de poder separá-los novamente? Dave e eu éramos tão diferentes quando começamos, que você pensaria: *Como vocês conseguiram ficar juntos por mais de trinta anos?* Éramos quase como uma xícara de café tentando se casar com um copo de água. Mas quando Deus derrama os dois juntos você pode ver o que acontece.

Quando os uniu, Deus pretendia que você e o seu cônjuge se tornassem uma mistura. Assim como o café e a água, você não consegue dizer se é café ou água agora. Parece uma nova substância. E não teríamos nenhuma ideia de como separá-los outra vez. Nós nos tornamos uma nova pessoa, que foi unida em Cristo Jesus. E é isso que Deus

> ✳
>
> Deus quer nos unir de tal maneira que não haja a possibilidade de nos separarmos. Somos um.

quer fazer nos nossos casamentos. Ele quer nos unir de tal maneira que não haja a possibilidade de nos separarmos. Somos um.

QUÃO PRECIOSO É O AMOR?

Veja novamente Hebreus 13, versículo 4, porque essa é uma passagem bíblica muito poderosa que vai surgir diversas vezes enquanto falamos sobre esse assunto. "O casamento deve ser honrado por todos...". O relacionamento do casamento deve ser honrado no lar. O casamento deve ser considerado digno de honra. É algo que Deus criou. O casamento não é ideia do homem. Deus foi Aquele que disse a Adão que ele precisava de uma companheira. Deus foi Aquele que trouxe uma mulher para ele, e Ele uniu os dois e disse que deveriam se tornar uma só carne.

No minuto em que vocês se casaram, vocês se tornaram legalmente um, mas experimentalmente ainda não eram um. Cometemos um erro quando não entendemos a diferença entre legalidade e experiência. Legalmente, no instante em que eu nasci de novo e recebi Jesus Cristo como meu Senhor e Salvador, eu legalmente me tornei uma nova criatura. Mas não agi como uma nova criatura no instante em que nasci de novo.

Então, quando nos casamos somos legalmente ligados como um só ser. Mas a Bíblia diz que os dois *se tornarão* uma só carne.

— 53

Vocês estão no processo de "se tornar". Enquanto o processo está em andamento, o casamento deve ser considerado digno de honra e o seu relacionamento um com o outro deve ser considerado valioso e precioso.Vocês devem tratar um ao outro como uma peça de porcelana fina.

É impressionante como as pessoas tratam umas às outras quando estão saindo juntas em comparação com a maneira como se tratam depois que se casam. Quando Dave e eu estávamos nos cortejando, eu nunca sequer soube que o homem jogava golfe. Eu nunca havia visto os seus tacos de golfe nem uma única vez. Ele só tinha olhos para mim. Dave levantou pesos basicamente por toda a vida, e ele ainda faz isso de vez em quando. Ele tinha vinte e seis anos quando nos conhecemos, e nunca havia levado uma garota até sua casa para conhecer a mãe. Ele disse a ela: "Quando eu trouxer uma mulher comigo à nossa casa, esta será a mulher com quem vou me casar".

Mas Dave disse que na primeira noite em que ele não foi para casa para levantar pesos, sua mãe soube que o nosso relacionamento era sério. Ele até deixou de lado o levantamento de pesos por algumas noites por mim. Eu nem mesmo sabia que ele jogava golfe, e de repente, depois de cerca de cinco dias de casados, creio que ele ficou cansado de colocar trilhos de cortina para mim e decidiu tirar os seus tacos de golfe do armário. Ele disse: "Vou até o parque para dar umas tacadas".

Perguntei: "O que é isso, e o que é uma tacada?".

E dali em diante, durante os três primeiros anos do nosso casamento, brigamos por causa do golfe. É impressionante como agimos de modo diferente quando estamos tentando conseguir *alguma coisa* da maneira como tratamos essa *coisa* que estávamos tentando conseguir quando finalmente a possuímos. Tomamos cuidados com os nossos modos e com a maneira como nos comportamos quando estamos na nossa "busca".

Quando aquela coisa ou aquele "alguém" nos pertence, agimos de maneira diferente da maneira como agíamos antes que ela nos pertencesse. É triste, não é mesmo? Eu o exorto a tratar seu cônjuge como se você ainda o estivesse cortejando, porque, na verdade, você está. Se não trabalhar no seu casamento, você não terá um bom casamento.

Devemos considerar o casamento digno de honra, estimá-lo como valioso e precioso. Pense nisso por um instante. O casamento é precioso. Ele é digno de honra aos olhos de Deus, e deve ser considerado valioso. Mantenha esse fato em mente.

Evite ter uma atitude displicente com relação ao seu casamento. Começamos a tratar um ao outro como uma velha almofada jogada em um canto. Nós a pegamos quando queremos ficar confortáveis, mas de outra forma a ignoramos. De acordo com a Palavra de Deus, precisamos considerar o casamento valioso, precioso, de grande preço e especialmente caro.

Certa manhã, eu estava orando porque não sabia o que Deus queria que eu ensinasse em um seminário de casais que estava para acontecer. Pedi direção ao Senhor e encontrei Malaquias, capítulo 2, confirmando que Deus se importa com a maneira como os maridos e as esposas tratam uns aos outros. Se parássemos de tratar um ao outro como sentimos vontade de tratar, e começássemos a preferir um ao outro como Deus nos diz para fazer, veríamos a benção de Deus vir sobre a nossa vida.

Precisamos entender que se não vamos seguir a maneira de Deus, então estaremos abrindo portas para o diabo entrar para matar, roubar e destruir. Mas se fizermos as coisas do jeito de Deus, então teremos a Sua benção. Um bom casamento é uma tremenda bênção, mas um casamento ruim é uma maldição. Não existe nada pior do que morar em uma casa com alguém a quem você odeia, despreza e contra quem se ressente. Se vocês estão sempre

De acordo com a Palavra de Deus, precisamos considerar o casamento valioso, precioso, de grande preço e especialmente caro.

procurando defeitos, brigando e discutindo um com o outro, irão se desgastar. Mesmo quando não estão brigando exteriormente, vocês permitem que passem constantemente por sua mente pensamentos sobre todas as coisas que o seu cônjuge faz, as quais vocês gostariam que ele não fizesse. Sei disso porque vivi assim, e meu casamento estava doente. Mas Deus pode fazer uma obra tremendamente linda nos nossos relacionamentos se permitirmos. Contudo, precisamos viver o nosso casamento da maneira de Deus.

Acho impressionante como muitos cristãos pensam que sua vida e sua casa serão abençoadas mesmo enquanto eles continuam a viver em contenda. As coisas não vão funcionar assim.

A única coisa que se levanta entre nós e a nossa capacidade de fazer o que Deus nos diz para fazer é a nossa carne. Nosso coração está reto, ou não estaríamos buscando Deus para termos respostas ou lendo livros sobre casamento. Obviamente queremos que alguma coisa seja melhor do que é agora, mas a nossa carne se coloca entre nós e nosso desejo de fazer a vontade perfeita de Deus. O orgulho se levanta e nos impede de dar o primeiro passo. Essa esfera da alma obstrui o nosso acesso à perfeita vontade de Deus. A questão não é o que **queremos**, o que **pensamos** ou o que **sentimos.**

A questão é a Palavra de Deus. O que a Palavra de Deus diz sobre o nosso casamento? A Bíblia tem muito a dizer sobre como os homens devem tratar suas esposas. Ela também fala sobre como as esposas devem tratar seus maridos. Esta passagem bíblica em Malaquias 2:10-14 trata primeiramente dos maridos:

Não temos todos o mesmo Pai? Não fomos todos criados pelo mesmo Deus? Por que será, então, que quebramos a aliança dos nossos antepassados sendo infiéis uns com os outros?

Judá tem sido infiel. Uma coisa repugnante foi cometida em Israel e em Jerusalém; Judá desonrou o santuário que o Senhor ama; homens casaram-se com mulheres que adoram deuses estrangeiros. Que o Senhor lance fora das tendas de Jacó o homem que faz isso, seja ele quem for, mesmo que esteja trazendo ofertas ao Senhor dos Exércitos.

Há outra coisa que vocês fazem: Enchem de lágrimas o altar do Senhor; choram e gemem porque ele já não dá atenção às suas ofertas nem as aceita com prazer. E vocês ainda perguntam: "Por quê?"

É porque o Senhor é testemunha entre você e a mulher da sua mocidade, pois você não cumpriu a sua promessa de fidelidade, embora ela fosse a sua companheira, a mulher do seu acordo matrimonial.

Ora, a questão aqui não é se você é judeu ou não. O ponto do qual Deus está falando é: "Ouçam, vocês se divorciaram da mulher da sua mocidade, e vocês se casaram com outra pessoa, e Eu não estou satisfeito com isso". É muito simples.

No entanto, eles perguntaram: "Por que Ele rejeita as nossas ofertas?". É impressionante como às vezes podemos ser tolos na nossa maneira de pensar. Os homens de Judá haviam desobedecido a Deus descaradamente e agora Deus estava rejeitando as ofertas deles, no entanto eles voltaram ao altar dizendo: "Bem, Deus, por que o Senhor está furioso conosco? Por que o Senhor está rejeitando as nossas ofertas?". E Deus simplesmente diz: "Por que vocês não fizeram o que Eu lhes disse para fazer". É muito simples.

Não estou dizendo aqui que nunca existe um motivo para alguém se divorciar. É claro que existem casos em que o divórcio é a única opção, mas certamente esse não é o caso de muitas situações que vemos e com as quais lidamos atualmente na nossa sociedade. Muitos casamentos terminam em divórcio hoje simplesmente porque as pessoas não estão dispostas a passar pelo que é preciso para tornar um casamento bom. Deus odeia o divórcio. Ele não odeia o divorciado, mas sob nenhuma circunstância devemos ter uma visão descuidada do divórcio.

Como já mencionei, divorciei-me aos vinte e três anos, depois de um relacionamento de cinco anos com um homem que era infiel e que havia quebrado a lei. Ele também me abandonava regularmente por longos períodos. Ele simplesmente desaparecia sem dizer uma palavra sobre onde estava. Então, depois de vários meses, ele aparecia, pedindo outra chance, dizendo o quanto me amava. A minha fome de ser amada fez com que eu fosse enganada por ele por muito tempo, mas depois de dar à luz meu primeiro filho, eu soube que minha vida e a dele não poderiam mais estar sujeitas àquele tipo de comportamento instável. Minha vida prova que "existe uma vida depois do divórcio", mas deixe-me enfatizar novamente que o casamento deve ser honrado e tido em alta estima. Nunca devemos buscar o divórcio sem um fundamento bíblico e sem termos feito todo o possível para fazer o casamento dar certo.

Se você já é divorciado, ou talvez até tenha se divorciado diversas vezes, não faz sentido passar o resto de sua vida se sentindo culpado. Desse momento em diante, convença-se de que o casamento é para a vida inteira. Se você está casado de novo agora, faça o seu casamento dar certo; se não está, não se case até que tenha certeza de que está pronto para assumir um compromisso para toda a vida.

Ter uma vida feliz e ser abençoado não é nem de longe tão complicado quanto nós fazemos parecer. Tudo que precisamos fazer é o que Deus nos diz para fazer. Na verdade, não é tão difícil. A nossa maneira de pensar está inteiramente deteriorada. Somos egocêntricos e voluntariosos, mas não existe uma maneira melhor do que a maneira de Deus. Não temos uma ideia melhor do que as ideias de Deus, e não podemos criar um plano melhor que o Dele. Durante anos, eu achava que sabia mais do que Deus sobre a minha felicidade. Foi necessário perder o melhor de Deus durante doze anos até que Ele me convencesse de que a minha ideia não era melhor do que a Dele.

> Ter uma vida feliz e ser abençoado não é nem de longe tão complicado quanto nós fazemos parecer.

Observe por que o Senhor rejeitou as ofertas do povo. O versículo 14 de Malaquias 2 diz: "... É porque o Senhor é testemunha entre você e a mulher da sua mocidade, pois você não cumpriu a sua promessa de fidelidade, embora ela fosse a sua companheira, a mulher do seu acordo matrimonial". Quando você se casou, tinha consciência de que Deus estava ali? Ele viu aquele momento, Ele observou, e chama a sua união de acordo matrimonial. Não foi simplesmente uma cerimônia pela qual você passou com algumas testemunhas. Deus participou do seu casamento.

Agora, vamos entrar em um tipo de linguagem bastante séria. A Bíblia diz que se um homem trata sua mulher de forma desleal e infiel, Deus não fica satisfeito com isso. "... pois você não cumpriu a sua promessa de fidelidade, embora ela fosse a sua companheira, a mulher do seu acordo matrimonial".

E agora, observe com atenção como o versículo 15 aponta para o propósito de Deus para o casamento.

Não foi o Senhor que os fez um só? Em corpo e em espírito eles lhe pertencem. E por que um só? Porque ele desejava uma descendência consagrada. Portanto, tenham cuidado: Ninguém seja infiel à mulher da sua mocidade.

Ora, acho isso interessante. Por que Deus fez de vocês dois um só? Porque Ele buscava uma descendência consagrada a partir da sua união. Creio que Ele está falando de filhos, mas creio que está falando de muito mais do que isso. Creio que ele está falando de frutos para Deus.

QUE TIPO DE FRUTO VOCÊ ESTÁ DANDO?

Creio que quando Dave e eu fazemos coisas boas um para o outro, isso glorifica a Deus. Temos uma pequena rotina pela manhã. A primeira coisa que fazemos é que eu me abraço às costas dele por cinco minutos, e depois eu me viro e ele se abraça às minhas costas por cinco minutos. Nós acertamos o despertador para tocar quinze minutos mais cedo porque gostamos muito desses momentos.

Isso é algo pessoal, mas os casais casados precisam amar uns aos outros. Não podemos simplesmente procurar um ao outro quando queremos alguma coisa. Precisamos ter o hábito de amar um ao outro e de usarmos de ternura para com o nosso cônjuge. Já tivemos um colchão d'água, e era difícil sair dele. Então Dave costumava se levantar primeiro, depois vinha ajudar a me puxar para fora do colchão. Isso parece cômico, não é? Eu meio que caía nos braços dele e ficava ali por mais alguns minutos. Nos últimos anos temos uma empregada, mas houve um tempo em que Dave costumava preparar o café enquanto eu tomava banho.

Sim, meu marido preparava o café para mim! Eu precisava lavar o cabelo e deixá-lo secar por algum tempo, então ele não tinha vergonha de fazer isso. Aquilo era uma benção para mim, e ele o fazia alegremente. Creio que tudo isso faz parte da descendência divina resultante da nossa união.

Deus está procurando coisas na terra que o glorifiquem. Ele está procurando coisas que lhe deem louvor. E creio que quando amamos um ao outro, isso dá louvor a Deus. É por isso que a Bíblia

— 59

diz que nós, que fazemos parte do corpo de Cristo, devemos nos tornar um. É por isso que Deus quer que amemos, exortemos e edifiquemos uns aos outros e não tenhamos inveja ou ciúmes uns dos outros. Essa unidade e unificação é a presença do Seu poder, que dá glória a Deus.

Por que o Senhor tornou vocês dois um só? Porque Ele quer uma descendência consagrada a Ele como resultado da sua união. "Portanto, tenham cuidado..." (v. 15). Deus está dizendo: "Vocês precisam se observar. Vamos levar isso a sério. Isso não vai acontecer automaticamente". A versão Almeida Revista e Corrigida diz: "... e ninguém seja desleal e infiel para com a mulher da sua mocidade". Olhei no dicionário a palavra "desleal", e ela significa saquear, tratar enganosamente. Há tanto engano nos casamentos de hoje porque existe falta de sinceridade e honestidade.

> —————— ✳ ——————
> O Senhor tornou vocês dois um só porque Ele quer uma descendência consagrada a Ele como resultado da sua união.

As mulheres compram coisas e escondem isso de seus maridos. Os maridos saem e fazem coisas que não contam às suas esposas. A Bíblia diz que não devemos tratar o outro deslealmente, infielmente. Não devemos ofender um ao outro ou nos separar um do outro. O versículo 16 diz: "'Eu odeio o divórcio', diz o Senhor". Como você vê, Deus odeia isso.

Como já mencionei, entendo que existem pessoas que estão em situações nas quais se sentem como se Deus estivesse lhes dizendo para se divorciarem. O meu propósito principal não é tratar com a questão do divórcio. Realmente acredito que existem situações em que essa é a única resposta. Na verdade, creio que há momentos em que as pessoas ficam com determinado cônjuge e isso acaba arruinando sua vida e a vida de seus filhos. Creio que existem fundamentos apropriados, embora Deus odeie o divórcio.

Ninguém deve ter uma atitude displicente com relação ao divórcio, ao contrário, devemos fazer tudo que pudermos para evitá-lo. Se você teve uma atitude displicente para com o casamento e o divórcio no passado, sugiro enfaticamente que você tenha um tempo de arrependimento sério, pedindo a Deus que o perdoe. Essa atitude talvez tenha sido o resultado da falta de conhecimento, mas a partir de agora é muito importante começar com uma consciência limpa e uma nova atitude.

O casamento requer que ambos os parceiros se rendam a Deus, mas um deles talvez precise empregar mais esforço no começo. Finalmente, sacrifícios terão de ser feitos de ambos os lados. As duas pessoas terão de ceder e mudar o seu coração se quiserem que o seu casamento dê certo.

"'Eu odeio o divórcio', diz o Senhor, o Deus de Israel, 'e também odeio homem que se cobre [à sua esposa] de violência como se cobre de roupas'". Ora, é interessante que a Bíblia diz que as vestes do marido são a sua esposa. A Bíblia ensina em Efésios e em 1 Pedro que a esposa é a glória do marido. A maneira como a esposa parece aos olhos das outras pessoas se reflete sobre o marido e sobre a sua liderança na família. Quando o marido é bom para a esposa, isso é visível e faz com que ele tenha uma boa imagem diante da comunidade. Ele está dando bons frutos.

> ✳
>
> Quando o marido é bom para a esposa, isso é visível e faz com que ele tenha uma boa imagem diante da comunidade. Ele está dando bons frutos.

Dave e eu precisamos comer fora com muita frequência por causa da natureza do nosso trabalho, e nos cansamos de comer nos mesmos lugares. Vi o anúncio de um restaurante enquanto folheava uma revista e disse: "Ah, por que você não me leva a este restaurante algum dia?".

De repente, ele tirou um pedaço de papel da carteira, e disse: "Dê-me o telefone; deixe-me anotá-lo". Pensei: *Meu Deus, ele vai fazer isso mesmo!*

Quantas vezes você diz ao seu parceiro o que precisa? Quantas vezes o seu parceiro lhe diz o que precisa? É possível que você não esteja ouvindo? Você está realmente prestando atenção? Vocês precisam aprender a ouvir um ao outro. Você faz ideia do quanto ficará feliz caso se disponha a atender às necessidades da outra pessoa e deixar de se preocupar em ter as próprias necessidades atendidas?

O nome do jogo ao longo de toda a Bíblia é dar, dar, dar. O próprio princípio do amor é esquecer-se de si mesmo, ignorar a si mesmo e a todos os seus interesses, e envolver-se no relacionamento para fazer a outra pessoa feliz. Seu principal objetivo quando você entra em um casamento deve ser fazer o máximo possível para tornar o outro feliz. Meu objetivo na vida é fazer Dave feliz, e o objetivo de Dave é me fazer feliz. Estou falando à parte dos objetivos do meu relacionamento com Deus.

O segundo objetivo depois da atenção que devemos dar a Deus deve ser fazer um ao outro feliz. Na maior parte do tempo, porém, estamos tentando fazer com que o outro nos faça feliz. A Bíblia diz que se você der, receberá.

Jesus veio como servo para aqueles a quem Ele amava. É um novo enfoque pensar: *Ah, eu devo fazer você feliz? Pensei que você é quem deveria me fazer feliz.* Precisamos mudar a nossa maneira de pensar.

"'Eu odeio o divórcio', diz o Senhor, o Deus de Israel, 'e também odeio homem que se cobre de violência como se cobre de roupas', diz o Senhor dos Exércitos. Por isso, tenham bom senso; não sejam infiéis" (v. 16). Isso é muito interessante, não é? Ele disse, "tenham bom senso...". Em outras palavras, se formos controlados pelo Espírito de Deus, vamos sempre fazer o que o amor faria, certo?

Manter o bom senso significa que devemos manter vigilância sobre o nosso espírito para que ele possa ser controlado pelo Espírito Santo. Se permitirmos que a nossa carne nos controle, estamos sendo infiéis e desleais com o nosso cônjuge. Mas se permitirmos que o Espírito Santo nos controle, ficaremos surpresos ao ver quantas vezes nos dispomos a fazer determinada coisa, e então somos movidos pelo Espírito Santo a seguir por outro caminho. Não devemos fechar os nossos ouvidos para o caminho de Deus, ou tomaremos um caminho egoísta que nos levará à solidão em vez de nos levar à união.

É verdadeiramente impossível ter um bom casamento se sempre fazemos as coisas do nosso jeito. Entender isso me ajudou muito. Aprender a ser adaptável, optando por não fazer um grande alarde por coisas pequenas, e ficando alerta contra o comportamento egoísta de minha parte, tiveram um enorme papel em me trazer ao ponto em que posso realmente dizer hoje: **Tenho um casamento maravilhoso!**

Capítulo 5

CONTE ATÉ DEZ ANTES DE FALAR

> *E vos renoveis no espírito do vosso entendimento, e vos revistais do novo homem, criado segundo Deus, em justiça e retidão procedentes da verdade.*
>
> Efésios 4:23,24 (ARA)

Geralmente ensinamos as crianças a contarem até dez antes de falar se não conseguirem pensar em nada de bom para dizer. Esse é um bom conselho, mas ele não ajuda se o antigo ressentimento ainda estiver dentro de nós quando chegarmos ao número dez. Como crentes, devemos proferir vida sobre as situações assim como o Senhor fazia, mas a nossa velha natureza defensiva também costuma deixar escapar o seu ponto de vista egoísta. Sem a ajuda do Espírito Santo é difícil controlar a nossa língua. Efésios 5:18 nos diz para sermos cheios e estimulados pelo Espírito Santo. Para fazer isso precisamos pedir ao Espírito Santo que nos dê o poder que precisamos para construir casamentos e relacionamentos segundo os padrões de Deus.

Nos capítulos anteriores, afirmei que o casamento é mais que uma instituição legal que vincula os bens acumulados por duas pessoas a um direito igual de propriedade. O casamento é uma promessa de companheirismo e de provisão das necessidades entre duas pessoas. O casamento simboliza a promessa de Deus e a Sua provisão para nós. Portanto, para manter a promessa do casamento, precisamos ser cheios do Espírito de Deus. Precisamos deixar Deus transmitir a nós o poder da Sua fidelidade e do Seu altruísmo para podermos suprir as necessidades do nosso cônjuge.

Deus nos encherá com a Sua própria natureza. João Batista ensinou que depois que fôssemos batizados com água, Jesus viria e nos batizaria com o Espírito Santo e com fogo (Mateus 3:6,11). À medida que comecei a estudar a Palavra, li sobre esse batismo no Espírito Santo, e por causa do meu desejo sempre crescente de ter mais de Deus em minha vida, pedi a Deus que me desse mais essa experiência.

Jesus disse em Atos 1:5-8 que receberíamos poder, capacidade, eficácia e força quando o Espírito Santo viesse sobre nós. Esse poder faria com que fôssemos testemunhas de Jesus. O livro de Atos mostra diversas ocasiões em que os discípulos tiveram o poder para fazer o que parecia impossível quando o Espírito Santo veio sobre eles. Quando cremos em Cristo, o Seu Espírito vem habitar **dentro** de nós, mas o batismo no Espírito vem **sobre** nós para nos outorgar a capacidade de viver a vida cristã e servir a Deus de acordo com a Sua vontade.

Muitos casais tentam ter um casamento cristão seguindo as leis da Palavra de Deus para gerar amor, mas eles precisam de um casamento "cheio do espírito", no qual o amor gere as leis pelas quais devem viver. Quando estamos cheios do Espírito de Deus, temos o poder e a força para amar como Ele ama.

Como menciono em meu livro *A Decisão Mais Importante Que Você Deve Tomar*, recebi o batismo no Espírito Santo quando estava em meu carro, em fevereiro de 1976, como um mover soberano do Senhor em minha vida. Eu tinha clamado a Deus pedindo mais Dele. Eu disse: "Deus, tem de haver mais no Cristianismo do que estou experimentando". Eu queria ter vitória sobre meus problemas, mas não a tinha. Eu havia sido cristã por muitos anos antes disso, mas minha vida ainda estava cheia de frustração e infelicidade.

Naquela mesma noite, Jesus batizou-me no Espírito Santo. Não falei em línguas imediatamente, como o relato do livro de Atos menciona, primeiramente porque não sabia nada sobre essas coisas naquela época. Provavelmente eu teria ficado assustada por nunca ter tido nenhum tipo de ensinamento sobre isso, mas recebi muito poder, capacidade, determinação e entendimento daquele momento em diante. Durante as semanas seguintes, Deus me direcionou a ouvir programas de rádio e a ler livros com os quais aprendi mais sobre o batismo no Espírito.

Mais tarde, aprendi que o dom de línguas é dado aos crentes como uma linguagem de oração para que eles se comuniquem com Deus e para edificarem e aperfeiçoarem a si mesmos. Se o ensino sobre o batismo no Espírito Santo é novo para você, eu o encorajo a ler as referências bíblicas que acrescentei ao final do livro. Você pode ler sobre o propósito das línguas em 1 Coríntios 14:1-4. Se você estiver tendo problemas em sua vida ou em seu casamento, e precisa de poder, habilidade, força e milagres em sua vida e nunca pediu a Deus para batizá-lo com o Seu Espírito, eu o encorajo a parar e orar agora. Incluí informações sobre como fazer isso no apêndice deste livro.

Se você já recebeu a sua língua de oração, então orar no Espírito é muito mais eficaz do que contar até dez antes de falar. Mas se você pelo menos pedir ao Espírito Santo para lhe dar as palavras certas quando for abrir o seu coração com seu cônjuge, verá o Seu poder começar a fazer mudanças positivas no seu casamento. Ele lhe dará sabedoria para lidar com os conflitos que ameaçam a unidade de vocês, e lhe mostrará maneiras de edificar o amor um pelo outro.

Se algum de vocês tem falta de sabedoria, peça-a a Deus, que a todos dá livremente, de boa vontade; e lhe será concedida.—Tiago 1:5

Não precisamos tentar fazer com que o nosso casamento tenha êxito por nós mesmos. Deus promete nos ajudar, e devemos ir até Ele diariamente, inclusive a cada momento, e pedir ajuda. Eu não sabia ir a Deus e acabava ficando presa ao meu antigo hábito negativo de gratificação egoísta, embora ele não fosse nada gratificante. Dave, que era cheio do Espírito, sabia levar as nossas dificuldades ao Senhor, e quando finalmente recebi o batismo no Espírito Santo, nosso relacionamento deu uma reviravolta em direção do melhor plano de Deus para nós.

A oração nos transforma de dentro para fora. À medida que eu passava tempo com Deus, orando no Espírito Santo, eu podia ouvi-lo transmitindo sabedoria a mim com relação ao nosso casamento. Aprendi que uma casa dividida contra si mesma não pode subsistir. Tive de aprender a andar **com** Dave e não **contra** ele o tempo todo.

Quando passei a ser cheia do Espírito, comecei a expressar isso verbalmente mais do que Dave, e fomos convidados a sair da igreja que frequentávamos. Perdemos quase todos os nossos amigos que frequentavam aquela igreja. Quando começamos a ouvir ensinamentos sobre os dons do Espírito, nossos antigos amigos acharam que estávamos loucos. Deus me conduziu a fazer um estudo bíblico em minha casa. Foi então que comecei a dedicar tantas horas por dia à leitura da Palavra de Deus.

Eu tinha muitos problemas de personalidade, e depois que recebi o batismo no Espírito Santo, Deus começou a me confrontar com a verdade. A verdade sempre traz libertação do cativeiro e do desespero, mas foi uma batalha longa e difícil porque eu era rebelde, cheia de medo e terrivelmente insegura. Eu agia como se não precisasse de ninguém, mas sabia que precisava. Eu agia como se fosse dura, mas na verdade não era. Eu tinha um comportamento áspero e irritadiço, e havia muita coisa a ser vencida. Mas desde o instante em que comecei a estudar, tive o dom do ensino. Deus colocou em mim o desejo e a capacidade de tornar a Sua Palavra clara para outros.

Sempre tive um forte dom para a comunicação, tanto escrita quando oral. Quando fui cheia com o Espírito, pude parar de usar esse dom para transmitir rebelião, medo e insegurança, e passei a expressar concordância, amor e confiança. O meu dom não valia muito até Deus mudar a minha natureza.

QUEM CONTROLA O SEU ESPÍRITO?

Malaquias 2:16 nos diz para vigiarmos o nosso espírito e sermos controlados pelo Espírito de Deus. Não podemos esperar que alguma coisa funcione corretamente se não queremos ouvir Deus. Se não ouvirmos Deus, não iremos ter um bom casamento. É muito direto e simples, não é mesmo? Mas se ouvirmos Deus, teremos um casamento maravilhoso. Portanto, seja controlado pelo Espírito de Deus. Agora, vamos ler o versículo 17 de Malaquias 2:

Vocês têm cansado o Senhor com as suas palavras. "Como o temos cansado?", vocês ainda perguntam...

Deus nos diz seguidamente, diversas vezes, o que estamos fazendo errado, e depois voltamos a Ele e perguntamos: "Bem, o que estou fazendo de errado?". Em resposta à nossa pergunta de como nós o temos cansado, Deus diz: "Quando dizem: 'Todos os que fazem o mal são bons aos olhos do Senhor, e ele se agrada deles' e também quando perguntam: 'Onde está o Deus da justiça?'" (v. 17). Cansamos o Senhor com as nossas palavras e com a maneira como agimos.

Em outras palavras, Ele está dizendo: "Eu me canso quando, pelas suas ações, vocês agem como se estivessem fazendo tudo certo quando a Minha Palavra já lhes disse que algo não está certo". Isso cansa o Senhor e o deixa aborrecido.

Quando dizemos aos nossos filhos o que fazer, realmente ficamos felizes se eles simplesmente fizerem isso. Se eles obedecem alegremente, queremos abençoá-los. Mas se eles forem rebeldes e continuarem agindo da maneira deles, como se tudo estivesse bem, embora tenhamos dito a eles para não fazerem o que estão fazendo, ficamos enfadados com isso também.

Algumas pessoas têm a percepção de que Deus é perfeito e, portanto, não pode se cansar. Mas Ele diz que nós o cansamos com as nossas palavras. Imagine que se nós cansamos o nosso Deus paciente e amoroso com as coisas que dizemos, quanto não estamos cansando uns aos outros? Deus quer que os cônjuges sirvam um ao outro, que sejam uma luz colocada sobre um monte e que cuidem de um casamento que possa literalmente ser um exemplo do amor de Deus para outras pessoas.

Creio que Dave e eu temos um casamento que é um exemplo do amor de Deus entre duas pessoas, e que elas percebem isso sem precisarmos nos levantar para dizer aos outros que temos um bom relacionamento. As pessoas que nos observam podem ver que nos amamos. Quando os casais se envolvem com o nosso ministério, não demora muito até que saibamos se eles estão fingindo ou se realmente se amam. Não se pode esconder o verdadeiro amor. Não demora muito para ver se alguém é egoísta e egocêntrico, ou se ele realmente está transbordando amor.

Se amarmos as pessoas, isso ficará evidente como um derramar expressivo de quem somos. Quando estamos "em Cristo", nossos atos demonstrarão amor. Quando estamos "em nós mesmos", nossos atos demonstrarão ganância e auto-preservação. As palavras "eu amo você" podem ser ditas a alguém quer você esteja em Cristo ou fora Dele, mas haverá uma enorme diferença no impacto e no poder dessas palavras se você não estiver em Cristo. O verdadeiro amor não pode ser sentido ou expresso sem que Cristo esteja presente no coração que dá e recebe afeto.

> ✳
>
> As palavras "eu amo você" podem ser ditas a alguém quer você esteja em Cristo ou fora Dele, mas haverá uma enorme diferença no impacto e no poder dessas palavras se você não estiver em Cristo.

Sim, é dando que recebemos, e Cristo nos dá o amor que precisamos para dar a outros. Se quisermos que o amor floresça plenamente e traga as suas múltiplas bênçãos ao nosso lar, precisamos nos submeter à obra do Espírito Santo diariamente.

Em Efésios capítulo 5, lemos que as mulheres devem ser igualmente boas para seus maridos, assim como os maridos são ensinados em Malaquias a serem fiéis para com suas esposas. O versículo 21 começa dizendo: "Sujeitem-se uns aos outros, por temor a Cristo". Devemos nos sujeitar uns aos outros por respeito a Cristo. O versículo 22 diz: "Mulheres, sujeite-se cada uma a seu marido, como ao Senhor". Todos os homens na sala dizem "amém" quando ensino isso aos casais nos cultos de fim de semana. Eles ouvem o que têm tentado nos fazer ouvir desde o começo. *Adaptem-se! Submetam-se!*

Mas observe que essa questão de "se submeter e se adaptar" tem dois lados. Isso está muito claro para mim. Faz vários anos desde que Dave pediu que eu me sentasse para ouvir a revelação que ele havia recebido de Efésios. Às vezes, quando uma pessoa recebe entendimento sobre um assunto específico, não importa o quanto ela o diga a outra pessoa, a outra não consegue entender. E quando Dave me falou pela primeira vez o que vou compartilhar agora, ele estava muito entusiasmado com o que Deus lhe havia mostrado, mas eu não consegui entender o que ele estava vendo. Eu apenas sacudi a cabeça e olhei para ele com uma expressão de desinteresse.

Mas agora entendo o que o havia deixado tão entusiasmado. Dave disse: "É isto! A união perfeita no casamento é o homem amar sua esposa como Cristo amou a igreja". Não estamos falando sobre o homem amar sua esposa como o sujeito que mora ao lado ama a sua esposa. Estamos falando sobre o homem amar sua esposa como Cristo amou a igreja. Obviamente, levará algum tempo para compreender esse princípio completamente, mas aprendi uma coisa: o homem amar sua esposa como Cristo amou a igreja não significa que ela consegue que tudo seja feito como ela quer. Creio que foi difícil para mim captar a revelação de Dave no dia em que ele a compartilhou, porque eu ainda estava teimosamente querendo que as coisas fossem do meu jeito o tempo todo. Eu achava que se Dave me amava, ele iria querer me fazer feliz. Obviamente, eu estava tão aprisionada pensando em mim mesma que nunca me ocorreu fazê-lo feliz deixando que ele fizesse as coisas do jeito dele. Não sei quem eu achava que devia fazê-lo feliz, mas certamente não estava considerando a hipótese de que essa pessoa fosse eu mesma.

A resposta de uma mulher ao amor e ao cuidado adequados deve ser, então, submeter-se e se adaptar a seu marido como a igreja deve fazer ao Senhor. Esse é o outro ponto principal de Efésios — a mulher deve respeitar e reverenciar seu marido. Isso não significa que ela deve se comportar como um vegetal que nunca tem opinião, ou ter medo de expressá-la. O casamento é uma parceria, mas finalmente alguém precisa tomar uma decisão quando duas pessoas discordam. Nas coisas relativamente sem importância, Dave e eu nos revezamos. Nas coisas mais importantes a decisão final é dele.

O homem deve amar sua esposa como Cristo amou a igreja, e a mulher deve se submeter ao seu marido e respeitá-lo. Se cada um fizer a sua parte, um relacionamento glorioso resultará disso. Às vezes, um dos cônjuges não está disposto a fazer a sua parte. Então se estabelece um impasse. A discussão começa: "Bem, se você não ceder eu não cedo" e "Não faço se você não fizer", e então temos um grande caos.

Alguém precisa começar, e embora eu espere que ambos os parceiros estejam dispostos a começar e a fazer exatamente o que Deus diz, quero encorajá-lo a seguir em frente e ser o primeiro. Mesmo que pareça que um de vocês está mais disposto que outro, continue fazendo o que é certo como um serviço ao Senhor. O amor precisa começar em algum lugar. Se o que você está fazendo agora não está funcionando, então você não tem nada a perder. Tudo ficará na mesma até que alguém comece a mudar. Se vocês querem ver o que Deus pode fazer, então, esposas, sejam submissas e adaptem-se a seus maridos como um serviço ao Senhor.

> ❋
>
> O homem deve amar sua esposa como Cristo amou a igreja, e a mulher deve se submeter ao seu marido e respeitá-lo. Se cada um fizer a sua parte, um relacionamento glorioso resultará disso.

Provavelmente não existe ninguém mais qualificado do que eu para tentar ensinar as mulheres a se submeterem e se adaptarem, pois eu era a pessoa com a menor probabilidade de um dia querer se adaptar a qualquer coisa ou a qualquer pessoa. Queria que tudo e todos se adaptassem a mim. E quando comecei a ler na Bíblia que a esposa devia se adaptar a seu marido, isso me deu arrepios! O simples pensamento de me adaptar me deixava desconfortável.

É impressionante como podemos nos tornar infelizes porque não queremos nos adaptar a algo pequeno e simples que alguém está nos pedindo para fazer. Por causa do orgulho e da rebelião, estamos determinados a não mudar e a fazer com que a vida seja do nosso jeito. Não demora muito até estarmos infelizes, e deixarmos todos os que nos conhecem infelizes também. Mencionei que durante três anos briguei com Dave por causa do golfe. Brigávamos, brigávamos e brigávamos. Eu estava decidida a não deixá-lo jogar. E ele estava decidido a jogar. Mas à medida que comecei a deixar que o Senhor trabalhasse em mim, Dave e eu chegamos a um resultado de paz e concordância, que liberou a alegria.

Tu me fizeste conhecer os caminhos da vida e me encherás de alegria na tua presença. — Atos 2:28

O grande impasse entre duas pessoas é inevitável, a não ser que o Senhor intervenha e encha o coração delas de amor. Dave e eu brigávamos sem parar, mas nós também orávamos sem parar. Continue lendo para ver quem venceu essa batalha.

Capítulo 6

TALVEZ EU TENHA TIDO *UM POUCO* DE CULPA

Àquele que é poderoso para impedi-los de cair e para apresentá-los diante da sua glória sem mácula e com grande alegria.

Judas 24

Quando duas pessoas passam tempo de qualidade juntas, elas começam a ver a vida da mesma maneira. Mas quando duas pessoas ficam de costas uma para a outra, olhando para direções opostas, têm pouca chance de compartilhar um mesmo ponto de vista. Quando essas mesmas pessoas são determinadas, mas **ela** está determinada a impedir que ele vá a algum lugar, e **ele** está determinado a ir, elas têm um problema. Falarei sobre confrontos saudáveis mais adiante neste livro, mas, primeiro, quero mostrar a diferença que passar tempo um com o outro pode fazer em um relacionamento.

Eu mesma me fiz infeliz durante esses três anos em que fiquei furiosa com Dave por causa do golfe. Eu o fiz infeliz porque me recusava a me adaptar ao seu amor pelo jogo. É claro que fiz nossos filhos infelizes também, porque eles me viam discutir com o pai por causa disso. Uma criança fica perturbada quando vê seus pais brigarem porque, muitas vezes, ela pensa que a culpa é dela. Todo tipo de insegurança e medo é gerado nas crianças quando seus pais brigam o tempo todo, e naturalmente isso não construiu um relacionamento saudável entre Dave e eu.

Com três filhos correndo em volta de nós, continuávamos brigando por causa do golfe. Eu estava sempre furiosa e de cara feia. Dave não ia desistir, e eu estava decidida a fazê-lo desistir. Quanto mais eu implicava, mais ele jogava.

Dave disse que se você quer ser um bom jogador de golfe, precisa praticar o tempo todo. Então ele jogava golfe, e praticava durante a semana também. Eu ficava em casa o dia inteiro sozinha com as crianças, enquanto várias vezes por semana Dave chegava em casa, jantava e depois pegava seus tacos de golfe e ia treinar. Eu não conseguia entender por que ele insistia em fazer isso, nem estava disposta a acreditar que havia uma explicação válida para esse desejo. Nada disso fazia sentido para mim.

O Senhor é poderoso para nos impedir de tropeçar, de escorregar ou de cair, embora às vezes estejamos decididos a correr em direção a uma colisão direta com o nosso plano de vida defeituoso. Creio que orações se interpuseram e nos pouparam das tragédias que resultariam disso se eu tivesse continuado a seguir o meu caminho destrutivo de ira e ressentimento.

Quando comecei a ver nas passagens da Bíblia que a mulher deve se adaptar a seu marido, pensei: *Prefiro morrer primeiro. Simplesmente não posso fazer isso.* Você já teve tanta rebelião na sua carne a ponto de pensar sinceramente que se tivesse de ceder, você murcharia e morreria? Eu achava que se tivesse de me humilhar e fazer o que Dave queria que eu fizesse, isso me mataria.

Gostava de encontrar versículos na Bíblia aos quais Dave devia ouvir. A Palavra diz em 1 Pedro 3:7 (NASB): "Do mesmo modo vocês, maridos, vivam com suas mulheres de forma compreensiva, como com um vaso mais frágil, uma vez que ela é mulher; e tratem-nas com honra, como co-herdeiras do dom da graça da vida, de forma que não sejam interrompidas as suas orações". Eu estava convencida de que Dave precisava entender como era difícil para mim ficar em casa com as crianças o dia inteiro, todos os dias. Afinal, ele estava lá fora com adultos, com pessoas normais, que não babam nem fazem caretas para você. Assim como as outras mulheres que ficavam em casa com seus filhos pequenos, eu ansiava por sair e conversar com "gente grande".

SÓ VOCÊ E EU, JUNTOS

É importante que os casais façam coisas juntos. Passar tempo juntos aumenta a compreensão do ponto de vista e das necessidades um do outro. Naquele momento do nosso casamento, eu era uma pessoa tão difícil de conviver, que Dave provavelmente ia jogar golfe muito mais do que gostaria, só para se afastar de mim. A Bíblia diz que a mulher briguenta e implicante perturba como o gotejar constante em um dia chuvoso (Provérbios 19:13, NVI, ABV; Provérbios 27:15, NVI). Pobre Dave!

Pelo fato de eu não acreditar realmente que alguém pudesse me amar, eu queria que Dave me mimasse o tempo todo para fazer com que eu me sentisse segura. Queria que ele quisesse estar comigo em vez de querer estar no campo de golfe. Queria que ele ficasse cuidando de mim o tempo todo. Tudo se resumia a mim e ao meu empenho desesperado em alimentar aquela raiz de rejeição em minha vida. Eu precisava de uma "dose" constante. Eu não queria perder o controle do que me fazia me sentir segura, então dava ataques para conseguir que ele ficasse em casa.

Dave sempre me convidava para ir com ele. O problema não era ele estar saindo sem mim. Ele me convidava para ir, mas eu era cabeçuda demais para fazer isso. Não queria jogar golfe, e eu não achava que ele devia jogar também, então não cedia. Pelo menos duas ou três vezes por semana eu ficava furiosa por causa do golfe a ponto de odiá-lo.

Finalmente, certa tarde, fui até à área de treino para encontrá-lo. Nem me lembro agora como cheguei lá, talvez tivéssemos dois carros naquela época, ou talvez ele tenha ido com alguém. Eu estava amuada no meu canto escuro do apartamento, chorando infeliz com nossos três filhos, e ele estava em seu treino, se divertindo ao sol. De algum modo, pela misericórdia de Deus, foi-me dada a graça de engolir o meu orgulho. Coloquei aquelas três crianças no carro e

> ✳
> É importante que os casais façam coisas juntos.

— 75

dirigi até lá. Tirei-as do carro, andei até Dave e coloque as crianças enfileiradas atrás da área de tacadas. Ele estava abaixado, colocando a bola de golfe no suporte quando olhou para cima, me viu e disse: "O que aconteceu? A casa pegou fogo?".

Olhando para o seu rosto surpreso, eu disse: "Não, eu apenas desisti. Estou aqui, ensine-me a jogar golfe".

RENDER-SE SIGNIFICA "DESISTIR"

Eu apenas desisti. A graça de Deus levou-me a um lugar no qual entendi que eu não ia mudar Dave. Estávamos tendo tantos problemas por causa do golfe que só podia ser um ato da graça de Deus me dar o desejo de jogar com Dave. Toda essa questão poderia facilmente ter nos causado problemas muito, muito sérios.

Dave me ensinou os princípios básicos durante três meses antes que eu saísse para jogar uma partida de golfe. Finalmente aprendi a jogar bem. Na primeira vez que saímos para jogar em um campo de golfe de nove buracos, eu estava na primeira área de tacadas, e havia muitos homens em volta esperando sua vez.

Fiz o movimento com o corpo e errei a bola treze vezes seguidas naquele primeiro buraco porque estava nervosa. Vendo que eu estava constrangida, Dave veio até mim e disse gentilmente: "Não se apresse, não se apresse". Em voz baixa, ameacei: "Se eu errar esta bola novamente, vou pegá-la e atirá-la lá embaixo!". Então atingi a bola, e ali começou minha carreira no golfe.

Desfrutamos muitos anos de golfe juntos. Se eu não tivesse me disposto a fazer o que Deus disse para fazer — sair e jogar golfe com Dave —, teria perdido a diversão que os dois haviam planejado para mim. Quando joga golfe, você não consegue pensar em nada mais a não ser na sua postura, no seu apoio e no seu foco. Quanto mais clara a sua mente, melhor o seu balanço. É um bom momento para quebrar a atividade da sua vida diária.

Precisei abandonar a minha antiga maneira de pensar para experimentar a maneira como Dave relaxava. Tive de abandonar os meus medos de não ser amada, para me juntar ao amor da minha vida em um jogo que ambos podíamos desfrutar. Tive de deixar de lado a minha teimosia e a minha rebelião contra a Palavra de Deus a fim de receber a alegria da Sua presença. Mas com Deus é possível se libertar da velha natureza e se tornar uma nova criatura.

Ter relacionamentos maravilhosos e um casamento fantástico é possível. É simplesmente uma questão de render-se e deixar Deus nos conduzir ao plano agradável que Ele tem em mente para nós. Eu não podia ter as coisas do meu jeito e do jeito de Deus ao mesmo tempo.

Quando estava estudando a Palavra depois de ter sido cheia pelo Espírito, lembro-me bem do primeiro confronto que tive com o Espírito Santo. Eu estava orando um dia para que Dave mudasse, e Deus falou comigo dizendo: "Dave não é o problema".

Eu não pude acreditar! Tinha uma lista de coisas que seriam melhores se Dave fizesse "isso" e nossos filhos fizessem "aquilo". Eu era infeliz e uma pessoa de difícil convivência porque eles não estavam me tratando corretamente. Não é assim que a maioria das pessoas pensa? Quase todo mundo põe a culpa por seu mau comportamento, por seu passado e sua falta de dinheiro em alguém.

Quando Deus disse, "Dave não é o problema", foi como se meus olhos fossem abertos e eu pudesse finalmente ver como era viver comigo. Vi que eu era implicante, crítica e uma pessoa com quem era difícil conviver. Chorei por três dias.

MORRENDO PARA SI MESMO

Senti como se ninguém me amasse e não conseguia entender por quê. Afinal, eu não tinha feito todas as coisas que uma boa cristã deveria fazer? Eu não estudava a Palavra e ensinava os caminhos de Deus a outros? Agora parecia que até Deus estava do lado de Dave e não do meu.

Tiago 1:26,27 são dois versículos fundamentais para qualquer pessoa que sente que sua vida e seu ministério não têm valor, e são fúteis e estéreis. Pode haver um motivo válido para esses sentimentos, e esses versículos nos dão uma pista do que pode estar errado em nossa vida. Leia-os com atenção:

Se alguém se considera religioso, mas não refreia a sua língua, engana-se a si mesmo. Sua religião não tem valor algum! A religião que Deus, o nosso Pai, aceita como pura e imaculada, é esta: cuidar dos órfãos e das viúvas em suas dificuldades e não se deixar corromper pelo mundo.

Essa é uma afirmação bastante forte! Ela diz que se pensamos que somos religiosos e estamos realizando todos esses deveres externos da nossa fé, mas não estamos refreando a nossa língua, então todos os nossos esforços são inúteis e sem valor. O versículo de 1 Coríntios 13 diz que se não andarmos firmemente em amor, podemos falar em línguas o dia inteiro e tudo que estaremos fazendo é barulho! Podemos ter tanta fé a ponto de mover montanhas, mas não somos nada se realmente não amarmos as pessoas.

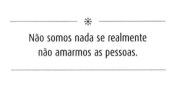
Não somos nada se realmente não amarmos as pessoas.

Deus citou outra coisa que pode tornar o nosso serviço religioso sem valor: não refrearmos a nossa língua. Ele não disse que faria tudo por nós. Precisamos usar o domínio próprio com relação às coisas que dizemos.

Lembro-me de como Deus me ensinou a lição de que tenho controle sobre as minhas palavras. Eu costumava dar "ataques", verdadeiras crises de nervos, e descarregar a minha infelicidade em meus filhos. Eu ficava furiosa com Dave, depois gritava e reclamava com meus filhos o dia inteiro. Eu não gostava da bagunça que os brinquedos deles faziam, então gritava com eles para que arrumassem tudo. Eu limpava a casa; eles faziam outra bagunça, e eu tinha outro ataque.

Certo dia, eu estava dando um de meus esperados ataques, gritando: "Peguem isto! Tudo o que faço é limpar este lugar e vocês bagunçam tudo o tempo todo! Vocês agem como se eu fosse escrava de vocês por aqui!".

Naturalmente, depois que as crianças estavam chorando e cada uma havia dado o próprio ataque, eu me sentia culpada pela atmosfera que havia inspirado. Não se deixe enganar, o mesmo diabo que faz você cair em tentação é aquele que vai ficar à sua volta e condená-lo pela tentação na qual ele fez você cair. Então eu confessava: "Oh,

Deus, sinto muito, mas não consigo evitar! Não quero agir assim, mas simplesmente perco a calma. Eu não consigo evitar, Deus!".

Mas Deus me mostrou algo por meio de uma imagem. Ele disse: "Joyce, se o seu pastor estacionasse na porta de sua casa enquanto você estivesse no meio de um desses ataques, quando ele tocasse a campainha você já o teria dado por encerrado". Ele disse: "Você exerceria um autocontrole perfeito na presença dele. Você abriria a porta e diria: 'Olá Pastor, glória a Deus! Como é bom vê-lo! Ah, as crianças. Ah, bem, os queridinhos, eles estão brincando no quarto deles, aqueles lindinhos. Sim, entre, glória a Deus!'". Essa verdade ensinou-me uma importante lição.

Quando estamos cercados de pessoas às quais queremos impressionar, ou que não queremos que pensem mal a nosso respeito, é impressionante como podemos nos comportar bem. Quando queremos que as pessoas "nos amem" demonstramos muito "autocontrole", a fim de que elas vejam o nosso lado adorável. Se o nosso foco fosse amar os outros, também demonstraríamos autocontrole sobre o que fazemos e dizemos para não ferirmos as pessoas a quem amamos.

O versículo 27 de Tiago 1 está dizendo que a nossa adoração e a nossa fé em Cristo devem ter alguma expressão externa que os outros possam ver. Isso se chama "boas obras", mas essas boas obras devem ser feitas com a motivação correta. Se as coisas boas são feitas com a motivação errada, então Deus não as chama de boas obras. Ele as chama de "obras da carne", que cheiram mal às Suas narinas. Tiago explica que a adoração expressa em atos externos deve ser pura e imaculada aos olhos de Deus Pai. Os exemplos disso são visitar, ajudar e cuidar dos órfãos e das viúvas nas suas aflições e se manter imaculado e não contaminado pelo do mundo. Essa é a adoração aceitável aos olhos de Deus.

Portanto, se você quer que a sua religião seja real, precisa ter três expressões externas da sua fé:

- Você precisa refrear a sua língua
- Você precisa ajudar as pessoas que sofrem
- Você precisa viver uma vida santa

Se você se concentrar nessas três coisas abençoará a si mesmo, a seu cônjuge, a sua família e a seus amigos. Você verá a bênção de Deus ser derramada sobre os seus relacionamentos. A felicidade será abundante, e o sucesso estará em tudo o que você fizer. Os caminhos de Deus são simples e verdadeiros. A obediência à Sua instrução leva ao que chamo de "bênçãos radicais e escandalosas". Não gaste seus esforços tentando abençoar a si mesmo. Simplesmente obedeça aos princípios de Deus, e Deus abençoará você.

COMO VIVER UMA VIDA SANTA

Uma vida santa começa com livrar-se do egoísmo em sua vida. O paradoxo da felicidade é que ela acontece quando você se esquece de si mesmo e vive para ajudar os outros. Descobri que você não pode ser feliz se tem a si mesmo em mente o tempo todo. Passei muitos anos sendo uma cristã infeliz. Se não tivermos justiça, paz e alegria, então perdemos o Reino.

Prosperidade, cura, sucesso e promoções em nossos empregos são benefícios do Reino que Deus quer que tenhamos. Ele nos mostra na Bíblia como consegui-los, mas esses benefícios não são o Reino. O Reino de Deus não é comida e bebida; a Bíblia diz que ele é "justiça, paz e alegria no Espírito Santo" (Romanos 14:17). Devemos buscar em primeiro lugar o Reino de Deus e a Sua justiça e *todas essas coisas* nos serão acrescentadas (Mateus 6:33).

Assim, nossas prioridades precisam estar alinhadas com a Palavra de Deus. Temos de fazer coisas sob a ordem de Deus. E Deus se cansa de pessoas que só buscam as Suas mãos e nunca buscam a Sua face. Precisamos ir a Deus não pelo que Ele pode fazer por nós, mas por Quem Ele é e porque precisamos Dele para sobreviver a cada dia; não tenho alegria, paz nem justiça sem Jesus.

O Reino de Deus é a manifestação do Reino dentro de nós. É aprender uma reação à vida diária que difere da maneira como o mundo reage, e precisamos prestar mais atenção a essa vida interior que temos disponível através de Cristo. Ficamos preocupados demais com o que todos pensam a nosso respeito. Somos preocupados demais com a nossa aparência, com o que possuímos, com que tipo de carro dirigimos, se temos um título que podemos colocar na porta do nosso escritório, com que lugar nos sentamos na igreja e qual é o nosso cargo na igreja. Precisamos estar muito mais preocupados com que tipo de pensamentos temos.

Se você é infeliz, examine-se e pergunte:

- O que está acontecendo dentro de mim que não está agradando a Deus?
- Que atitudes tenho que cheiram mal às narinas de Deus?
- Sou ciumento, amargo ou tenho ressentimentos?
- Com quantas pessoas estou ofendido?
- Quantas pessoas deixei de perdoar?
- Quantas pessoas odeio?
- De quantas pessoas sinto inveja?

A sua infelicidade provavelmente não tem nada a ver com o seu cônjuge. O descontentamento muito provavelmente é resultado da sua maneira de olhar a vida.

Se o seu coração não está cheio de justiça, paz e alegria no Espírito Santo, a felicidade não vai ser encontrada em nenhum lugar, através de ninguém. Não são as suas circunstâncias que o fazem infeliz; é não ter as coisas dentro do seu coração.

Jesus disse que podemos ter paz em meio à tempestade (Mateus 8:26). Quando Pedro disse que podemos ter "alegria indizível e gloriosa" (1 Pedro 1:8), ele estava sendo perseguido pelo reino de Nero em Roma. Paulo falava seguidamente da sua alegria dizendo que em todos os seus problemas a sua alegria não tinha limites (2 Coríntios 7:4).

Como diz a professora de ensino bíblico Jerry Savelle, "se o diabo não conseguir roubar a sua alegria, ele não poderá roubar os seus bens". Ele só pode pedir isso a você, e só você pode dar isso a ele. Vivi a vida infeliz, egoísta, egocêntrica, carnal, buscando a Deus pelo que Ele podia fazer por mim, querendo que meu ministério crescesse; tentando conseguir isso, tentando conseguir aquilo, tentando me igualar a todos os outros. Eu tinha um projeto novo a cada semana, e era algum tipo de projeto de fé para conseguir mais alguma coisa que eu queria. E finalmente fiquei tão enfadada de ser uma cristã infeliz, que pensei: *Querido Deus, não me tornei uma cristã para poder trocar a minha infelicidade mundana por uma infelicidade cristã. Algo está errado.*

Se você se identifica com esses sentimentos, preciso lhe dizer que não existe um *drive-thru* para mudança de vida. Com Deus não existe um *drive-thru* para a vitória. A única maneira de ver as mudanças é aprender o que a Palavra de Deus diz e, quer você sinta vontade ou não, começar a fazer o que ela diz consistentemente, dia após dia, sem parar. Sua situação irá melhorar quando você ficar a sós com Deus, confrontar o diabo você mesmo, e conquistar vitórias que nenhum demônio pode lhe tirar. Desfrutar verdadeiramente a vida que Deus planejou para você requer maturidade e domínio próprio. Você precisa saber quem é em Cristo e buscar a paz e a alegria no Espírito Santo.

Em meio ao meu estilo de vida egoísta e egocêntrico, comecei a clamar a Deus: "O que está errado?". Deus me mostrou muitas coisas. Primeiro, eu estava buscando as mãos de Deus e não a Sua face. Eu precisava buscar a presença de Deus, e não apenas o que Ele podia fazer por mim. Então Ele me mostrou o quanto eu era egoísta. Os versículos de Tiago dizem que precisamos ajudar a alguém, caso contrário nossa religião não é pura.

A verdade transformou meu coração. Agora eu só quero ajudar as pessoas. Esse é o único motivo pelo qual escrevo, viajo e prego. Não faço as coisas para impressionar as pessoas; só quero agradar a Deus. Ele continua tornando o nosso ministério cada vez maior, mas não estamos tentando fazer as coisas para sermos "grandes". Estou escrevendo este livro para ajudar as pessoas.

O Senhor fez uma grande obra no meu coração! Farei o que Deus me chamou para fazer enquanto eu respirar e encontrar mais pessoas para ajudar. Se pudermos nos esquecer das nossas pequenas dores, das nossas provações e tribulações; se pudermos sair da nossa mente e encontrar alguém para nos ajudar, nossa vida será muito melhor. Essa é uma descoberta maravilhosa.

Posso estar em uma posição em que algo está acontecendo em minha vida e não tenho a capacidade de ajudar a mim mesma. Mas ao mesmo tempo em que não posso ajudar a mim mesma, Deus me unge para ajudar a outros. Você descobrirá que isso é verdade para você também. Quando não puder libertar a si mesmo, e não puder encorajar a si mesmo, você ainda poderá encorajar alguém. Às vezes, quando você não consegue acreditar que Deus pode solucionar o caos em sua vida, você pode encorajar alguém a crer em Deus. E à medida que compartilha com essa pessoa, você encoraja a si mesmo a crer em Deus.

Você perceberá como é fácil encorajar os desanimados dizendo: "Não fique deprimido — não desanime". Por que Deus nos faz assim? Ele nos criou para nos darmos às outras pessoas. Ao fazermos isso, estamos plantando sementes que precisamos fazer crescer para que Deus possa gerar uma colheita em nossa vida. Enquanto você ajuda alguém, Deus ajuda você. Lembre sempre que *aquilo que você faz acontecer para alguém, Deus fará acontecer para você.*

Será que temos alguma ideia do que aconteceria se alguém orasse todos os dias, "Deus, mostra-me alguém hoje a quem eu possa ajudar"? Estamos perdendo a alegria. Se andássemos nesse amor diariamente, não estaríamos lutando contra a tristeza e a depressão. O nosso amor pelos outros seria um escudo contra os dardos que o inimigo tenta nos infligir.

Aprendi tudo sobre guerra espiritual, mas ainda não tinha autoridade sobre os dardos inflamados do diabo e não entendia o que havia de errado comigo. Eu ia aos seminários, comprava as fitas, e gritava com o diabo até ficar sem voz. Eu jejuava até quase morrer, orava com grupos de pessoas, mas continuava sem ter vitória. O que estava errado?

Eu tinha um método, mas não tinha poder fluindo através desse método. Você pode ter todo tipo de métodos, mas eles podem se tornar vazios, obras mortas que desgastam você e o deixam esgotado com o Cristianismo. As pessoas se desgastam porque pensam, *preciso me confessar; preciso fazer isso e preciso fazer aquilo, e preciso gritar com o diabo...* Elas fazem todas essas coisas, mas não têm um relacionamento pessoal com Jesus. Ele não veio para nos ensinar regras, regulamentos e métodos; Jesus veio nos ensinar a termos um relacionamento pessoal com o Deus Todo-poderoso e depois com os outros.

Quando perguntaram a Jesus qual era o maior mandamento, a maior lei, Ele respondeu:

Ame o Senhor, o seu Deus de todo o seu coração, de toda a sua alma e de todo o seu entendimento. Este é o primeiro e maior mandamento. E o segundo é semelhante a ele: Ame o seu próximo como a si mesmo. — Mateus 22:37-39

Em Mateus 7:12, Jesus disse: "Assim, em tudo, façam aos outros o que vocês querem que eles lhes façam; pois esta é a Lei e os Profetas".

Portanto, para experimentar Deus e o Seu plano para a nossa vida, devemos procurar as necessidades dos outros e fazer o que pudermos para servi-los. A nossa religião não é pura se estiver poluída pelo "ego". O nosso egocentrismo nos impede de observar o que as outras pessoas estão passando. Precisamos tirar nossas necessidades, nossos desejos e nossas vontades do caminho.

> ⁎
>
> A Bíblia diz claramente que devemos nos deleitar no Senhor, e Ele concederá os desejos do nosso coração. Não precisamos expulsar os nossos desejos, somente o nosso egoísmo.

A Bíblia diz claramente que devemos nos deleitar no Senhor, e Ele concederá os desejos do nosso coração. Não precisamos expulsar os nossos desejos, somente o nosso egoísmo. O Salmo 37:4,5 diz que quando nos deleitamos no Senhor, Ele concede os desejos e as petições secretas do nosso coração. Quando entregamos o nosso caminho a Ele, repousamos o fardo do nosso cuidado sobre Ele — confiamos, dependemos e nos apoiamos Nele com confiança —, e Ele tornará realidade os desejos do nosso coração.

COMO SE LIVRAR DAS CONTENDAS

Tiago 4:1 faz a pergunta: "De onde vêm as guerras e contendas que há entre vocês? Não vêm das paixões que guerreiam dentro de vocês?". O versículo 2 responde a essa pergunta, dizendo: "Vocês cobiçam coisas, e não as têm; matam e invejam, mas não conseguem obter o que desejam...".

O que leva à contenda? A inveja e os desejos não realizados. As igrejas, os negócios, as escolas e os casamentos estão cheios de contendas; irmãos não conseguem conviver entre si, e daí por diante. Quando me deparei com a passagem anterior, eu tinha muita contenda em minha vida. Tiago 4 explica que os conflitos e as discussões começam porque os nossos desejos estão sempre guerreando dentro de nós.

A contenda começou por causa de todas as coisas que queremos e que não sabemos como conseguir. E assim nos esforçamos para fazer todas essas coisas acontecerem. Eu me esforçava tentando mudar a mim mesma, meu marido e meus filhos. Lutava tentando ser curada, me tornar mais próspera e fazer com que meu ministério crescesse. Eu estava o tempo todo trabalhando em diversos projetos de "fé". Fazia todos os meus planos e depois esperava que Deus os abençoasse.

Jesus é o Autor e o Consumador da nossa fé, mas Ele não é obrigado a consumar nada que não autorizou. Deus disse que se nós nos deleitássemos Nele, Ele cuidaria de todos os desejos e petições secretas do nosso coração.

Tiago 4:2 continua, explicando a consequência dos nossos atos quando temos inveja do que os outros têm: "Vocês vivem a lutar e a fazer guerras...".

E então, esta próxima declaração simples da Palavra de Deus transformou minha vida há cerca de vinte anos. O restante do versículo 2 diz: "Não têm, porque não pedem...".

Mas então o versículo 3 diz: "Quando pedem, não recebem, pois pedem por motivos errados, para gastar em seus prazeres".

Então, essas são as razões pelas quais não conseguimos as coisas que queremos: em primeiro lugar, estamos tentando fazer as coisas nós mesmos, em vez de pedirmos a Deus, e o resultado é a contenda em nossa vida. Em segundo lugar, pedimos a Deus essas coisas, mas a nossa motivação está errada, e Deus não pode recompensar as nossas motivações erradas. Há um processo de purificação que precisa acontecer em nossa vida.

Eu estava tentando pegar tudo isso e fazer certas coisas acontecerem, mas estava deixando Deus de fora do ciclo. Tudo que eu precisava fazer era pedir a Deus o que eu queria, e se fosse o certo para mim, Ele me daria do jeito Dele e no tempo Dele. Se não fosse o certo, e eu fosse inteligente, então era melhor que eu esperasse que Ele realmente não me desse essas coisas. Finalmente, descobri que ou Deus vai fazer as coisas do jeito Dele, ou eu vou ser infeliz. Posso lhe poupar anos de agonia, portanto ouça a "Mama Joyce". Se você quer ter uma vida boa, é melhor orar regularmente: **"Deus, ajuda-me a permanecer na Tua vontade. Não quero nada que Tu não queiras que eu tenha. Se não fores Tu, Senhor, bate a porta no meu rosto".**

Amo a oração que Davi fez no Salmo 26:2: "Sonda-me, Senhor, e prova-me, examina o meu coração e a minha mente". O que aconteceria se começássemos a fazer essa oração todos os dias? **"Testa-me, Deus, prova-me. Examina-me, Deus; sonda-me. E se houver alguma coisa má em mim, quero saber".** Não precisamos ter medo de andar na luz da verdade de Deus. A luz expõe cada inseto e cada rato na sala, e quando você acende a luz, todos eles começam a correr para algum canto a fim de se esconder. É exatamente isso que acontece quando a luz da Palavra de Deus é derramada em nós. Todos os pequenos insetos e ratos começam a correr até que a luz se apague novamente.

Tiago 1:2,3 nos diz para termos grande alegria quando passarmos por todo tipo de tentações e testes, sabendo que a provação da nossa fé opera a paciência. Mas, antes que as provações gerassem a paciência em mim, muitos outros lixos saíram primeiro, como ataques de raiva, ciúmes, ressentimento e o meu temperamento ruim. A princípio eu achava que a Palavra não estava funcionando, mas é assim que o fogo do Refinador opera. Quando você usa o calor, as impurezas aparecem primeiro.

Não sabemos o que há em nós até sermos testados. Não sabemos que tipo de fé temos até que ela seja testada. Não sabemos que tipo de tolerância, firmeza ou fidelidade temos até que elas sejam testadas. Não sabemos nada sobre ser fiéis ao nosso cônjuge até que aquele cônjuge deixe de fazer algumas coisas que queremos que ele faça.

A maioria das pessoas tenta fugir da vida quando ela fica difícil. Se Deus nos coloca em uma posição difícil, é para o nosso benefício e para o nosso bem, para que possamos construir músculos espirituais aplicando a nossa fé em confiar Nele. Muitas pessoas abandonam uma igreja se não gostam dela. Se elas não gostam de um emprego, vão embora. Se não gostam de um vizinho, elas se mudam. Se não gostam de um amigo ou de um cônjuge, elas conseguem outro. Se não gostam daquele, conseguem outro e depois outro.

Eu achava que todos os meus problemas eram culpa de Dave. Eu pensava: *Se ele parasse de fazer isto e mais aquilo, eu seria feliz.* Ou: *Se não precisasse trabalhar, eu seria feliz.* Quando parei de trabalhar e fiquei entediada, eu pensava: *Se eu pudesse trabalhar seria feliz. Se pudesse sair e passar o dia com pessoas adultas, em vez de ficar com todas estas crianças, então eu seria feliz.*

Certo dia, Dave disse: "Olhe, você quis parar de trabalhar e nós deixamos você parar de trabalhar. Isso nos afetou financeiramente, mas você parou de trabalhar. Agora, você não está feliz porque não está trabalhando. Se você quer trabalhar, volte a trabalhar, mas então você não ficará feliz. Você vai querer parar de trabalhar".

Ele continuou: "Joyce, fiz tudo que podia para fazê-la feliz. Desisto. Não sei como fazê-la feliz. Adivinhe, cansei de tentar". Então ele concluiu com tristeza: "Você conseguiu me levar a um ponto em que não consigo mais suportá-la".

Graças a Deus, isso foi há mais de vinte e cinco anos, desde que percebi que a minha mente estava voltada demais para mim mesma. Contudo, mesmo agora, preciso manter a liberdade que adquiri levantando-me contra o egoísmo e o egocentrismo, lembrando-me de ser adaptável, de não fazer tempestades em copo d'água e várias outras coisas. Medite por um instante em quantos casamentos seriam salvos se as pessoas não fossem egoístas. Talvez você conheça um que neste instante esteja à beira do desastre, e a raiz não é outra coisa além do egoísmo. Se for esse o caso, por que não dar a eles um exemplar deste livro e orar para que exerça um impacto sobre a vida deles? Se a pessoa que você conhece é você mesmo, então você está bem, porque tem a resposta que estava procurando bem na sua mão — um livro cheio de princípios de Deus que lhe mostrarão o caminho para a felicidade e a realização.

Capítulo 7

POSSO CORTAR ESSA FRUTA PARA VOCÊ?

E a colheita da justiça (da conformidade à vontade de Deus em pensamentos e atos) é [o fruto da semente] semeada em paz por aqueles que trabalham pela paz e fazem a paz [neles mesmos e nos outros, aquela paz que significa concordância, acordo e harmonia entre as pessoas, sem perturbação, em uma mente pacífica, livre dos medos, das paixões inquietantes e dos conflitos morais].

TIAGO 3:18, AMP

O objetivo de Deus para o nosso relacionamento com os outros é a paz. A partir do versículo acima aprendemos que a harmonia com os outros é resultado de nos conformarmos à vontade de Deus para nossa vida. Deus conhece o poder curador de um ato de amor, por isso nos chama a ministrar a paz em nosso lar, antes de nos convidar a ministrá-la fora dele.

Quando me levanto pela manhã, às vezes Deus me diz para fazer coisas para Dave que não quero fazer. Por exemplo, Dave gosta de comer salada de frutas. Ele gosta de tudo cortado em uma tigela. Eu não me importo de levar uma maçã, uma laranja e uma banana para ele, mas ele quer tudo cortado. Depois ele quer suas vitaminas, seu suco de laranja e seu café.

Há alguns anos contratamos uma empregada que nos ajuda durante a semana. Ela cuida da salada de frutas, das vitaminas, do suco de laranja e do café de Dave, e ela é maravilhosa. Um dia, porém, quando era feriado, desci para fazer o café de manhã e não estava com humor para fazer nada a não ser pegar meu café e voltar para o meu quarto. Eu queria orar e estar com Deus.

Este é o nosso problema: somos tão espirituais que só queremos "estar com Deus", mas não queremos fazer nada do que Jesus nos diz para fazer. Ele disse que precisamos servir uns aos outros. Naquela manhã de feriado, o Espírito Santo começou a colocar em meu coração a sugestão de preparar uma salada de frutas para Dave. Peguei uma banana e coloquei-a na bandeja. O Espírito Santo disse: "salada de frutas".

Eu não queria fazer salada de frutas. Realmente não queria fazer a salada. Eu cheguei a dizer: "Não quero — quero orar". Então o Senhor me disse: "Joyce, servir ao Dave é servir a Mim".

Então fiz a salada de frutas.

O fruto da justiça semeia-se em paz para os pacificadores. — Tiago 3:18

A paz é algo que semeamos e pelo qual depois trabalhamos em nós mesmos e nos outros. A recompensa é harmonia, concordância e uma mente pacífica, livre de medos, paixões inquietantes e conflitos morais. De repente, à luz da Palavra de Deus, fazer salada de frutas para Dave foi mais que um ato de conformidade à vontade de Deus; foi a semente que trouxe paz e alegria à minha vida.

> ———— ✳ ————
> O objetivo de Deus para o nosso relacionamento com os outros é a paz.

A minha má atitude inicial reflete o coração de muitos cristãos que querem fazer alguma coisa na igreja por alguém em seu "ministério", mas se fizerem essa mesma coisa por alguém na sua família, eles acham que estão sendo transformados em escravos. Mas se o ministério não funciona em casa, ele não está funcionando.

Quando estou disposta a fazer alguma coisa na igreja como "meu ministério", mas não quero fazer isso em casa, então tenho de me questionar e descobrir o que está fazendo a diferença. Muitas vezes na igreja alguém geralmente é gentil o bastante para me dizer o quanto eu fui maravilhosa pelo que fiz. Eles aplaudem e elogiam, e me dão tapinhas nas costas, ao passo que se faço a mesma coisa em casa, talvez eu não receba nem um "obrigado".

Com que rapidez estamos dispostos a fazer alguma coisa caso haja uma vantagenzinha para nós — um pequeno reconhecimento, um pouco de dinheiro, um pouco de promoção, um pouco de favor? Li uma declaração em um livro sobre o amor que me despedaçou. O autor disse: "Se você quiser medir o amor em sua vida, observe e veja como você trata as pessoas que não lhe podem fazer nenhum bem na terra. Se os seus atos não estão fluindo de um coração reto — se você está fazendo as coisas para ser visto —, você perdeu a sua recompensa. Se você está fazendo as coisas para que pensem bem de você, você perdeu a sua recompensa". Ele disse ainda: "Faça boas obras em segredo; faça-as para honrar a Deus, e não para conseguir algo para si mesmo".

Deus nos unge para podermos fazer alguma coisa para tornar a vida de alguém melhor. A verdadeira felicidade está na alegria que você sente depois de ministrar ao seu cônjuge e à sua família. Em breve, você vai querer encontrar outras pessoas que sofrem com quem você possa compartilhar os seus dons, mas na maioria dos lares já existem pessoas suficientes que estão sofrendo no sofá da nossa sala e que precisam desesperadamente de nós.

Certa manhã há vários anos, em um domingo, deitada na cama ao lado de Dave, acordei e comecei a pensar em como eu poderia convencê-lo a não assistir ao jogo de futebol naquele dia. (O diabo gosta de entrar no seu cérebro antes de você estar totalmente desperto.) Ali estava eu, deitada, tendo acabado de acordar, planejando como poderia fazer com que Dave fizesse o que eu queria. Preste atenção, eu não me importava com o fato de que ele tinha trabalhado a semana inteira e realmente gostava de assistir ao jogo no domingo. Eu só tinha a mim mesma em mente: *Fiquei enfiada aqui com essas crianças a semana inteira, e Dave precisa fazer alguma coisa comigo para me dar um tempo.*

A maioria de nós pensa no que nós precisamos, e raramente levamos em consideração o que as pessoas que nos cercam possam precisar. Muitos casais estão se divorciando porque um deles ou ambos acha que a outra pessoa nunca pensa nas suas necessidades.

Mas se essa mesma pessoa estivesse pensando nas necessidades do seu cônjuge, da mesma maneira que gostaria que o seu cônjuge estivesse pensando nela, ela estaria plantando sementes que Deus poderia restituir em uma colheita para satisfazer as suas necessidades. Por que é mais fácil esperar que os outros façam as coisas certas primeiro, antes de agirmos do mesmo modo?

DÊ O EXEMPLO EM AMOR

Então, naquela manhã específica, quando eu estava deitada na cama pensando em como poderia conseguir que Dave me levasse para sair para comer fora e fazer com que as crianças limpassem a casa, o Espírito Santo falou comigo. Ele disse: "Joyce, às vezes você me faz lembrar um pequeno robô. Você se levanta de manhã, fica ao lado da cama e o diabo corre e dá corda em você até o fim como se você tivesse uma pequena argola de metal nas costas". Pude ver como eu parecia aos olhos do Senhor quando Ele disse: "É assim que você me parece o dia inteiro — você anda pela casa como um robô, dizendo sem parar, com uma voz que soa como a voz de um robô: 'E eu? E eu? E eu? BEEP! BEEP! E eu? E eu...?'".

Faça a escolha de parar de tentar se preservar; apenas se entregue. Diga simplesmente:

Deus, eis-me aqui. Faça o que quiser comigo. Mostre-me onde o Senhor quer que eu sirva. Estou cansada de pensar em mim mesmo, de falar comigo mesmo, tentando cuidar de mim mesmo, me preocupando com o que todos pensam a meu respeito, com o que estão dizendo a meu respeito, por que não estão fazendo o que quero que façam por mim, e por que não estão me dando presentes.

Não quero pensar em mim mesmo — no que há de certo comigo, no que há de errado comigo — só quero tirar a mente de mim mesmo. Deus, se preciso mudar, o Senhor terá de me mudar. Se eu tiver de ter alguma coisa, o Senhor terá de dá-la a mim.

Tudo que sei é que vou viver minha vida daqui em diante para fazer alguém feliz, e se o Senhor não pode me fazer feliz, serei infeliz a vida inteira. Mas nunca mais vou tentar fazer isso por mim mesma.

A felicidade pode ser encontrada quando vivemos um "estilo de vida voltado para dar". A felicidade está em dar coisas a outros. Dê elogios às pessoas que não têm nenhum para lhe dar em troca. Dê tempo às pessoas que precisam de ajuda. Dê amor às pessoas que nunca aprenderam a expressar amor, e principalmente dê essas coisas à sua família também. Leve "sementes" no bolso o tempo todo, e procure oportunidades de levar a paz onde há caos, harmonia onde há divisão e concordância onde há competição. Tome a decisão de ser uma bênção radical para o seu cônjuge, sua família e para o mundo sobre o qual você exerce influência. Ore:

Senhor, unge o meu coração neste instante e quebra os jugos de cativeiro que me impedem de servir a outros. Ajuda-me a ver que a felicidade virá quando eu derramar a minha vida sobre a vida de outros — não quando eu gotejar algumas pequenas bênçãos de vez em quando — mas quando eu me derramar abundantemente.

Preenche a minha mente com maneiras pelas quais eu possa ser uma benção para aqueles a quem amo e para os que precisam de amor. Não permitirei que a preguiça fique no meu caminho impedindo-me de amar alguém.

E SE A CULPA *FOR* DELE?

Às vezes, os problemas no seu casamento podem ser realmente culpa do seu cônjuge. Você pode estar fazendo tudo certo e ainda assim enfrentar a dor e a decepção. Mas se continuar a fazer o que é certo, mesmo que o seu cônjuge não esteja reagindo, a justiça cultivará uma colheita de bênçãos, e Deus honrará a sua obediência. Portanto, não desista.

Muitos homens e mulheres entram no casamento com sérias inseguranças que desafiam seus relacionamentos. Tendo experiência em primeira mão com essas questões, quero discutir como a baixa autoestima afeta um casamento e como viver com uma pessoa insegura.

Um pastor certa vez me procurou em uma conferência e disse: "Não sei se você se sente dirigida a isso ou não, mas sinto que ajudaria as mulheres se elas entendessem que alguns homens sofreram abuso também. Em muitos casos os homens foram ensinados que não devem chorar ou demonstrar emoções. A maneira como um homem é criado e o que acontece com ele nos primeiros anos de sua vida pode afetar grandemente o seu relacionamento matrimonial".

É claro que eu mesma havia tido essa experiência durante anos. Muitas vezes tentamos lidar com o mau comportamento sem nunca nos aprofundarmos na verdadeira raiz do problema. Jesus disse: "Eu restaurarei a sua alma". Somente a Palavra de Deus tem o poder para entrar em nós e nos transformar; não é tanto o nosso comportamento que precisa ser transformado. É o nosso interior que precisa ser transformado, e em seguida as mudanças no nosso comportamento simplesmente se seguirão.

Quando Dave e eu nos casamos, eu não compreendia que o abuso pelo qual havia passado tivesse alguma coisa a ver com o meu comportamento atual. Eu acreditava que era uma nova criatura em Cristo e que as coisas velhas haviam passado, e legalmente isso é verdade. Mas experimentalmente, a novidade de vida em Cristo precisa ser vivida em sua vida. Embora Jesus venha habitar no seu espírito, ainda há uma obra que precisa ser feita na sua alma.

A sua alma é a sua mente, a sua vontade e as suas emoções. A sua alma abriga as suas habilidades de pensamento, onde você racionaliza e justifica o que lhe acontece. Hoje estamos vivendo em uma sociedade na qual, eu me arrisco a dizer, a grande maioria das pessoas com quem entramos em contato são disfuncionais na sua capacidade de "analisar" a melhor maneira de reagir a uma situação. Consequentemente, elas exibem um comportamento disfuncional.

Defino comportamento disfuncional como não funcionar da maneira que Deus pretendeu que uma pessoa funcionasse. Olhamos para as pessoas disfuncionais e pensamos: *Qual é o seu problema? O que há de errado com você?* Então perdemos o nosso tempo tentando transformá-las, ou simplesmente as rejeitamos.

Infelizmente, muitas pessoas tratam o casamento da mesma maneira que tratam os amigos que não querem mais tolerar. Elas simplesmente se afastam do relacionamento porque nunca aprenderam uma solução funcional para os problemas de mau comportamento.

Para trazer triunfo aos nossos relacionamentos, precisamos aprender o que a outra pessoa está pensando e depois descobrir como mostrar a ela a verdade que renovará a sua alma e a ajudará a atingir o seu potencial em Deus. Meu marido Dave fez isso por mim. Creio que a nossa vida é um ótimo exemplo de como alguém com o amor de Deus pode ajudar outra pessoa a ser tudo que ela pode ser. Um cônjuge amoroso pode levar o seu parceiro a um lugar de cura e vitória completas.

Quando Dave e eu nos casamos, eu parecia muito bem por fora. Era uma versão mais jovem do que sou agora. Eu tinha um bom emprego e era colocada na liderança em todo lugar onde trabalhava. Ser o chefe faz parte da minha personalidade, pois foi assim que Deus me construiu para a liderança. Os problemas profundos da minha alma não eram óbvios ao se olhar para mim. Quando as pessoas estão se conhecendo, elas não deixam esses problemas virem à tona.

Dave e eu estávamos casados há três semanas quando ele olhou para mim e perguntou: "O que há de errado com você?".

Com o abuso que eu havia sofrido na minha infância, somado aos erros do meu primeiro casamento, eu poderia parecer bem por fora, mas minha alma estava um caos. Eu não confiava nem gostava de ninguém, inclusive de mim mesma. Eu tinha todo tipo de medo. Mas você nunca imaginaria que eu tinha medo, porque eu era de uma ousadia quase que insuportável.

A maioria das pessoas que foram profundamente feridas tem personalidades desequilibradas. Ou são insolentemente agressivas, ou são irritantemente tímidas e introvertidas. Deus quer que tenhamos uma personalidade equilibrada.

Duvido que possamos compreender com quantas pessoas disfuncionais e inseguras lidamos todos os dias na sociedade. A coisa mais perigosa sobre a nossa sociedade disfuncional é que as pessoas feridas ferem outras pessoas. É importante ter em mente que as pessoas não saem por aí ferindo umas às outras apenas pela diversão de se ferirem. Muitos problemas começam em pessoas disfuncionais durante os anos em que elas estão formando uma opinião sobre o próprio valor.

— 95

Quando as pessoas que têm problemas não aprenderam a ver além deles, elas se tornam disfuncionais — incapazes de ter relacionamentos saudáveis. Essas mesmas pessoas querem a normalidade tanto quanto qualquer outra, mas suas habilidades emocionais e de raciocínio não estão desenvolvidas além do seu ponto de dor ou do panorama crítico da vida que lhes foi ensinado naqueles anos de formação. Se não existirem bons modelos em sua vida, elas não conseguem "ver" como podem mudar.

Não desista do seu cônjuge. Você pode ser o modelo para o seu cônjuge à medida que se submeter a Jesus e reagir às tensões e provas da maneira que Ele reagiria. Sou um testemunho vivo do que Deus pode fazer por intermédio de um cônjuge paciente e amoroso. Existem milhões de pessoas que têm problemas extremamente graves nos seus casamentos. Se você é uma delas, peça sabedoria a Deus.

> ✳
>
> Em vez de agir com base nas suas emoções, seja guiado pelo Espírito de Deus.

Ele lhe dará a graça e o poder para plantar sementes de paz no seu ente querido. Não desista do seu cônjuge a não ser que você saiba absolutamente que recebeu uma palavra de Deus dizendo-lhe para sair do relacionamento. Não aja com base nas suas emoções; seja guiado pelo Espírito de Deus.

COMO AJUDAR UMA PESSOA INSEGURA

Se você está vivendo com uma pessoa ferida e machucada, eu o encorajo a orar e pedir a Deus instruções específicas sobre como ajudar o seu parceiro a atravessar a insegurança e chegar ao lugar de confiança no seu amor e no amor de Deus. É possível que você seja a única pessoa no mundo por meio da qual Deus possa realmente demonstrar o Seu amor incondicional pelo seu cônjuge.

Peça a Deus para conduzi-lo a mais informações sobre como ajudar o seu parceiro. Obtenha mais ensinamentos; escreva ao meu ministério pedindo alguns de meus CDs e aprenda como você pode ser usado por Deus para trazer cura e restauração a essa outra pessoa. Existe algo dentro dela pelo qual vale a pena lutar. Há um tesouro dentro dessa pessoa, e ele não deve ser lançado em um lugar onde possa ficar perdido.

Quando Dave e eu nos casamos, minha personalidade era como uma rocha feia com um exterior áspero e duro. Eu agia como se não precisasse de ninguém — ninguém ia me levar de um lado para o outro nem me dizer o que fazer. Se as pessoas não gostassem de mim, elas podiam simplesmente desaparecer da minha frente. Eu havia cuidado de mim mesma por tempo suficiente. Acreditava que podia continuar a agir assim se fosse preciso. Mas não era isso que estava no meu coração; isso era apenas o escudo de defesa que eu colocava para que os outros vissem.

Quem iria querer ter uma pedra fria e áspera em casa? No entanto, muitas pessoas estão casadas com alguém que parece e age como uma pedra impermeável. E é difícil lidar com essa dureza dia após dia. Mas existe um tesouro no interior dessas pessoas, assim como os cristais na natureza. O exterior delas parece áspero e até bruto, mas suas cavidades estão forradas de cristais e minerais que explodem em lindas cores e desenhos.

Creio que Deus nos dá essas rochas na natureza para nos ensinar a olhar além da superfície de alguma coisa e de uma pessoa e ver o tesouro que Ele escondeu nelas. Quando olhamos para o exterior dessas rochas especiais, quem pensaria em olhar por dentro dela? É exatamente por isso que devemos parar de julgar as pessoas pela aparência, pela forma como agem, ou até pelo que elas dizem. Precisamos ir um pouco mais fundo. Peça a Deus para revelar a verdade sobre essas pessoas e peça para ver a bondade no coração delas que vale a pena ser buscada.

É dito aos homens em Efésios 5 para amarem suas esposas alimentando-as, cuidando delas e amando-as. Esse tipo de amor é exatamente como o amor de Cristo pela igreja, que nos purifica e nos torna gloriosos e santos. A imagem desse amor mostra que o amor de um homem por sua esposa pode trazê-la de volta a um lugar de saúde plena.

É dito às mulheres no versículo 33 para respeitarem, reverenciarem e observarem seus maridos. Elas devem demonstrar consideração para com eles, honrá-los, preferi-los e estimá-los. Elas devem tratá-los com deferência, elogiá-los, amá-los e admirá-los extremadamente (AMP). Imagine o que esse tipo de atenção pode fazer por um homem que tem baixa autoestima e que foi tratado de forma impiedosa quando criança! Um amor com esse tipo de força pode torná-lo são outra vez.

SEU PARCEIRO É UMA PESSOA SADIA?

Algumas pessoas estão casadas com um cônjuge que parece uma planta doente. Do topo, temos a impressão de que está tudo bem, mas há muitas coisas de aparência morta nos galhos inferiores. Há algumas árvores que nos fazem pensar: *Não sei se esta vai conseguir sobreviver ou não. Talvez seja melhor nos livrarmos dela e comprar outra.*

Não sou o tipo de pessoa que tem uma boa mão para plantas, e se compro uma planta que começa a morrer, levo-a até uma das mulheres do nosso escritório e peço: "Veja se você consegue trazer esta coisa de volta à vida". Uma das senhoras que trabalham comigo é capaz de levar a planta para casa e dentro de algumas semanas trazê-la de volta com uma aparência absolutamente maravilhosa. Depois que ela a alimentou e trouxe-a de volta, todos nós a queremos no nosso escritório outra vez. Nem parece que um dia ela esteve doente depois de receber esses cuidados.

Eu era como uma planta doente quando Dave me encontrou, mas ele me alimentou e foi o tipo de marido que a Bíblia diz que os homens devem ser. O nosso relacionamento foi ordenado por Deus; Deus tinha um chamado para a nossa vida, e Ele tinha um plano para nos levar até esse chamado. Olhando para trás podemos ver como Deus preparou Dave para o nosso casamento desde que ele tinha dezoito anos, enchendo-o com o Espírito Santo enquanto ele estava apenas buscando Deus por si só. Ele teve uma caminhada firme com Deus durante esses três primeiros anos em que foi cheio do Espírito, e muitas coisas sobrenaturais lhe aconteceram.

Embora ele tenha sentido que aquele relacionamento íntimo com Deus havia terminado por um breve tempo enquanto ele estava no serviço militar, ambos acreditamos que aquele foi um tempo especial de preparação na sua vida, especificamente para poder lidar comigo quando eu apareci. Assim como ele havia aprendido a fundamentar o seu relacionamento com Deus na promessa do compromisso e não nos sentimentos, mais tarde precisou me ensinar a mesma lição. Dave me ensinou que fidelidade não tem nada a ver com os sentimentos.

Não estou tentando transmitir uma imagem de Dave como um homem perfeito, assim como eu não fui uma mulher perfeita, mas ele foi paciente comigo e permaneceu ao meu lado em meio aos tempos difíceis. Creio que agora ele está colhendo os benefícios dessa atitude.

A GRAÇA DE DEUS FAZ A OBRA

Deus faz a obra através de nós para ajudar outros. Quando você planta sementes de justiça, colhe recompensas. Dave foi usado por Deus para plantar sementes de amor e aceitação em mim. Não damos o crédito ao homem, mas precisamos entender que Deus opera pelo intermédio das pessoas para alcançar pessoas. Ele quer usar você para cuidar de pessoas e ajudar a trazê-las de volta como uma árvore saudável próxima às correntes das águas.

Parte da nossa herança em Deus é estarmos seguros. Isaías 54:17 nos diz: "'Nenhuma arma forjada contra você prevalecerá, e você refutará toda língua que a acusar. Esta é a herança dos servos do Senhor, e esta é a defesa que faço do nome deles', declara o Senhor".

Não se contente com nada menos que o seu direito dado por Deus e comprado pelo sangue de estar seguro. Não espere nada menos para o seu cônjuge. Isaías 61:1 diz:

O Espírito do Soberano, o Senhor, está sobre mim, porque o Senhor ungiu-me para levar boas notícias aos pobres. Enviou-me para cuidar dos que estão com o coração quebrantado, anunciar liberdade aos cativos e libertação das trevas aos prisioneiros.

Como crente, você foi ungido para curar os quebrantados de coração. Os versículos 2 e 3 continuam:

Para proclamar o ano da bondade do Senhor e o dia da vingança do nosso Deus; para consolar todos os que andam tristes, e dar a todos os que choram em Sião uma bela coroa em vez de cinzas, o óleo da alegria em vez de pranto, e um manto de louvor em vez de espírito deprimido. Eles serão chamados carvalhos de justiça, plantio do Senhor, para manifestação da sua glória.

Isaías falou de uma unção que viria sobre nós para tocar pessoas quebrantadas cuja vida está um caos, cuja vida não é nada além de cinzas; trabalhar com elas, cuidar delas até que cheguem ao ponto de se tornarem uma árvore de justiça, plantada pelo Senhor, para que sua vida passe a glorificar a Deus.

Fico feliz por meu marido não ter desistido de mim. Como teria sido fácil para ele naqueles primeiros anos simplesmente ir embora dizendo, "Quem precisa de todo esse aborrecimento? Não preciso passar por este sofrimento e por estes insultos". Mas em vez de me abandonar, ele procurava um lugar e orava para ter mais da graça de Deus. Depois, Ele voltava e vivia de forma sacrificial, esperando que Deus me transformasse em honra à obediência e às orações de Dave.

ALEGRE-SE COM AS PEQUENAS MUDANÇAS

Na época em que Elias profetizou que Deus estava enviando chuva, ele ficou extremamente entusiasmado quando chegou o relato de que havia uma pequena nuvem no céu do tamanho da mão de um homem. Ele interpretou aquela partícula de nuvem em toda a extensão do céu como uma evidência de que Deus iria fazer o que dissera.

Talvez você ainda não tenha uma plena manifestação de vitória em sua vida, mas se você puder ver ainda que seja uma pequena evidência de que Deus está operando, se tudo o que você puder encontrar for apenas uma pequena nuvem no céu do tamanho da sua mão, então se alegre. Se há alguma centelha de esperança em você, qualquer evidência de que Deus está operando na sua vida, no seu casamento, em você, no seu parceiro, na sua estrutura financeira, ou nos seus filhos, então eu suplico em nome de Jesus: não fuja dos tempos de dificuldade!

Permaneça firme e pague o preço da tolerância, porque essas cinzas vão se transformar em beleza. Você e seus entes queridos serão aquela árvore de justiça, plantada pelo Senhor, e a vida de vocês glorificará a Deus.

Deus ungirá você para ajudar outras pessoas. Jesus morreu na cruz para que você pudesse ter a unção do Seu Santo Espírito por meio da graça. Isso significa que você não tem nem mesmo que merecer a unção. Deus ama tanto você e as pessoas que Ele quer alcançar pelo seu intermédio, que lhe dará sabedoria sobrenatural e capacidade de fazer a coisa certa para lhes devolver a saúde. O único preço que você precisa pagar é a sua disposição de morrer para a sua carne, morrer para o próprio foco egoísta, e procurar ver o que Deus quer fazer na vida dos outros.

Dave precisou ser paciente comigo até eu ter o suficiente da Palavra em mim, o suficiente da graça de Deus em mim, e o suficiente do Espírito Santo para estar disposta a morrer para as ambições egoístas de Joyce Meyer. A verdade e a graça de Deus me trouxeram ao lugar que me fez estar disposta a morrer para aquela velha maneira de reagir às situações e a começar a fazer as coisas de uma maneira totalmente nova.

A RESTAURAÇÃO ESTÁ PRÓXIMA

Isaías 61:4 diz (com relação àqueles de quem estávamos falando nos três primeiros versículos, cujas vidas foram curadas com a unção):

Eles reconstruirão as velhas ruínas e restaurarão os antigos escombros; renovarão as cidades arruinadas que têm sido devastadas de geração em geração.

Muitas pessoas, quando entram em um relacionamento matrimonial, levam a devastação das gerações anteriores consigo. Não é apenas um pequeno problema de personalidade ou um problema de incompatibilidade; guerreamos não contra a carne e o sangue, porque existem maldições hereditárias que entram no relacionamento e que foram passadas de geração em geração. O Salmo 23:3 (NKJV) diz: "Ele restaura a minha alma...". Os versículos 1,2 afirmam: "O Senhor é o meu pastor; nada me faltará [...] Leva-me para junto das águas de descanso...".

A minha alma precisava ser restaurada depois que Dave e eu nos casamos. Eu precisava aprender a pensar de forma diferente. Eu precisava aprender o autocontrole sobre aquelas emoções negativas que haviam sido passadas a mim por gerações passadas.

Eu precisava que uma obra fosse feita na minha vontade. Eu era teimosa e rebelde, e Deus teve de trabalhar comigo até que eu pudesse confiar, sendo submissa primeiramente a Ele e depois ao meu marido. É mais fácil confiar em Deus do que nas pessoas, mas Deus quer que confiemos Nele com relação ao nosso relacionamento com as outras pessoas. É por isso que devemos amar o nosso cônjuge como ao Senhor.

Primeiramente devemos construir um relacionamento forte e dependente com Deus e depois o relacionamento que temos com Ele afetará o nosso relacionamento com as pessoas de forma positiva e divina. Quando aprendermos a ser íntimos com Deus, Ele nos ensinará a termos relacionamentos amorosos uns com os outros. Muitas pessoas tentam construir relacionamentos interpessoais sem ter um relacionamento com Deus. Assim, elas não possuem um padrão do que o amor é ou deve ser.

O relacionamento conjugal na terra deve ser um exemplo do que é o nosso relacionamento espiritual com o Senhor Jesus Cristo. Eu havia orado para que Deus me enviasse alguém que me levasse à igreja. Eu queria servir a Deus, mas tinha tantos problemas em minha alma que parece que não conseguia ir à igreja sozinha. Eu precisava que alguém me discipulasse. Tive um bom fundamento sobre a salvação na igreja que frequentávamos, mas quando fui batizada no Espírito Santo, Deus começou uma restauração em minha alma. Posso realmente ficar diante das multidões e testemunhar: "Ele restaurou a minha alma".

Não abandone a promessa antes de ver o seu cumprimento. Quando as mudanças começarem a doer, não fuja delas. Se fizer isso, você viverá fugindo a vida inteira. Lembre: as coisas podem piorar antes de melhorarem à medida que Deus for trabalhando no seu cônjuge. Ore ainda mais durante esses períodos de purificação. Você está prestes a ver o ouro emergir do fogo.

OS DOIS SE TORNARÃO UM

Deus trabalha em ambos os parceiros de um casamento. Eu disse anteriormente que não estou tentando retratar Dave como um homem perfeito — ele não é perfeito. Dave certamente tem defeitos como o resto de nós. Enquanto Deus estava trabalhando em mim, Ele também estava trabalhando nele. Os meus defeitos eram apenas mais visíveis que os de Dave. Algumas pessoas têm defeitos silenciosos. Por exemplo, alguém pode ser o tipo de pessoa que se recusa a confrontar questões. Elas parecem calmas, tímidas, introvertidas e do tipo que nunca incomoda ninguém, mas podem contribuir para a destruição de um casamento da mesma forma que uma pessoa rude, manipuladora e faladeira.

Talvez você seja como eu era — seus defeitos são visíveis, e parece quase injusto que seus erros sejam notados o tempo todo, enquanto os do seu cônjuge parecem não existir. Anime-se: Deus está tratando com o cônjuge quieto quanto aos defeitos dele. É possível que o cônjuge quieto também não fale tanto sobre o processo, porém, mais cedo ou mais tarde, Deus trata com todos nós com respeito aos nossos defeitos.

Houve um tempo em que Dave era extremamente passivo, o que significava que ele não assumia a responsabilidade por algumas coisas necessárias. Ele fazia um ótimo trabalho em seu emprego, mas era não agressivo ao extremo no tocante a fazer outras coisas na vida. Ele jogava golfe, assistia a jogos esportivos, e era uma pessoa fácil de conviver, mas naqueles dias poderia levar três ou quatro semanas para que eu conseguisse que ele pendurasse um quadro na parede para mim.

Dave mudou, e não é mais assim. Ambos tínhamos defeitos; eles eram simplesmente opostos por natureza. Eu falava demais; ele não falava o suficiente para me agradar. Eu era determinada demais; ele era passivo demais. Eu tinha um falso senso de responsabilidade e costumava me fazer responsável por coisas que não eram assunto meu, enquanto Dave às vezes nem sequer percebia que alguma coisa era responsabilidade dele e não fazia nada. Realmente somos muito diferentes um do outro em personalidade e na nossa maneira de ver as coisas, mas Deus transformou a ambos, e os dois se tornaram um.

Anime-se porque você não é a única pessoa que precisa mudar, mas Deus vai lidar com você a respeito de você, e não a respeito do seu cônjuge. Faça a sua parte e Deus sempre fará a parte Dele. Não se preocupe — como eu me preocupei — com o fato de seu cônjuge estar ouvindo a Deus ou não. Todos nós temos escolhas a fazer, e todos nós colheremos os frutos delas. Concentre-se em fazer as escolhas certas, e deixe as outras pessoas nas mãos de Deus.

Parte 2

FAZENDO ESCOLHAS

Capítulo 8

AQUELA TOALHA MOLHADA É SUA?

> ... O amor (o amor de Deus em nós) não insiste nos seus próprios direitos ou na sua própria maneira, pois ele não procura os seus interesses; ele não é suscetível, irritável e não se ressente do mal [não presta atenção ao mal cometido contra ele].
>
> 1 Coríntios 13:5, AMP

O amor sempre faz a escolha de continuar firme e prosseguir amando. Vi homens e mulheres tomarem a decisão de fugir quando a mudança começou a doer. Eles fogem de Deus; fogem da pessoa a quem estão culpando pela sua infelicidade; fogem de si mesmos quando existe um problema que precisam resolver. Quando fogem, eles levam o problema com eles e deixam a ajuda para trás. Enquanto culpava Dave e o meu passado pela minha infelicidade, eu não fazia progresso algum.

A mudança começou em mim quando fiz a escolha de parar de fugir da minha dor. Percebi que eu era insegura porque havia sofrido abuso, mas também percebi que eu não tinha de permanecer assim porque Jesus me amava e tinha o poder para me transformar. A verdade me libertou para fazer novas escolhas.

A verdade do amor de Deus por mim me deu a segurança de assumir a responsabilidade pelos meus atos. Eu finalmente era capaz de admitir quando agia errado e estava pecando, e depois me arrepender. Todas essas mudanças levaram tempo para acontecer em mim, e elas levarão tempo para acontecer na pessoa por quem você está orando. Deus me mostrou as mudanças que eu precisava fazer, e Ele também mostrará ao seu cônjuge por onde começar, mas como resultado das suas orações, e não das suas conversas, das suas implicâncias ou dos seus ataques de raiva.

PESSOAS FERIDAS FEREM PESSOAS

Eu tinha baixa autoestima e não gostava de mim mesma. Eu odiava minha personalidade, e odiava minha voz (o que acho extremamente engraçado porque agora Deus está fazendo minha voz ressoar por todo o mundo). Em algum ponto em meio ao abuso que havia sofrido, eu internalizei a vergonha. Eu já não sentia vergonha do que estava acontecendo comigo; eu sentia vergonha de mim. Estava ferida, e, consequentemente, feria outras pessoas.

Creio que cerca de oitenta e cinco por cento dos problemas que as pessoas têm estão relacionados a como elas se sentem acerca de si mesmas. Seu cuidado e encorajamento podem ajudá-las a mudar a maneira como veem a si mesmas. Se você continuar a amá-las, elas começarão a examinar a si mesmas para ver por que você acredita que são dignas de serem amadas. O amor incondicional é a melhor terapia para alguém que não consegue encontrar nenhum valor em si mesmo.

> O amor incondicional é a melhor terapia para alguém que não consegue encontrar nenhum valor em si mesmo.

Quando as pessoas descobrem que Deus as ama sem restrições, e que você as ama, por piores que elas sejam, um processo de redenção começa na alma delas, o qual somente o amor ágape de Deus pode iniciar. Ele ama as pessoas através de você. Você pode ajudar outros a amarem a si mesmos se fizer a escolha de demonstrar o amor de Deus a eles.

Quando elas começam a ver o quanto Deus as ama, começam a gostar de si mesmas novamente. Quando elas começam a entender que são a justiça de Deus por causa do que Jesus fez por elas, elas começam a ver a diferença entre quem elas **são** e o que elas fizeram.

Quando começam a separar as duas imagens e veem o quanto são preciosas aos olhos de Deus, independentemente do que fizeram ou fazem, a revelação do amor por quem elas são vem a elas, e mudanças radicais começam a se manifestar no que elas fazem.

Mas enquanto elas pensam que precisam **fazer** alguma coisa certa para **ser** alguma coisa certa, então ficam presas em um lugar no qual a religião coloca as pessoas — obras, obras e obras. Elas nunca poderão fazer obras suficientes para merecer o amor de Deus, por isso é tão importante que alguém ilustre para elas que o amor de Deus é um presente gratuito. Elas provam isso mostrando que o seu amor é incondicional.

Se você não sabe como tratar o seu cônjuge, talvez seja porque se sente péssimo consigo mesmo. Talvez você precise realmente dar uma boa olhada em como você se sente a respeito de si mesmo. Tanto homens quanto mulheres sofreram abuso e precisam de uma revelação do amor incondicional de Deus por eles.

Um homem certa vez me disse: "Suas ministrações mudaram a minha vida. Acabo de ouvir 'Beleza em vez de Cinzas' há algumas semanas, e não consigo acreditar na cura que Deus está realizando em minha vida". E continuou: "Eu sofri abuso, mas a verdade está mudando a minha vida". A Palavra de Deus é remédio para nossa alma.

O PERFEITO AMOR LANÇA FORA O MEDO

Se você não gosta de si mesmo, nunca vai gostar de nenhuma outra pessoa, e não poderá ajudar o seu cônjuge a gostar de si mesmo. Você passará todo o seu tempo tentando provar o próprio valor, e as pessoas que são egoístas não podem ser servos como Jesus. A cura não pode vir ao seu casamento até que um de vocês dois encontre o Deus da cura.

A cura vem quando aceitamos a nós mesmos, sabendo que o lugar onde estamos hoje não é onde terminaremos, sabendo que Deus está nos aperfeiçoando. Se você aprendesse a aceitar o amor incondicional de Deus, reconhecendo que Ele não o ama por causa do que você faz, você ficaria tão cheio de alegria que seria fácil dar amor incondicional ao seu cônjuge.

Você entende que Deus pode amá-lo porque Ele quer isso? Ele não precisa ter um motivo para isso. Não conquistamos ou merecemos o amor de Deus. Deus não quer que impressionemos as pessoas; Ele quer que as amemos. Na primeira reunião de estudo que fiz, eu queria ser "a mulher do momento" com uma mensagem de poder, então eu disse: "Deus, o que Tu queres que eu ensine? O que Tu queres que eu compartilhe?".

Ele disse: "Quero que você diga ao meu povo que Eu o amo".

Eu disse: "Ah, Deus, não vou aparecer com uma mensagenzinha sobre João 3:16. Todo mundo sabe que o Senhor nos ama".

Ele disse: "Não, vocês não sabem. Poucos entre o meu povo sabem que Eu os amo. Se entendessem o meu amor, agiriam de uma maneira muito diferente da que agem".

A primeira evidência do Seu amor é que ele lança fora o medo. Quando entendemos o quão perfeito é o amor de Deus por nós, esse conhecimento lança o medo, que é insegurança, para fora da nossa vida. Eu jamais poderia ser a esposa que Deus queria que eu fosse para meu marido até que recebi o amor de Deus. Eu não amava a mim mesma; eu tinha de deixar Deus me amar. É humilhante deixar Deus amar você quando você sabe que não o merece.

DE GRAÇA RECEBESTES, DE GRAÇA DAI

Certa manhã, enquanto eu estava sentada de pijamas orando para que meu ministério crescesse, o Senhor me disse: "Joyce, eu realmente não posso fazer nada mais no seu ministério até que você faça o que eu lhe disse para fazer com relação a seu marido. Você não está demonstrando o respeito devido para com ele. Você discute com ele por detalhes, por coisas que você deveria deixar passar. Você tem uma atitude inflexível, teimosa e rebelde. Já tratei com você sobre isso diversas vezes, mas você se recusa a ouvir".

Muitos de nós temos um problema com nossa atitude inflexível e teimosa. Achamos que estamos sendo obedientes à Palavra de Deus, então nos perguntamos por que não estamos vivendo as bênçãos da aliança que nos foram prometidas. Embora seja verdade que o amor de Deus é incondicional, as bênçãos da Sua aliança dependem de sermos "praticantes da Palavra". Não basta apenas ler a Palavra, ou mesmo aprendê-la e confessá-la. É na prática que as bênçãos são liberadas.

Eu estava tendo problemas para ser submissa porque tinha uma vontade muito forte e ainda estava presa à minha atitude defensiva pelo fato de ter sofrido abuso quando criança. Mas eu estava perdendo as bênçãos que Deus estava ansioso que eu desfrutasse.

Depois de orar, levantei-me e fui tomar um banho no novo banheiro que Dave havia acabado de construir na nossa suíte. Como

> ❋
>
> É na prática da Palavra de Deus que as bênçãos são liberadas.

ele ainda não tinha instalado um suporte para toalhas, coloquei minha toalha sobre o assento do vaso sanitário e comecei a entrar no chuveiro.

Dave viu o que eu estava fazendo e me perguntou: "Por que você colocou a sua toalha ali?".

Imediatamente pude sentir minhas emoções se agitando.

"O que há de errado em colocá-la ali?", perguntei com um tom sarcástico.

Por ser um engenheiro, Dave respondeu com a sua lógica matemática típica. "Bem, já que não temos um tapete no chão ainda, se você colocar a sua toalha diante da porta do chuveiro, quando você sair não vai pingar água no piso enquanto tenta pegar a toalha".

"Bem, que diferença faz se eu deixar pingar um pouco de água piso?", perguntei bufando.

Ao perceber o meu humor, Dave simplesmente desistiu, encolheu os ombros e seguiu seu caminho.

No fim das contas, fiz o que Dave havia sugerido, mas fiz isso jogando a toalha no chão com raiva. Fiz a coisa certa, mas com a atitude errada.

Deus quer que cheguemos ao ponto de fazer a coisa certa com a atitude correta.

Quando entrei no chuveiro depois de jogar minha toalha no chão, eu estava cheia de raiva.

"Raios que o partam", esbravejei comigo mesma. "Não posso nem tomar um banho em paz! Por que não consigo fazer nada sem ter alguém tentando me dizer o que fazer?".

Na minha frustração, eu falava sem parar.

Embora eu fosse crente e já estivesse servindo no ministério pregando para outros há algum tempo, eu mesma não tinha controle sobre a própria mente, vontade e emoções. Passaram-se três dias inteiros antes que minha alma se acalmasse o suficiente para que eu tivesse vitória sobre aquela toalha de banho!

Suponho que durante aqueles três dias eu tenha sido como "o bronze que soa e o címbalo que retine". Eu certamente não estava sendo inspirada pela *devoção espiritual como a que é inspirada pelo amor de Deus por nós e em nós,* mencionado em 1 Coríntios 13:1. Eu abri mão do meu direito de primogenitura por uma toalha de banho! Mas sei que eu não estava sozinha nessa luta para ser espiritualmente madura.

Amor é maturidade em máximo grau. É um dom dado a alguém em sacrifício. Se o amor não exigir alguma espécie de sacrifício da nossa parte, provavelmente não estamos amando a outra pessoa. Se não houver sacrifício em nossos atos, muito provavelmente estamos reagindo a alguma coisa de boa fé que ela fez por nós, ou simplesmente fingindo ser bons para ganhar algum controle sobre ela. O amor quase sempre é imerecido pela pessoa que o recebe.

Jesus disse: "Se vocês amarem aqueles que os amam, que recompensa vocês receberão?" (Mateus 5:46). Ele disse que devemos amar os nossos inimigos. Mais ainda a nossa família. Ele indicou que o Pai abençoa tanto os maus quanto os bons com o sol e a chuva, e, como Seus filhos, devemos refletir essa mesma graça tanto sobre os que merecem quanto sobre os que não merecem. Em Mateus 5:48, Ele alcançou o nível adequado de virtude e nos chama à maturidade, dizendo: "Portanto, sejam perfeitos como perfeito é o Pai celestial de vocês".

Se você e o seu parceiro estão tendo dificuldades em seu casamento, sugiro que vocês leiam os oito primeiros versículos de 1 Coríntios 13 em voz alta juntos, todas as manhãs. Creio que se vocês fizerem isso regularmente começarão a ver mudanças no seu relacionamento à medida que se firmarem na perspectiva de Deus de como devemos tratar uns aos outros.

O versículo 1 diz: "Ainda que eu fale as línguas dos homens e dos anjos, se não tiver amor (aquela devoção espiritual lógica e deliberada, [observe esta próxima parte], tal como é inspirada pelo amor de Deus por nós e em nós), serei apenas como o bronze que soa ou como o címbalo que retine" (AMP).

> ✳
> Se não temos amor em nós, não podemos dá-lo a alguém. Esse amor é inspirado pelo amor de Deus em nós e por nós.

Se eu não tiver amor **em** mim, não posso dá-lo a alguém. Esse amor é inspirado pelo amor de Deus em nós e por nós. É por isso que é impossível amar as pessoas até que saibamos que Deus nos ama e coloca amor em nós para dar.

O versículo 2 diz: "Ainda que eu tenha o dom de profecia e saiba todos os mistérios e todo o conhecimento, e tenha uma fé capaz de mover montanhas, se não tiver amor, nada serei".

Tenho o amor de Deus em mim porque recebo o amor de Deus regularmente. Agora tenho um reservatório de amor do qual posso dar para outras pessoas porque recebo amor de Deus o tempo todo. Espero que você entenda quando digo "gosto de mim mesma". Certa vez alguém escreveu um artigo nada gentil sobre mim. Essa pessoa tirou afirmações de uma de minhas gravações de estudo e me fez parecer uma pessoa egoísta e egocêntrica. Não gosto de mim mesma em mim, mas gosto de mim mesma em Cristo. Há uma grande diferença entre essas duas afirmações. Gosto da pessoa que sou quando ando no amor de Deus pelos outros.

O versículo 3 diz: "E ainda que eu distribua tudo o que tenho entre os pobres e ainda que entregue o meu próprio corpo para ser queimado para me gloriar, mas não tiver amor (o amor de Deus em mim), nada disso me aproveitará" (AMP).

A versão *Amplified Bible* traz uma verdade que outras versões não transmitem da mesma forma. O versículo 4 diz: "O amor suporta por muito tempo...". O amor não elimina uma pessoa porque ela não se endireita imediatamente.

Versículos 4 e 5:

O amor suporta por muito tempo e é paciente e bondoso; o amor nunca é invejoso nem arde em ciúmes, não se gaba nem se vangloria, não se porta arrogantemente. Ele não é soberbo (pedante e cheio de orgulho); não é rude (grosseiro) e não age de forma inconveniente... (AMP).

Como as palavras "por favor" e "obrigado" soariam na sua casa? Será que as cabeças se virariam para ver quem estava falando? As boas maneiras devem ser algo comum nos nossos relacionamentos.

"Querida, você poderia, por favor, me trazer algo para beber?".

"Obrigado, amor!".

"Você poderia, por favor, levar o lixo para fora?".

"Eu agradeço".

Muitos casais dão ordens uns aos outros e a seus filhos sem nunca demonstrarem nenhuma apreciação. Na verdade, costumamos tratar as pessoas a quem mais amamos da pior maneira. Deus nunca é rude ou impositivo, e devemos amar as pessoas da mesma maneira que Ele demonstra amor para conosco.

O restante do versículo 5 diz:

O amor (o amor de Deus em nós) não insiste nos seus próprios direitos ou na sua própria maneira, pois ele não é egocêntrico; ele não é suscetível nem irritável e cheio de ressentimento; ele não leva em conta o mal cometido a ele [ele não presta atenção à ofensa que sofreu] (AMP).

Se você já agiu como um "homem do saco" emocional, carregando sua coleção de ressentimentos favoritos para todo o lado, eu desafio você a descarregar sua bagagem e jogá-la no lixo. Se você tem o hábito de guardar cada mal que já fizeram a você, livre-se disso, deixe tudo para trás. Quando você olhar à frente ao ler este livro, não carregue essas velhas memórias com você. Deixe isso para trás e olhe em direção ao seu cônjuge — e toda sua família — através dos olhos de amor de Deus: "... ele não leva em conta o mal cometido [ele não presta atenção à ofensa que sofreu]".

Ainda existem momentos, embora não sejam mais frequentes, em que começo a permitir que meus sentimentos fiquem feridos. Quando isso acontece, Deus me faz lembrar daquele versículo: "O amor não presta atenção ao mal que sofreu". Sou capaz de reagir da maneira que os versículos de 1 Coríntios 13 nos instruem. Os versículos 6-8 continuam:

Não se alegra com a injustiça, mas regozija-se quando a retidão e a verdade prevalecem. O amor suporta toda e qualquer coisa que aconteça, ele está sempre pronto para acreditar no melhor de cada pessoa, suas esperanças não desfalecem sob qualquer circunstância, e ele tolera tudo [sem enfraquecer]. O amor nunca falha [nunca esmorece nem fica obsoleto ou chega ao fim]. Quanto à profecia [o dom de interpretar a vontade e o propósito divinos], ela se cumprirá e passará; quanto às línguas, elas serão destruídas e cessarão; quanto ao conhecimento, ele passará [perderá todo o seu valor e será substituído pela verdade] (AMP).

Mas o amor nunca, nunca passará. Todas as coisas são temporais, exceto a fé, a esperança e o amor — essas permanecerão. O versículo 13 diz que o maior de todos é o amor. Se apenas o nosso amor permanece, não deveríamos tentar fazer grandes depósitos dele onde quer que pudéssemos? A nossa capacidade de amar os outros é o único sucesso que levaremos conosco para a eternidade.

Quero ter sucesso em amar a Deus, a Dave e a você. Nada mais que eu possa fazer será lembrado. Se o amor não fizer parte das minhas memórias, não haverá nada que valha a pena ser lembrado da minha vida aqui.

PORTANTO, SUBMETAM-SE UNS AOS OUTROS

Existe um sacrifício no casamento. O marido deve amar sua esposa *como Cristo amou a igreja*. A esposa deve amar e admirar seu marido extremamente.

Esse não é apenas um tipo de amor antigo e comum; é o amor ágape que acabamos de rever nos oito versículos de 1 Coríntios 13. A Bíblia diz que o marido deve honrar sua esposa como o vaso fisicamente mais fraco, defendendo o fato de que ela não é fisicamente capaz de fazer algumas das coisas que os homens fazem. A Bíblia diz que o homem deve habitar com sua mulher **com compreensão**. As mulheres não são como os homens, e os homens geralmente não entendem suas mulheres, mas Deus diz que devemos pedir sabedoria a Ele, até mesmo com relação a elas.

O versículo 4 diz: "O amor suporta por muito tempo e é paciente e bondoso...". A nova versão King James diz: "O amor sofre por muito tempo...". Todos nós precisamos sofrer por um longo período, sermos longânimos uns com os outros. Falar em sofrer por um longo período é muito forte. Não prestamos muita atenção à construção das palavras nessa descrição do amor. Devemos ser longânimos, ou seja, ter uma paciência lo-o-o-o-onga, e ter compreensão.

Há dias em que a mulher acorda e decide chorar o dia inteiro sem motivo algum. Seu marido precisa ser especialmente longânimo naquele dia. Ela deseja que seu marido entenda e simplesmente lhe diga que tudo vai ficar bem.

Nós, mulheres, temos hormônios que seguem em diferentes direções. Há manhãs em que me levanto e um vai para a esquerda, o outro para a direita, e outro fica na cama. Não sei por que me sinto assim naquele dia, mas apenas digo a Dave: "Bem, meus hormônios não estão fazendo o que deveriam fazer hoje, querido. Então, você precisar ser um pouco longânimo comigo hoje". O amor avisa quando o perigo está próximo.

1 Coríntios 13:4 continua: "O amor nunca é invejoso nem arde em ciúmes..." (AMP). É perigoso ter ciúmes um do outro. Quando Dave e eu nos casamos, eu tinha tendência a ser ciumenta. Isso fazia parte natural de todos os relacionamentos que eu havia tido. Até tentar deixar o cônjuge com ciúmes fazia parte do jogo. Dave era estável, nascido de novo e um homem cheio do Espírito, que não estava interessado em brincar de joguinhos tolos comigo. Ele queria que tivéssemos um bom casamento.

Certa vez, eu estava tentando provocar ciúmes nele e percebi que ele não estava nem um pouco preocupado. Mais tarde, eu disse a ele: "Você não está nem com um pouco de ciúmes de mim!".

Ele disse: "Joyce, se eu tiver de me preocupar se você está ou não saindo com alguém, então realmente, para dizer a verdade, você não é alguém que valha a pena". E continuou: "Não estou disposto a passar minha vida me preocupando com o que você vai fazer com outra pessoa. Se você não me quer, então não vou fazer com que você fique comigo".

Os ciúmes são como uma doença. Eles geram suspeitas e imaginações vãs que não são reais. Se você abrigar os ciúmes como parte do seu relacionamento, estará brincando com um espírito perigoso. O diabo vai exagerar as suas preocupações e esconder implicações em circunstâncias inocentes como ele fez no exemplo a seguir.

Em certo fim de semana, fui ao campo para visitar minha avó. Quando voltei para casa, vi um lápis de sobrancelha caído em um dos respiradouros de ar localizados no chão do nosso antigo apartamento. Como eu já havia abrigado a suspeita e os ciúmes, imediatamente pensei: *Ele trouxe uma mulher para cá nesse fim de semana! Ele trouxe alguém para cá nesse fim de semana.*

Virei para trás para procurar por ele e comecei com a minha lista de perguntas: "Quem você trouxe para cá nesse fim de semana?".

Surpreso, ele perguntou: "O quê?".

Eu disse: "Quem ficou aqui com você nesse fim de semana?".

Ele disse: "Meu irmão ficou aqui comigo". Seu irmão menor, Don, tinha cerca de dez ou doze anos naquela época. "Donny ficou aqui comigo nesse fim de semana, Joyce. Qual é o seu problema?".

"Bem, suponho que Donny não use lápis de sobrancelha, certo? Encontrei este lápis de sobrancelha! Olhe! Encontrei isto aqui no chão".

"Não sei como isso veio parar aqui", disse ele. "Estou lhe dizendo: não havia mulher nenhuma aqui!".

Mas minha mente estava convencida de que havia uma mulher com ele naquele apartamento depois que eu saí. Eu não confiava nele, estava com ciúmes, e sofri um tormento constante por cerca de uma semana até que Dave perguntou a seu irmão mais novo: "Quando você esteve aqui, deixou cair alguma coisa na abertura da ventilação? Ou mexeu na ventilação de ar frio?".

Donny admitiu prontamente: "Ah, sim, deixei cair umas moedas ali, e me abaixei para procurá-las". "Então", ele acrescentou, "enquanto eu procurava as minhas moedas, eu descobri uma porção de coisas lá dentro".

Aquele lápis de sobrancelha provavelmente estava ali há anos, escondido debaixo de toda a sujeira que fica acumulada dentro do respiradouro de ar. Quando ele deixou cair suas moedas ali dentro e abriu para procurar, revirou todas aquelas coisas. Minha imaginação era exatamente isto: enganos vãos e mentiras categóricas. Não sintam ciúmes um do outro!

Repasse a lista do que o amor **é**, e não coloque o seu foco no que ele **não é.**

O amor é longânimo.

O amor é paciente.

O amor é bondoso.

O amor nunca tem inveja ou ciúmes.

O amor não se gaba nem se vangloria.

O amor não é presunçoso.

O amor não é arrogante, soberbo ou cheio de orgulho.

O amor não é rude nem grosseiro, nem age de forma inconveniente.

O amor não insiste nos próprios direitos nem na própria maneira.

O amor não é egocêntrico.

O amor não é suscetível, irritável nem se ressente.

O amor não leva em conta o mal praticado.

O amor não presta atenção à ofensa sofrida.

O amor se alegra quando o bem e a verdade prevalecem.

O amor resiste a toda e qualquer coisa que aconteça.

O amor está sempre pronto a acreditar no melhor de cada pessoa.

A esperança do amor não esmorece sob quaisquer circunstâncias.

O amor suporta tudo sem enfraquecer.

O amor nunca falha.

O amor nunca esmorece.

O amor nunca se torna obsoleto.

O amor permanece para sempre.

O amor é a maior de todas as coisas.

Cristo amou a igreja de todas essas maneiras quando esteve na terra. Isso significa que Ele ama a você e a mim com esse tipo de amor. Ele não nos ama de forma egoísta. Ele demonstrou o Seu amor por nós morrendo na cruz. Ele nos ama tendo as nossas necessidades em mente. Com esse entendimento, o seguinte versículo tem um impacto mais profundo na maneira como devemos tratar uns aos outros.

Sujeitem-se uns aos outros, por temor a Cristo. — Efésios 5:21

Os maridos que querem que suas esposas se submetam à sua autoridade devem ter em mente os interesses de suas esposas quando tomam decisões. As decisões tomadas com base no próprio egoísmo não são tomadas de acordo com a maneira como Cristo nos trataria. A mentalidade, "Você tem de fazer o que quero porque esta é a posição da esposa", nunca esteve presente na atitude de Jesus para com as pessoas da igreja.

Nossas decisões devem sempre ter em mente os interesses do outro cônjuge. Nenhum casamento vai conseguir ser sequer medíocre sem sacrifício. É importante entendermos que o verdadeiro amor abre mão de si mesmo.

Sacrifício significa que você não vai fazer as coisas do seu jeito o tempo todo. Isso significa que tanto o marido quanto a mulher são chamados a amar um ao outro com amor ágape incondicional. É preciso haver um sacrifício dos desejos egoístas se os casais quiserem desfrutar um casamento vitorioso. Cristo amou a igreja e se entregou por ela.

Os maridos devem se entregar por suas esposas, e as esposas devem devolver esse amor como se fosse para Cristo. Elas devem se sentir felizes em fazer coisas boas para eles quando chegam em casa, assim como se o Senhor tivesse voltado depois de um longo dia. Os maridos devem abraçá-las e confirmar o seu valor para eles, assim como Cristo nos lembrou que Ele morreu para que pudéssemos viver.

DECIDA-SE A TER UM BOM CASAMENTO

Todos os dias, quando me levanto, eu me proponho a ter um bom casamento. Não terei um bom relacionamento com Dave acidentalmente. Amo fazer as coisas para Dave, mas é difícil presenteá-lo porque ele nunca quer nada. Ele é basicamente um sujeito satisfeito. Ele diz: "Eu tenho você, querida. O que mais poderia querer?".

———— * ————

O amor ouve a outra pessoa e procura pistas de como servir, abençoar e levantar aquela pessoa.

Eu digo: "Bem, sei que isso é verdade. Mas é seu aniversário, e quero lhe fazer um pequeno agrado". Muitas vezes tenho de orar e pedir ao Senhor que me dê uma ideia criativa para que eu possa abençoar Dave.

O amor ouve a outra pessoa e procura pistas de como servir, abençoar e levantar aquela pessoa. Ouça o seu cônjuge. Sonde as necessidades daquele a quem você ama. Deus me disse há muito tempo: "Se você **ouvir** as pessoas, todas elas lhe dirão o que querem e o que precisam".

É algo que simplesmente sai da nossa boca! Ouça com a atitude de quem vai ser um "medidor de necessidades".

Capítulo 9

EU PROMETO AMAR VOCÊ, MAS...

... mas uma coisa faço: esquecendo-me das coisas que ficaram para trás e avançando para as que estão adiante...

FILIPENSES 3:13

O perdão é o ingrediente central de todo relacionamento de sucesso. Muitas pessoas incluem exceções na sua oferta de amor. "Eu amo você, mas você realmente feriu meus sentimentos ontem", ou "Amo você, mas estou cansado demais, ou ocupado demais, distraído demais, entediado demais, zangado demais, infeliz demais para ser gentil com você neste instante".

O verdadeiro amor simplesmente diz, "Eu amo você!", sem exceções!

O apóstolo Paulo indicou em Filipenses 3:11-14 que para atingir a ressurreição espiritual e moral que nos levanta entre os mortos (até mesmo enquanto estamos aqui neste corpo), precisamos continuar a nos esquecer do passado e avançar para o alvo a fim de ganhar o prêmio para o qual Jesus está nos chamando.

Devemos nos esquecer do que ficou para trás e avançar para o que está adiante. As mulheres parecem ter mais tendência a guardar rancor e lembrar ofensas durante dias, e algumas chegam a permanecer amargas por anos. Jesus nos chamou para um prêmio superior que requer que ambos recebamos o perdão e o demos a outros. A oração do Pai Nosso nos chama a orar por perdão à medida que perdoamos os outros: "Perdoa as nossas dívidas, assim como perdoamos aos nossos devedores" (Mateus 6:12).

Todas as manhãs quando nos levantamos, precisamos prosseguir em direção a amarmos os outros mais do que amamos no dia anterior. Concentrando-nos na recompensa que o amor gera em nossa vida, precisamos determinar o nosso alvo e dizer a nós mesmos:

Esqueço-me do que ficou para trás e prossigo na direção de todas as bênçãos que Deus tem para o meu cônjuge e eu hoje. Vou amar o meu cônjuge mais hoje que ontem. Deus já me perdoou pelo ontem, e perdoo meu parceiro por qualquer ofensa que eu possa ter sofrido no passado. Não permitirei que o que aconteceu ontem destrua a afeição e a atenção amorosa que posso dar ao meu parceiro hoje.

Viva um relacionamento para ver o quanto você pode dar a alguém, e não para ver o quanto você pode receber. Então você estará operando com base em princípios divinos de investimento que gerarão um lucro abundante, porque a Bíblia diz: "Deem, e lhes será dado" (Lucas 6:38).

A Bíblia nunca diz: "Vejam quanto podem conseguir, e então vocês serão felizes".

Você precisa ser uma benção para a sua **família**. A unidade da família é o principal alvo do Cristianismo. O principal foco de Deus é a sua família. Ele se importa com a maneira como vocês tratam uns aos outros. Dave e eu um dia estávamos falando sobre o estresse causado em uma família quando duas pessoas que vivem em uma casa estão sempre querendo fazer algo diferente uma da outra ao mesmo tempo.

> ✳
>
> O perdão é o ingrediente central de todo relacionamento de sucesso.

Por exemplo, refletindo sobre minhas determinações, pensei nos momentos em que finalmente encontro alguns minutos para me sentar e relaxar diante da televisão. Passo pelos canais para ver se existe alguma coisa decente para distrair minha mente cansada, e invariavelmente Dave entra e de alguma forma consegue tirar o controle remoto da minha mão. A próxima coisa que sei é que está passando um jogo de algum tipo de esporte na tela! Embora com a nossa agenda apertada ele não consiga assistir a tantos jogos quanto costumava assistir, a primeira coisa que Satanás tenta dizer à minha mente é: "É só isso que ele sabe fazer!".

Fique atento — o diabo é um extremista! Ele quer quebrar relacionamentos, e gosta de usar termos do tipo "sempre" e "nunca" para fazer isso. Ele sussurra: "Seu marido **nunca** presta atenção em você. Ele **nunca** a leva para sair. Ele **sempre** assiste ao futebol (ou aos jogos de basquete ou beisebol)". Embora isso não seja mais verdade com relação a Dave, ainda ouço essa terminologia em meus pensamentos.

À medida que Dave e eu continuamos a nossa conversa sobre as famílias, perguntei: "Como as pessoas chegam ao ponto de **quererem** viver essa vida de sacrifício pela outra?".

Dave disse: "Realmente acredito que uma pessoa só precisa começar a fazer isso em obediência à Palavra".

O ponto é o seguinte, você não vai sentir vontade de se sacrificar por alguém. Se você **sentisse** vontade de fazer alguma coisa, isso não seria sacrifício algum. Sei que essa não é uma resposta fácil, mas à medida que uma pessoa obedece à Palavra, os sentimentos de prazer que surgem como fruto dessa obediência surgirão dentro de determinado tempo.

Não conheço ninguém que tenha prazer em deixar que a outra pessoa faça as coisas do jeito dela. A nossa carne grita conosco: "Mas eu quero fazer isto! Eu não quero fazer aquilo!". Não começamos a sentir prazer em deixar que aquela pessoa faça o que quer, simplesmente praticamos a obediência a Deus.

À medida que você obedece a Deus, simplesmente fazendo o que a Palavra diz para fazer e se sacrificando por outra pessoa por obediência à Palavra, dentro de determinado tempo você entrará em tamanha unidade com essa pessoa que o coração de vocês chegará a um ponto em que você irá sinceramente **querer** as mesmas coisas. Isso é algo que acontece sobrenaturalmente no Espírito.

Sei que isso é verdade porque sei como Dave e eu agora temos o mesmo desejo, se comparado com anos atrás. Pensávamos de forma diferente em **tudo** naquela época. E parece que agora estamos nos tornando cada vez mais parecidos. Dizem que quando duas pessoas vivem juntas por muito tempo, elas até começam a ficar parecidas. Elas começam a agir como a outra pessoa porque estão ficando interligadas e sendo moldadas na concordância de "uma só pessoa". Sei que isso é verdade por causa do meu relacionamento com o Senhor. Comecei há muito tempo a obedecer à Palavra e a fazer o que Deus me disse para fazer só porque era a Palavra. Eu amava a Deus e queria obedecer à Sua Palavra.

Confie no Senhor e faça o bem; assim você habitará na terra e desfrutará segurança. Deleite-se no Senhor, e ele atenderá aos desejos do seu coração. Entregue o seu caminho ao Senhor; confie nele, e ele agirá. — Salmo 37:3-5

Deus quer que confiemos nas Suas instruções sobre como tratar uns aos outros. Deleitar-se nele é obedecer a Ele alegremente. Se fizermos isso, Ele nos concederá os desejos do nosso coração. Deus promete nos dar as petições secretas dos nossos desejos mais íntimos se o amarmos e obedecermos a Ele amando as pessoas.

Não há nada na minha carne que me inspire a dar meu dinheiro ou que me faça querer pedir perdão a Dave quando o Senhor me impele a fazer isso. Não há nada na minha carne que queira perdoar Dave quando acho que ele está errado. Mas Deus quer que eu reaja com amor e diga "não" à minha carne e "sim" a Ele, embora eu não sinta vontade. Quando comecei a fazer o que Deus me dizia para fazer, sinceramente cheguei ao ponto em que queria o mesmo que Deus queria. Nem sei como ou quando isso aconteceu.

> ❋
>
> Deus quer que confiemos nas Suas instruções sobre como tratar as outras pessoas.

Uma mudança sobrenatural acontece em nós à medida que obedecemos a Deus por respeito à Sua Palavra. Deus faz uma obra soberana e sobrenatural em nossa vida à medida que confiamos nele o suficiente para fazer o que Ele diz. Logo, os cônjuges começam a se tornar semelhantes, a ter um mesmo desejo, a estar de acordo, a ter um propósito, uma mente e intenção harmoniosa e a seguir na mesma direção.

É UMA PROMESSA

A unidade, que significa tornar-se um com o outro, é a promessa de Deus para nós se obedecermos a Ele. A obediência às instruções de Deus para o amor é o caminho pelo qual duas pessoas se tornam uma. A benção que Deus concede àqueles que estão em harmonia um com o outro por meio do preenchimento com o Espírito Santo está ilustrada em Atos 4:32,33:

> Da multidão dos que creram, uma era a mente e um o coração. Ninguém considerava unicamente sua coisa alguma que possuísse, mas compartilhavam tudo o que tinham. Com grande poder, os apóstolos continuavam a testemunhar da ressurreição do Senhor Jesus, e grandiosa graça estava sobre todos eles.

Todos nós não gostaríamos que a bondade, o favor e a boa vontade repousassem sobre nós? Isso acontece quando o Espírito Santo enche nossa vida e quando compartilhamos aquilo que Deus nos deu. O resultado é força, capacidade e poder para testemunhar a bondade de Jesus Cristo.

É importante entender que a obediência gera unidade: "... o homem deixará pai e mãe e se unirá à sua mulher, e eles se tornarão uma só carne" (Gênesis 2:24).

Eles se tornam um apegando-se um ao outro obedientemente. Os homens devem abrir mão de si mesmos por suas esposas, amá-las e se sacrificarem por elas. As esposas devem respeitar, admirar, observar e obedecer a seus maridos.

É necessário ter prática — erros acontecerão quando você começar a obedecer a Deus —, mas resista ao egoísmo e à rebelião que são contra o plano de Deus para você.

> ✳
>
> Duas pessoas se tornam uma quando obedecem à Palavra de Deus. Sistematicamente, com o passar do tempo, elas começam a ter o mesmo pensamento.

Recuse-se a ceder ao diabo, e observe como, à medida que você perseverar, vocês dois se tornarão um. Logo vocês serão como duas ervilhas em uma vagem!

Posso ver isso acontecendo entre Dave e eu cada vez mais. Um de nós sugere alguma coisa e o outro diz: "Eu estava pensando a mesma coisa!". Posso estar pensando em alguma coisa enquanto estávamos atarefados demais para que eu dissesse o que precisava, e cinco minutos depois Dave diz exatamente aquilo que eu estava pensando. Duas pessoas se tornam uma quando obedecem à Palavra de Deus. Sistematicamente, com o passar do tempo, elas começam a ter o mesmo pensamento.

O SACRIFÍCIO DE AMOR

Para obedecer a Deus, primeiro você precisa estar disposto a sacrificar os seus desejos. Quando fizer isso, Deus lhe dará em troca mais do que você desejava a princípio.

Quando Dave e eu começamos a viajar intensamente no ministério, ele precisou sacrificar muitas partidas de golfe. Ele gostava de jogar em uma liga semanal e não podia mais fazê-lo; além disso, geralmente fazemos as reuniões aos sábados e elas costumavam ser aos domingos. Sei que isso foi algo do qual ele sentiu falta, mas Deus tem dado a ele uma colheita pelas sementes de obediência que plantou. Ele não apenas tem a alegria de saber que está ajudando pessoas em todo o mundo, como Deus consegue fazer com que ele jogue golfe em alguns dos melhores campos do mundo, e geralmente de graça. Qualquer coisa que damos ao Senhor Ele nos devolve muitas vezes mais.

Em segundo lugar, você precisa estar disposto a sacrificar o seu orgulho. Em troca, Deus o honrará diante dos outros. Toda vez que digo, "eu estava errada", tenho de sacrificar o meu orgulho, assim como toda vez que peço perdão. Preciso sacrificar meu orgulho toda vez que Dave me diz "não" a respeito de alguma coisa, e eu escolho aceitar a decisão dele sem criar um caso por isso.

O orgulho é o inimigo maligno do amor. Todos nós somos infectados pelo orgulho em algum momento, por isso precisamos aprender a levá-lo ao altar do sacrifício. O orgulho separa duas pessoas que têm opiniões diferentes, e que dizem estar certas. Mas o "Capítulo do Amor" de 1 Coríntios 13 diz que o amor não exige os seus direitos. A contenda surge somente por causa do orgulho.

O amor não é egocêntrico. Em outras palavras, o amor está disposto a estar errado, mesmo quando sabe que está certo. A maioria das discussões que temos acontece por causa de coisas insignificantes que não fazem a mínima diferença. O amor abre mão do direito de estar certo. Além disso, às vezes você pode estar errado, embora esteja obstinadamente seguro do contrário.

Provérbios 3:7 diz: "Não seja sábio aos seus próprios olhos...". Houve momentos em que eu insistia saber o caminho para a casa de alguém, e depois descobria que não sabia! Uma noite, quando Dave e eu estávamos dirigindo até a casa de uns amigos para levá-los para jantar, Dave disse que não sabia como chegar lá, e eu garanti que conhecia o caminho.

Dave seguiu minhas instruções, mas fez um comentário casual: "Querida, acho que este não é o caminho certo".

Finalmente, irritada com a falta de confiança dele em mim, disse no meu inconfundível tom de "não se meta comigo": "Eu sei para onde estamos indo!". Depois, frustrada, acrescentei: "Você **nunca, nunca** acha que eu estou certa!". Quando deixei que aquelas palavras extremas saíssem dos meus lábios, outras as acompanharam: "Você nunca me ouve! Eu sei onde eles moram! Eu me lembro! Você sobe esta rua, e sobe uma ladeira até um beco sem saída, e a casa deles fica logo ali. Não me diga que não estou certa".

O silêncio encheu o carro e eu me senti confortada pela satisfação de saber que, daquela vez, eu havia vencido. Ele virou na direção que eu havia insistido que estava certa, subiu a ladeira e não encontramos o beco sem saída nem uma única casa! Quando você está sentado em um campo vazio, desconcertado por ter se gabado de saber alguma coisa que não sabia, você começa a ser mais aberto às ideias dos outros.

Deus teve de me deixar passar por diversas situações para me ajudar a entender que não vale a pena discutir sobre quem está certo. Muitas vezes você **pensa** que está certo, quando na verdade não está. A humildade geralmente só vem depois que somos humilhados. Essas coisas eram muito humilhantes para mim, mas elas ajudaram a quebrar o forte espírito de orgulho presente em minha alma.

— 127

Aprendi a dizer: "Bem, querido, acho que este é o caminho certo. Mas eu já me enganei muitas vezes antes. Siga o caminho que você sentir que é o mais sábio". Eu coloco a responsabilidade sobre os ombros de Dave e dou a ele a chance de me mostrar o quanto ele é esperto.

Quando nos humilhamos perante nossos maridos, uma destas duas coisas acontece: nossa oposição será abrandada o suficiente para que eles nos ouçam (o que eles não farão se estivermos discutindo), e assim uma porta poderá se abrir para que Deus dê aos dois a verdadeira sabedoria. Ou, se a outra pessoa estiver com uma atitude de arrogância que não deveria estar tendo, a nossa humildade dará a ela a oportunidade de cometer erros suficientes para que ela se sinta livre para ouvir quando dermos uma sugestão.

A contenda é causada por discussões sem propósito e controvérsias desinformadas. De acordo com 2 Timóteo 2:23, Paulo diz:

Evite as controvérsias tolas e fúteis, pois você sabe que acabam em brigas.

Você sabe quando uma conversa está começando a fomentar contenda e deve poupar a si mesmo de entrar em muitas discussões. Não é difícil discernir se uma conversa está deixando a outra pessoa agitada. Ou se você está começando a ficar furioso, se está começando a gritar ou pode sentir o sangue subindo à sua cabeça, você deve parar de falar sobre o assunto e tentar novamente mais tarde. Se o rosto de seu marido está contorcido e você pensa, *meu Deus, ele parece estranho*, você provavelmente está deixando-o furioso e deve recuar. Isso é sinal de que você falou demais e que é hora de ficar calada! Sei que esse é um conselho prático e evidente, e que parece ser bastante óbvio, mas é impressionante quantos de nós simplesmente forçamos a entrada por portas fechadas com o nosso senso de oportunidade impróprio, e depois nos perguntamos por que a outra pessoa está irritada conosco.

Às vezes, quando Dave e eu estamos indo a algum lugar, acho que Dave está escolhendo o caminho mais longo. Que sentido faz insistir para seguirmos o meu caminho, se ambos os caminhos nos levarão ao lugar para onde vamos? Por exemplo, há duas maneiras de chegar à loja de ferragens. Quando Dave dirige até lá, tenho certeza de que ele pega o caminho mais longo e o desafio começa.

"Por que você está indo por este caminho?".

"Porque é o caminho para a loja de ferragens".

"Bem, a qual delas você está indo?".

"Estou indo à que fica em South County".

"O quê? Essa fica muito mais longe do que a de Lindbergh. Vá à loja de Lindbergh!".

"Não fica mais longe, Joyce. South County é mais perto".

"Não, não é, Dave! Lindbergh é mais perto".

"Não, não é Joyce".

"Bem, se eu pegasse o outro carro e fosse até à loja em Lindbergh, e você fosse à loja em South County, e marcássemos no relógio o tempo que levaríamos para chegar a cada uma delas, **aposto** que eu chegaria antes de você!".

Que diferença faz? Aprendi a deixar o homem ir para onde ele quer! Se ele quer dirigir e atravessar toda a cidade para comprar um prego, que seja! Deus me mostrou as muitas vezes em que questiono a integridade de Dave em coisas tolas como essa. Não gosto quando Dave me desafia constantemente por causa de decisões insignificantes que tomei; no entanto, eu estava perdendo tempo discutindo com ele por coisas sem importância.

"Aonde você está indo?" "O que você está fazendo?" "Por que você está fazendo isto?" "Por que você está fazendo isto assim?" "Ora, por que você disse isto?".

Deus tem me dito: "Joyce, fique quieta, Apenas fique quieta. Se você está tentando fazer com que seu marido se sinta significante, uma boa maneira de fazer isso é não questionar a integridade dele o tempo todo". Essa é uma lição importante que posso levar algum tempo para aprender.

Dave e eu tivemos uma discussão fora de série sobre Henry Fonda que durou anos. Dave tinha esta pequena mania: ele achava que todo ator que aparecia na televisão era Henry Fonda. Estávamos assistindo à televisão e ele dizia: "Oh, aquele é Henry Fonda".

Eu dizia: "Dave, esse não é Henry Fonda".

"Sim, é ele".

"Não, não é".

Sim, é sim".

"Na-ã-ã-o, não é".

"Si-i-i-i-m, é ele".

Quando começávamos essa discussão, nem prestávamos mais atenção no resto do filme. Ficávamos acordados a metade da noite só para ler os créditos para que eu pudesse **provar** para ele que o ator não era Henry Fonda. Passamos por essa rotina por alguns anos! Era a nossa discussão favorita.

Certa noite, depois que eu já estava pregando havia alguns anos e tinha adquirido um pouco de "maturidade espiritual", o Senhor me interrompeu quando estava pronta para retaliá-lo. Deus me disse: "Que diferença faz se é Henry Fonda? Quem se importa?".

———— ✳ ————

Ouvir e seguir o conselho do Espírito Santo tornará os seus relacionamentos ricos em um poder de coesão.

Veja bem, Deus se importa com as famílias e com a maneira como nos relacionamos. Se você nunca parou para ouvir a voz de Deus, eu o encorajo a perguntar a Ele a Sua opinião da próxima vez que você estiver pronto para repetir um comportamento que nunca leva a lugar algum. Quando o Espírito Santo está em nossa vida, Ele nos ensina e instrui segundo a vontade do Pai. Ele é cheio de amor e graça e nos dará conselhos que tornarão os nossos relacionamentos ricos em um poder de coesão. O Senhor poderá orientar você a **estar disposto a estar errado, mesmo que esteja certo.**

Às vezes, ainda hoje, Dave diz: "Ah, é o Henry Fonda". Quando ele faz isso, digo: "Humm... pode ser! Nunca o vi assim. Mas, quem sabe, talvez ele tenha feito uma pequena cirurgia plástica".

Longe de mim dizer que não é o bom e velho Henry. Fico simplesmente satisfeita em poder ter algum tempo para me sentar com Dave e assistir a um desses bons filmes de antigamente! É impressionante quanta paz a submissão lhe dá. Não inspire controvérsias insignificantes, desinformadas, não edificantes e estúpidas sobre questões ignorantes que geram contenda.

Se você quer ter paz no seu lar, precisa estar disposto a sacrificar o seu orgulho.

NÃO SE OFENDA

A terceira coisa que você precisa estar disposto a sacrificar é a irritabilidade — a capacidade de se ofender com facilidade.

Tive de aprender a não deixar meus sentimentos se ferirem quando Dave não quer fazer alguma coisa para mim. Por exemplo, quando saímos para comer fora, depois que digo, "Acho que não quero um desses", com relação a determinado item do cardápio, e Dave pede um, muitas vezes eu quero comer aquilo depois.

Eu digo: "Um pedacinho, me dê só um pedaço".

Eu sempre peço um *frozen yogurt* pequeno porque isso me faz sentir que não estou exagerando e comendo demais. Dave geralmente pede o tamanho gigante, e assim que termino o meu, percebo que posso comer mais uma pequena porção, só que quero da taça dele. Por alguma razão, Dave não gosta disso. Ele não gosta que eu coma a comida dele.

Quando para em uma lanchonete, ele pergunta: "Você quer um hambúrguer?".

"Não, não quero".

"Você tem certeza de que não quer um?".

"Não, realmente não quero um".

"Tudo bem, você não quer um?".

"Não, não quero um".

Então ele compra o dele, e, invariavelmente, depois que o vejo e ele está quase na metade, decido que quero um pouco. Peço: "Bem, posso dar só uma mordida?". Na verdade é só isso que quero. Se eu comprar um hambúrguer inteiro para dar a mordida que quero, ou teríamos de jogar o resto fora ou Dave seria tentado a comer o resto do meu sanduíche. Parece perfeitamente lógico para mim que ele compartilhe uma mordida. Além disso, eu havia visto nossos amigos que trabalham conosco, Roxane e Paul, amorosamente compartilharem comida quando estávamos com eles, então eu não conseguia entender que houvesse algum mal em pedir uma pequena mordida.

Paul e Roxane fizeram muitas coisas por nós. Quando estávamos fora da cidade, eles cuidavam das crianças quando eram pequenas. Eles ajudaram a manter o ministério em funcionamento com muita tranquilidade em meio às coisas que fizeram por nós. Nunca vi nenhum casal tão doce um com o outro quanto os dois. O relacionamento deles é tremendamente ungido. Roxane me disse que mesmo quando ela era uma garotinha, ela orava para que Deus lhe desse um marido a quem ela se submetesse. Ela disse: "Nem sei dizer como eu soube orar por isso, mas eu tinha um desejo intenso de me submeter a um marido". E Paulo é um marido cavalheiro que não consegue suportar ver uma mulher ser maltratada de modo algum.

Roxane é como eu no aspecto de que ela não gosta de pedir muita coisa para comer, mas quando vê Paul comendo, ela quer um pouco da comida dele. E Paul é realmente doce quanto a isso. Ele apenas dá a ela o que ela pede. Paul não parece se importar por Roxane comer a comida dele. Dave não se importa que eu coma a comida dele na maior parte das vezes, mas há vezes em que ele prefere que eu simplesmente peça o que quero. Não podemos esperar que o nosso cônjuge faça o que outra pessoa faz. Dave e Paul são duas pessoas totalmente diferentes, com desejos diferentes e uma maneira diferente de encarar a vida. Dave não gosta quando eu o comparo com outro homem que acho que está tratando a esposa de uma maneira que eu gostaria de ser tratada. Ele me lembra que não me compara com outras mulheres, e gostaria que eu não o comparasse com outros homens.

Certa vez, cometi um terrível erro e pedi a Dave a última mordida do seu hambúrguer. Se existe alguma coisa que é difícil um homem sacrificar, é a última mordida do seu hambúrguer. É fácil para ele dar a alguém a primeira mordida, porque ele ainda tem muito sobrando. Antes, eu não entendia o quanto isso pode ser um teste, principalmente para Dave.

Nossa conversa começou como sempre. Ele me perguntou: "Vou parar aqui e comprar um hambúrguer. Você quer um hambúrguer?".

"Não, não, não quero nada".

"Você tem certeza de que não quer nada? Deixe-me comprar um para você".

Eu disse com firmeza: "Dave, não quero um hambúrguer".

Ele disse: "Eu como o que sobrar".

Eu disse: "Não quero um hambúrguer".

"Tudo bem".

Ele comprou um hambúrguer, e esperei, e esperei, tentando não pedir um pedaço. Mas ele chegou à última mordida, e não consegui resistir mais.

Perguntei: "Você acha que eu posso ficar com esta última mordida?".

Ele ficou zangado comigo, e bufou: "Por que você não me deixou comprar um hambúrguer para você?! Eu lhe compro todos os hambúrgueres que você quiser. Por que você só quer comer o meu?".

"É só uma mordida!", defendi-me. "Você não precisa ser tão egoísta! Talvez você precise ler Marcos 8:34 e se esquecer de si mesmo!".

Ele disse: "Tudo bem! Aqui está".

Eu disse: "Não, não quero! Eu não comeria esse hambúrguer agora! Nem que você me pagasse eu comeria esse pedaço de hambúrguer!".

Ele disse: "Você vai comer isto!".

Eu disse: "Eu não vou comer!".

Ele disse: "Você vai comer!".

Eu disse: "Não vou!".

Por fim, ele disse: "Bem, eu não vou comer, então é melhor você comer".

Então peguei o pedaço, enfiei-o na boca e mastiguei.

— 133

Eu estava irritada não apenas porque Dave havia ferido meus sentimentos, mas porque eu havia comparado a maneira como ele me tratava com a maneira como eu via Paul tratar Roxane. Eu disse: "Bem, toda vez que Roxane quer comer a comida de Paul, ele simplesmente dá a ela sem problemas! Eu lhe peço uma porcaria de um pedaço do seu hambúrguer e você tem um ataque!". Fiquei furiosa por cerca de uma hora depois daquela discussão.

Leva algum tempo até que o Espírito Santo consiga nos atingir quando estamos desfrutando nossa vingança e autocomiseração como eu estava. Mas, finalmente, comecei a sentir a presença do Senhor dentro de mim dizendo: "Joyce, você está agindo de forma ridícula. O homem disse que lhe compraria um saco inteiro de hambúrgueres se você quisesse".

Dave havia se oferecido para me comprar um hambúrguer mesmo se eu quisesse apenas uma mordida. Ele havia me dito clara e antecipadamente para não pedir o dele. Não importa o fato de que compartilhar comida não incomoda Paul. Como eu disse, cada um é diferente, e isso incomoda Dave. A pessoa com quem você está comparando seu marido provavelmente tem alguns defeitos que o seu marido não tem, e que a deixariam louca e seriam tão difíceis de aceitar quanto os que você vê no seu marido. Qual é o sentido de impor alguma coisa ao seu cônjuge se isso o incomoda? Simplesmente não faça isso.

O PERDÃO LIBERA O PODER PARA CURAR

O quarto sacrifício no casamento é abrir mão da amargura, que leva ao ressentimento e à falta de perdão. Aprenda a perdoar rapidamente as pessoas pelas coisas que elas fazem, as quais ferem os seus sentimentos, e até pela maneira como se comportam. Essa é uma área na qual as pessoas não costumam pensar, mas às vezes temos dificuldade em aceitar as nossas diferenças de personalidade e precisamos simplesmente perdoar quando o jeito das pessoas nos parece insolente ou áspero se comparado à nossa maneira de fazer as coisas.

Se você gosta de falar e o seu cônjuge gosta de privacidade, você talvez precise perdoá-lo. Dave e eu conversamos um com o outro, mas Dave não gosta de conversas fúteis. Quando nos casamos, eu queria conversar quer o assunto fizesse sentido ou não.

Às vezes eu queria que ele simplesmente ficasse acordado a noite inteira para conversar. Eu começava: "Vamos conversar. Nós nunca conversamos".

Ele dizia: "Sobre o que você quer falar?".

"Não sei. Você começa".

Ele suspirava e dizia: "Joyce, qual é o sentido de falar se você não tem nada a dizer?".

"Se apenas começarmos a falar, algum assunto vai surgir. Vamos tentar".

Algumas pessoas gostam de falar sobre qualquer coisa. Simplesmente adoramos pegar um tema e ver o que todo mundo acha sobre o assunto. Mas Dave era sábio e não queria participar de nenhuma conversa sem sentido. Aprendi, depois de doze anos, que falar quando você não tem nada a dizer gera problemas.

Mas eu não tinha a sabedoria que Dave tinha quando nos casamos, então ficava irritada se ele não quisesse "só conversar". O que quer que faça com que você abrigue a falta de perdão, o ressentimento e a amargura, precisa ser sacrificado no altar do amor e deixado para trás.

Os casamentos não são tão bons quanto poderiam ser quando do as pessoas se agarram a pequenas coisas que as feriram ou ofenderam. É difícil se abrir completamente depois de ser ferido porque você fica com medo de ser ferido novamente. Ninguém pode prometer que amar alguém não vai machucar.

> ✳
> Você não pode ter amor verdadeiro se não estiver disposto a perdoar. O amor sempre dá mais uma chance à outra pessoa.

Na verdade, não se pode amar sem estar disposto a se machucar. Isso não é possível.

Você não pode ter amor verdadeiro se não estiver disposto a perdoar. O amor sempre dá mais uma chance à outra pessoa.

O amor continua confiando no outro incessantemente, esperando que ele faça a coisa certa da próxima vez. Entendo que há grandes feridas e também pequenas coisas com as quais lidamos diariamente. Precisamos abrir mão das contendas. Às vezes nem sabemos o que está nos deixando agitados, mas precisamos decidir abrir mão da irritação que essas coisas geram em nós.

Peça ao Espírito Santo para revelar o que fez com que você sentisse amargura ou ressentimento. Talvez você fique surpreso com o que Ele trará à tona, mas quando você vir a verdade, decida-se a abrir mão dessa tristeza em Nome de Jesus. Decida-se a perdoar a pessoa que não reagiu da maneira que você precisava ser tratado.

Levei vários dias para superar completamente aquela mordida no hambúrguer. Esta é a verdade: meus sentimentos haviam sido feridos porque Dave não queria que eu desse aquela mordida no hambúrguer dele. Não troque a sua felicidade por uma mordida em um hambúrguer!

Esqueça o que ficou para trás e prossiga para o que está adiante.

Capítulo 10

VAMOS NOS COMUNICAR!

O marido deve cumprir os seus deveres conjugais para com a sua mulher, e da mesma forma a mulher para com o seu marido.

1 Coríntios 7:3

Comunicação é mais importante que falar. Podemos dizer uma coisa, mas transmitirmos o contrário do que estamos dizendo por meio da nossa expressão facial, da nossa linguagem corporal e dos nossos atos. Podemos reconhecer a verdade em expressões populares que apoiam essa teoria, tais como "palavras vão com o vento" e "as ações falam mais alto que as palavras". Os casais precisam ser sensíveis ao que eles transmitem um ao outro por meio de suas ações.

Pode parecer estranho para algumas pessoas perceberem que o sexo é uma forma de comunicação no casamento, mas eu me arrisco a provar que o sexo é o mais alto nível de comunicação entre o marido e a mulher, porque ele foi projetado por Deus para trazer nova vida ao mundo. O Senhor nos impele consistentemente a escolhermos a vida, e dentro da união sexual está a semente e a incubadora para que a nova vida continue no seu relacionamento.

Também quero lhe mostrar que um casal casado nunca deve se privar do sexo como uma forma de punição por divergências ou erros. De acordo com a Palavra de Deus, o único motivo pelo qual um casal casado não deve se unir sexualmente é se ambos concordarem em se dedicar à oração.

Se uma mulher diz a seu marido que o ama, mas está sempre cansada para dar a ele atenção íntima, ela está transmitindo a mensagem de que ele não é uma prioridade em sua vida. No entanto, quase todas as mulheres admitem se sentirem inseguras e solitárias se seus maridos não dão atenção às suas necessidades. O cansaço não é uma desculpa aceitável para nos privarmos um do outro.

> Pode parecer estranho para algumas pessoas perceberem que o sexo é uma forma de comunicação no casamento.

É preciso haver um sacrifício de altruísmo até mesmo na sua vida sexual. O plano de Deus para o seu casamento é maior que os seus "sentimentos". Se você está cansada demais para desfrutar seu marido, você está cansada demais para desfrutar qualquer outra coisa maravilhosa que Deus planejou para você.

1 Coríntios 7:4,5 continua discutindo essa questão:

A mulher não tem autoridade [exclusiva] e controle sobre o próprio corpo, mas sim o marido [tem os seus direitos]. Da mesma forma, o marido não tem autoridade [exclusiva] e controle sobre o próprio corpo, mas sim a mulher [tem os seus direitos].

Não recusem um ao outro [os seus direitos maritais devidos], exceto por mútuo consentimento e durante certo tempo, para se dedicarem à oração [de forma desimpedida]. Depois, unam-se de novo, e retomem as relações conjugais, para que Satanás não os tente através da falta de moderação dos seus desejos sexuais. (AMP)

Satanás odeia o propósito do sexo porque a sua expressão máxima é a nova vida. A realização sexual libera tensão, é agradável e gera um vínculo de unidade diferente de qualquer outro. Ela realmente ministra nova vida. Um casamento consumado pode trazer bebês ao mundo, mas mesmo muito depois que uma mulher passou da idade de gerar filhos, a intimidade do casamento continua a gerar nova vida no seu relacionamento e na sua união como seu marido. Deus é Aquele que coloca um forte impulso sexual nos homens e mulheres porque Ele ama a nova vida em todos os níveis, e Ele quer que sejamos atraídos a esse potencial.

A nova vida é exatamente aquilo que Satanás abomina, portanto, cuidado se você for capturado pela tentação dele de seduzi-lo a se afastar dos momentos de intimidade com o seu cônjuge. Quando ensino sobre esse assunto em meus seminários, o auditório, cheio de milhares de ouvintes, de repente fica em silêncio, ou as pessoas começam a rir. As pessoas ficam muito desconfortáveis quando esse assunto é abordado. Sei que é fato que a maioria dos casais casados tem problemas nessa área, e também acredito que se a igreja desse instruções adequadas sobre o tema, muito disso poderia ser evitado. É claro que devemos abordar o assunto de forma respeitosa, tratando dele com muita propriedade, mas ignorá-lo é um grande erro.

Em uma de minhas reuniões, uma senhora me parou antes que eu subisse à plataforma e perguntou: "Você vai ensinar sobre sexo, comunicação e dinheiro esta noite?".

Respondi: "Vou tentar".

Ela disse: "Talvez você tenha de chamar o departamento de ética da polícia".

O sexo obviamente é o assunto menos falado, e, no entanto, é a maior ameaça ao sucesso dos nossos casamentos. Quando fazemos com que nossos ouvintes preencham questionários, obtemos as mesmas respostas em toda parte — sexo, comunicação e dinheiro são as maiores fontes de estresse no casamento. Por incrível que pareça, esses três grandes obstáculos aos relacionamentos estão interligados e são portas de entrada para as maiores áreas de benção que Deus programou para nós.

Se você está irritado demais com o seu cônjuge para fazer amor com ele, provavelmente é mais importante se oferecer amorosamente a ele naquele momento do que em qualquer outro. O ato de compartilhar o que Deus encorajou você a dar, e que Satanás está tentando você a reter, é resistir ao diabo e aproximar-se de Deus. A obediência é uma arma poderosa contra o tentador. Quando vocês dois se unem como um ato de obediência ao plano de Deus para a sua vida, estão dizendo ao diabo que vocês estão mantendo a sua promessa um ao outro e estão ignorando as tentativas dele de roubar o seu poder de concordância.

Sei que alguns leitores estão me encorajando, mas outros precisam parar e pensar nisso por um instante. Oro para que a verdade do plano de Deus para homens e mulheres seja revelada a você. Ele não disse "sejam frutíferos, multipliquem-se, encham a terra e a dominem"? Então, o que o diabo está tentando impedir que você faça? Ele está tentando impedi-lo de receber a benção que Deus ordenou sobre o seu casamento.

1 Coríntios 7:4 diz que o corpo do homem casado e da mulher casada não pertence a eles, mas um ao outro. Ambos têm direitos que devem ser dados ao outro. Esse versículo está dizendo aos casais casados que eles têm direitos iguais, e não devem reter a atenção amorosa devida um ao outro, ou Satanás terá liberdade para tentá-los a pecar. A rejeição contínua a essa expressão íntima de amor destruirá a autoestima e o senso de valor próprio do cônjuge que estiver sendo rejeitado. Uma mulher certa vez me disse que seu marido a estava deixando depois de vinte e tantos anos de casamento. Conheço e amo aquela mulher. Ela havia estado doente por muito tempo e simplesmente não estava se sentindo bem. Ela não estava tão doente que não pudesse se motivar a se levantar e fazer algumas coisas, mas estava consistentemente "esgotada". Consequentemente, ela abandonou seu marido sexualmente porque não se sentia bem. Infelizmente, se a abstinência no casamento passa a ser um hábito, às vezes se torna difícil os dois se aproximarem um do outro novamente.

Obviamente, há vezes em que uma pessoa está verdadeiramente cansada ou sob circunstâncias extenuantes que podem prender toda a sua atenção, mas mesmo durante esses momentos pode haver uma troca afetiva. Porém, se a desculpa do cansaço for usada com muita frequência, a pessoa está pedindo para ter problemas. Muitas vezes, contudo, a mulher diz "não" a seu marido só porque não está **com vontade** de parar o que está fazendo e passar um tempo com ele. Se uma mulher (ou um homem) se recusa com frequência a ter esse tempo focado no seu cônjuge, precisa entender que está sendo egoísta.

É preciso que se adquira mais compreensão na área do sexo conjugal. Os casais precisam dar atenção terna um ao outro por respeito às necessidades do cônjuge, sem fazer exigências ridículas, entendendo que nem todas as pessoas são iguais. Algumas têm desejos mais fortes que outras, e é importante lembrar que Deus projetou esse impulso sexual. Rejeitar o seu parceiro consistentemente nessa área, rapidamente demolirá os sentimentos dele de ser uma pessoa atraente e desejável. Isso prejudica a autoestima.

> *
>
> Há vezes em que uma pessoa está verdadeiramente cansada ou sob circunstâncias extenuantes que podem prender toda a sua atenção, mas mesmo durante esses momentos pode haver uma troca afetiva.

Hebreus 13:4 diz:

> *O casamento deve ser honrado por todos; o leito conjugal, conservado puro; pois Deus julgará os imorais e os adúlteros.*

O casamento não está mais sendo honrado pelo mundo, e esse mesmo engano está se infiltrando na igreja. Mas a Bíblia diz para honrarmos o casamento. Considere o seu parceiro conjugal como alguém valioso, precioso e de grande preço. Considere o seu relacionamento como especialmente caro entre todas as coisas e que o leito conjugal seja mantido puro, porque Deus julgará e punirá os impuros — todos os culpados de vícios sexuais — e os adúlteros.

Isso não significa que não podemos ser perdoados pelo pecado, mas o pecado traz a sua punição. Quanto mais vivemos uma vida santa, mais felizes seremos e mais desfrutaremos as bênçãos de Deus. Não existe nada pior que um peso interior por sabermos que não estamos vivendo corretamente diante de Deus e por vivermos cativos de alguma coisa que não queremos e da qual não conseguimos nos libertar.

Ouvi um bom número de pessoas ensinarem sobre essa passagem bíblica e dizerem que pelo fato de o leito conjugal ser imaculado, um casal casado pode fazer qualquer coisa que esteja de acordo em fazer, e está tudo bem sob o pretexto do casamento. Mas a Concordância Exaustiva de Strong explica o significado de "imaculado" como "o que não está imundo" e "puro".[1] Isso expressa a

— 141

tradução própria desse versículo como dizendo que o leito conjugal *é* puro e deve ser **mantido** puro.

Não concordo com o ensinamento que ouvi, afirmando que um casal casado pode fazer qualquer coisa que queiram fazer ou qualquer coisa que seja agradável entre eles, e que está tudo bem porque são casados. Creio que há um conhecimento dentro de nós do que é santo e do que não é. Deus nos dá sabedoria para o que é natural e para o que não é. A Bíblia nos diz para ficarmos longe dos atos antinaturais e das perversões.

A pornografia, por exemplo, é definitivamente uma perversão. Aqueles que banqueteiam seus olhos com ela cairão cativos dela. Existem certos gatilhos que Satanás usa para enganar os espíritos e que podem reconstruir fortalezas em uma pessoa. Brincar com essas tentações é como brincar com uma arma carregada. Ninguém pode se dar ao luxo de brincar com coisas que foram fortalezas em sua vida.

Se as pessoas foram cativas do adultério, isso não aconteceu da noite para o dia. Elas não acordaram um dia de manhã determinadas a entrar em um caso extraconjugal. A ideia começou na mente delas muito antes de colocarem a fantasia em prática. Uma concessão inicial foi feita por meio de pequenas coisas que elas sabiam que não deveriam fazer. Talvez elas tenham ido almoçar com alguém quando sabiam que não deveriam ter ido. Talvez tenham levado alguém para casa ou apanhado alguém em casa para o trabalho sem contar ao seu cônjuge, e logo descobriram que seria algo difícil de explicar.

Quanto mais difícil fica contar a verdade, mais a pessoa abriga a ideia de que algo mais está acontecendo além de uma carona inocente. Talvez elas tenham mantido uma conversa pessoal e particular com alguém com quem não deveriam conversar. No nosso ministério, somos extremamente cautelosos e possivelmente até exageramos em não abrir nenhuma porta para que coisas desse tipo aconteçam.

Ninguém deve se considerar isento dessa tentação. O diabo odeia o casamento, e perseguirá a união frutífera e feliz de casais produtivos que ministram vida. É melhor ser radical ao proteger nosso casamento do que ser liberal demais e procurar problemas. Quando entram coisas na nossa mente que não deveriam estar ali, precisamos eliminá-las, porque se fizermos o jogo da mente, estaremos nos convidando a dar o próximo passo da tentação. Tiago 1:14,15 define o caminho destrutivo da tentação:

> *Cada um, porém, é tentado pela própria cobiça, sendo por esta arrastado e seduzido. Então a cobiça, tendo engravidado, dá à luz o pecado; e o pecado, após ter-se consumado, gera a morte.*

Você precisa se disciplinar quando a guerra começar na sua mente. A batalha está ganha ou perdida quando você decide o que fazer no momento em que a tentação ataca sua mente. Tiago explica que primeiro o desejo maligno é concebido. Se for abrigado, ele faz com que você peque, e o pecado, após consumado, gera a morte. A morte invadirá o seu casamento, a sua esperança e finalmente invadirá a sua vida se você continuar a ceder à tentação.

Os seus olhos são a janela da sua alma. O que você vê é o que você começa a pensar. Sei que a maioria das pessoas admitirá que os filmes podem e realmente exercem impacto sobre nossa vida. Agora sei desligar a tevê para certos tipos de filmes, mas quando a televisão começou a mostrar filmes cheios de cenas pornográficas, muito de nós fomos apanhados de surpresa. Não estávamos esperando que os produtores fizessem uma exibição gráfica de tal natureza. Éramos apanhados no nosso interesse pela história quando de repente havia uma cena pornográfica a que nos permitíamos assistir. Então, às vezes, quando não queríamos ver mais aquela cena, vinham os *flashbacks*, e às vezes durante meses, ou até um ano depois, ainda víamos *flashbacks* de cenas sugestivas de tentação.

Quando abrimos nossos olhos para a tentação grosseira, convidamos essa visão a entrar em nossa alma e a colocamos onde o inimigo pode usá-la contra nós sempre que quiser. Precisamos colocar uma proteção ao redor de nossa vida. Algumas revistas, e até anúncios que chegam às nossas casas, podem estar cheios de imagens para inspirar a luxúria em nosso coração. Até mesmo os anúncios de lojas de departamentos estão cheios de mulheres e homens seminus. Cartazes em tamanho natural de um homem ou uma mulher com roupas íntimas minúsculas espalham-se pelas nossas ruas.

Embora não possamos impedir que a tentação chegue até nós, podemos pedir a Deus para nos dar poder sobre ela, a fim de nos impedir de darmos o próximo passo que leva ao pecado. Talvez precisemos clamar pelo sangue de Jesus sobre nossa alma até mesmo para subirmos e descermos a rua! É um erro pensar que podemos resistir à tentação por nós mesmos. Precisamos pedir a Deus para manter nossa mente pura e para nos dar o poder para vivermos uma vida santa, porque o diabo pretende destruir casamentos e lares.

Precisamos trabalhar para manter o leito conjugal imaculado, porque Satanás certamente usará todo o lixo que está lá fora para destruir as nossas bênçãos. Os casais casados devem proteger a sua liberdade de desfrutarem um ao outro, e ser rápidos em pedir ajuda a Deus em tempos de fraqueza e tentações. Tenha em mente que toda boa dádiva e todo dom perfeito vêm de Deus (Tiago 1:17).

Amo e aprecio meu marido. Nós nos divertimos juntos. Devido ao meu histórico de abuso, eu nem sempre ficava à vontade com a minha sexualidade. Estou compartilhando isso apenas porque sei que muitas pessoas admitem ter os mesmos problemas emocionais que eu tinha, e esses obstáculos são uma ameaça ao plano de Deus para os nossos relacionamentos. Creio que a minha sinceridade ajudará outros a se libertarem dos próprios grilhões.

Eu era rígida, não queria luzes acesas e não queria abrir os olhos. Eu tinha problemas sérios por causa da maneira como havia sido tratada antes de me casar com Dave. Eu tinha entendimento suficiente para me submeter ao meu marido sexualmente, o que acho que era bom. De alguma forma, eu sabia que a rejeição contínua poderia gerar a tentação em um homem de ir procurar outra pessoa, e, naturalmente, eu não queria isso. Mas eu realmente nunca apreciava a nossa vida sexual pelo fato de ter sido tão ferida e machucada no passado.

As pessoas me pediam para ensinar sobre esse assunto, mas eu sempre sentia que não estava qualificada para ensinar sobre sexo por causa dos meus problemas. Contudo, o Espírito Santo falou comigo, preparando-me para o ensinamento que estou transmitindo neste livro. Foi isto que senti que o Senhor estava me dizendo: "A maioria das pessoas têm problemas nesta área. Há mais pessoas com problemas conjugais do que pessoas livres".

O maior número de pessoas nas filas de oração está ali por causa de problemas conjugais. Existem apenas alguns poucos casamentos preciosos onde ambos os parceiros são totalmente livres, onde o casamento deles está livre do pecado, e eles têm santidade no casamento. Poucos casais são livres para desfrutar um ao outro.

Na maior parte do tempo, um ou ambos os parceiros tem algum tipo de problema sobre o qual nenhum deles quer falar. Não é fácil ensinar sobre um tema tão particular diante de milhares de pessoas que têm convicções diferentes. Mas senti que o Senhor me disse: "Você teve problemas e a maior parte da sua audiência ainda tem problemas. Ninguém está mais bem qualificado para ensinar alguém com problemas que uma pessoa que teve os mesmos problemas e conseguiu sair deles".

Quando nossa amiga Roxane casou-se com Paul, ela nunca havia sofrido abuso. Ela nunca havia tido nenhum problema sério. Ela cresceu em uma situação correta e ainda assim admitiu que precisou dizer a si mesma: "Roxane, está tudo bem. Não há nada de errado com o sexo. O diabo tenta nos apresentar o sexo como sujo, mas o sexo foi ideia de Deus".

A não ser que seja pervertida fora do casamento, a sexualidade deve ser santa, divertida e saudável. É um elemento que alivia o estresse e que aproxima duas pessoas de uma forma única, incomparável a qualquer outra maneira, a não ser por meio do relacionamento correto de uma união conjugal.

> *
> A não ser que seja pervertida fora do casamento, a sexualidade deve ser santa, divertida e saudável.

Se o diabo trabalha tanto para perverter alguma coisa, é porque ele sabe quanto poder existe em uma boa vida sexual. É por isso que ele trabalha tanto para tentar pervertê-la e destruir os casais

— 145

que são comprometidos um com o outro. Ele sabe o que a palavra diz. Ele ouviu Jesus dizer: "Também lhes digo que se dois de vocês concordarem na terra em qualquer assunto sobre o qual pedirem, isso lhes será feito por meu Pai que está nos céus" (Mateus 18: 19).

A concordância é uma arma poderosa de guerra espiritual contra o diabo. Duas pessoas que estão em concordância podem fazer com que milagres aconteçam. Se um marido e uma esposa estão em concordância, o diabo compreende o perigo que eles podem causar ao seu plano de roubar-lhes as bênçãos de Deus. O diabo quer destruir e perverter o sexo dentro do casamento; ele quer distrair os casais do vínculo da concordância que esse ato pretende criar entre eles. Muitos casais discordam com relação ao sexo — e até durante o ato sexual. Mas o propósito de Deus e a Sua verdade precisam ser trazidos de volta ao foco. O relacionamento sexual correto e divino entre duas pessoas casadas é lindo, e é uma arma contra o plano destruidor do diabo.

Às vezes vocês podem até discutir sobre o que é certo fazer e o que não é certo. Um parceiro pode querer fazer algo com o qual o outro não se sente confortável. Como lidar com isso? Primeiro, deixe-me dizer que certamente não tenho todas as respostas, nem me considero uma especialista, mas vou compartilhar o que acredito que Deus me mostrou.

Não acredito que seja sábio tentar forçar o seu parceiro conjugal a ir contra a sua consciência. Entendo que provavelmente existem pessoas, geralmente mulheres, que são extremamente tímidas e excessivamente radicais nessa área e que de maneira alguma agiriam contra a sua consciência. Se esse for o caso, forçá-las a fazer algo com o qual não se sentem confortáveis não é a resposta. A instrução adequada ajudará; a paciência ajudará — a força só irá piorar as coisas.

Não posso lhe dar uma lista de "pode" e "não pode", mas espero que uma consideração sincera das partes do nosso corpo nos instrua sobre a utilidade de cada uma. Cada casal deve seguir as próprias convicções nessas áreas. Devemos evitar todo mal e perversão. O sexo é um ato natural; ninguém precisa ser ensinado a praticá-lo, nem mesmo os animais. Deixem a natureza seguir o seu curso, e desfrutem um ao outro.

UMA ATITUDE PIEDOSA É UMA ARMA DE GUERRA

Tendo sofrido abuso como sofri, eu não tinha uma atitude muito positiva com relação ao sexo. E embora o meu corpo físico reagisse muito bem, minha mente não queria ter nada a ver com ele. Havia vezes em que Dave e eu estávamos deitados na cama e ele dizia: "Você nunca se aproxima de mim".

Eu tolerava o que quer que fosse preciso, mas não participava. Eu apenas ficava ali, deitava como um peixe morto. Eu tinha a atitude de "aqui estou; faça o que tem de fazer, mas não espere que eu me envolva nisso". Infelizmente, muitas mulheres têm essa atitude para com o sexo, e isso está causando problemas em seus casamentos.

Deus quer que você desfrute o sexo e o encare como algo precioso entre o marido e sua esposa. Aprendi que mesmo quando estou cansada demais para desfrutar o ato sexual, ainda posso apreciar estar próxima a meu marido e lhe dar prazer. Isso é santo aos olhos de Deus.

Cheguei a um ponto de frustração, e não queria continuar afastando meu marido de mim. Então, um dia, perguntei ao Senhor: "Quando vou começar a ganhar alguma coisa com isso?".

Ele respondeu: "Quando você decidir colocar alguma coisa nisso". É impressionante como as respostas de Deus são boas para as perguntas que levamos a Ele. Eu não esperava aquela resposta, mas foi isso que Ele me disse. "Quando você decidir colocar alguma coisa nisso".

A passividade nos rouba muitas coisas, inclusive o prazer em nossa união conjugal. Deixamos de fazer a coisa certa porque parece difícil demais ou porque ficamos constrangidos. Deixamos de ser enfáticos no nosso relacionamento conjugal porque sofremos abuso. Abrimos mão disso porque tivemos problemas no passado e não queremos dedicar tempo para nos concentrarmos nas melhorias que precisamos fazer. Não vamos nos libertar até que obedeçamos a Deus e façamos o que Ele está nos dizendo para fazer.

Pelo fato de ter sido forçada a fazer sexo quando eu era criança, se Dave alguma vez me incentivasse a fazer amor quando eu não queria, achava que ele estava me "forçando". Dave jamais me forçaria, mas qualquer tentativa de sua parte em tom de brincadeira para me persuadir a mudar de ideia depois de eu ter dito "não" me deixava furiosa. Eu respondia rispidamente: "Pare de tentar me obrigar a fazer coisas que eu não quero fazer".

Eu ficava realmente irritada, até que Deus me revelou que a minha reação emocional estava relacionada ao passado, e que eu precisava deixar aquelas coisas velhas morrerem. Deus me encorajou a fazer o que eu sabia que devia fazer, e não o que eu sentia vontade de fazer. Tive de deixar a minha carne ser crucificada em Cristo e aceitar a verdade de Deus em minha vida.

Quando você vê o que a Palavra diz e faz o que Deus está dizendo, não importa o quanto seja difícil, começa a desfrutar libertação do passado e uma nova expectativa de futuro. Houve muitas vezes em que deixei meu marido fazer amor comigo simplesmente por obediência a Deus, e embora Dave não soubesse disso, lágrimas desciam pelo meu rosto. Eu estava em agonia por tentar obedecer a Deus e me livrar do cativeiro em minha alma por causa dos problemas que eu havia tido quando estava crescendo.

> ✳
>
> Quando você obedece à Palavra de Deus, não importa o quanto seja difícil, começa a desfrutar libertação do passado e uma nova expectativa de futuro.

Havia vezes em que eu sofria tanto emocionalmente em minha alma, que me deitava no chão do escritório e me segurava nas pernas dos móveis da minha sala para me impedir de fugir de Deus. Mas a obediência traz vitória e recompensa, e agora estou aqui, um testemunho vivo, prova de que vale a pena fazer as coisas do jeito Dele.

Sou a prova de que se você estiver disposto a fazer as coisas do jeito de Deus, você não apenas será alegre e feliz, não apenas será livre e terá um casamento vitorioso, como também Deus poderá usar o seu testemunho assim como Ele está nos usando para estender a mão e ver inúmeras pessoas serem libertas. Ele usará o relacionamento correto que você tem com Ele e com seu cônjuge para trazer vida ao mundo.

Faça a escolha de desfrutar a vida. Escolha viver o plano de Deus. Ele enxugará toda lágrima dos seus olhos e trará alegria pela manhã quando você for obediente aos Seus caminhos.

Muito provavelmente, a sua carne sentirá dor enquanto você está se livrando das velhas formas de pensar. Mas agarre-se a algo que o impeça de fugir de Deus. Deus não iria deixar que eu continuasse a maltratar Dave enquanto enfrentava o processo de transformação e renovação da minha mente.

Algumas pessoas que sofreram abusos e maus tratos no passado se vingam em seu parceiro atual, mesmo quando a culpa não é dele. Meu pai era muito controlador e manipulador; ele ficava violento se eu demonstrasse qualquer insatisfação com o que ele estava fazendo. Para sobreviver ao seu abuso, eu precisava fingir que aquilo estava acontecendo com outra pessoa qualquer.

Eu havia ensinado a mim mesma a não participar mentalmente do ato sexual. Tendo desenvolvido o hábito de fantasiar que aquilo não estava acontecendo comigo, aquela era a única maneira que eu conhecia de me envolver em momentos íntimos com Dave. Eu, Joyce Meyer, não podia me envolver. Eu precisava fingir que era outra pessoa.

À medida que eu crescia no conhecimento da Palavra, Deus começou a me convencer a fazer a opção de escolher a vida. De certa forma, libertar-se é difícil; mas de outra, é fácil, porque Deus tem um plano individual para cada um. Deus conhece infinitamente os problemas que cada pessoa enfrenta, e embora sejam diferentes, Deus sabe o que será necessário para superá-los.

O Espírito Santo está pronto para ajudar aqueles que clamarem pelo Senhor. Se você simplesmente e sistematicamente concordar em obedecer a Deus, Ele o tirará de todo cativeiro que o prende e o levará para uma vida de liberdade. Mas se você escolher não obedecer a Deus, nunca sairá do cativeiro porque não pode entrar em filas de oração suficientes e não pode receber aconselhamento suficiente para se libertar.

Você precisa estar disposto a ouvir Deus para ter direção sobre o que deve fazer para restaurar a vida no seu casamento. Se você está trazendo fantasias pecaminosas para o leito conjugal, fechar os ouvidos à voz de Deus está afetando negativamente o seu casamento, e a sua mente precisa ser renovada. Deus trará a cura, mas a escolha de resistir às tentações é sua.

> *
>
> Se você simplesmente e sistematicamente concordar em obedecer a Deus, Ele o tirará de todo cativeiro que o prende e o levará para uma vida de liberdade.

Quando você pedir a Deus para libertá-lo, Ele começará a lhe mostrar pequenas mudanças com as quais você poderá lidar um pouco de cada vez. Mas você nunca se libertará a não ser que esteja disposto a fazer o que Ele lhe disser a cada passo do caminho.

Por exemplo, quando parei de fantasiar que eu não estava no quarto com Dave, o Senhor me apresentou novas sugestões que hoje me parecem engraçadas, mas que eram obstáculos importantes a serem vencidos naquela época. Eu sempre mantinha os olhos fechados o tempo todo para não ver nada. Lembro-me claramente de quando o Espírito Santo me disse: "É hora de abrir os olhos". Esse passo de obediência foi difícil para mim.

Lutei, não querendo obedecer, quando o Senhor disse pela primeira vez: "Agora, você vai se aproximar de Dave. Você vai demonstrar a ele que quer fazer amor". Enterrada lá no fundo da minha mente estava a ideia de **que aquele ato não estava correto**. Eu ainda estava acreditando que os anjos, o Espírito Santo e todos os outros corriam e se escondiam quando fazíamos amor.

Criamos ideias engraçadas sobre sexo, mas aprendi a orar e a superá-las. Aprendi a obedecer a Deus embora as lágrimas estivessem descendo pelo meu rosto. De vez em quando Dave me pegava chorando e perguntava: "O que há de errado?". Eu dizia a ele que estava apenas tentando obedecer a Deus, mas que estava tendo dificuldade em fazer isso. Dave respeitava a minha disposição de fazer o que quer que fosse necessário fazer para ser liberta.

Lembro-me de quando o Senhor disse: "Agora, por que você não deixa as luzes acesas esta noite?". E assim, eu obedecia a Deus. Um passo depois do outro, eu escolhi obedecer a Deus. Deus me tirou daquele cativeiro e levou-me para a vitória e a liberdade para desfrutar minha vida sexual.

Não estou certa de que um dia serei cem por cento como poderia ser se nunca tivesse sofrido abuso. Existem cicatrizes desse abuso, e não sei se um dia poderei me identificar com o que seria alguém totalmente são nessa área. Mas sei que estou avançando sem cessar em direção a esse lugar de vitória. Tenho liberdade suficiente, e mesmo que eu ainda tenha alguns problemas, sei que sou mais livre do que muitas pessoas que nunca sofreram abuso.

O AMOR É UMA ARMA DE GUERRA

Creio que o sexo entre um homem e uma mulher que são casados e se amam — porque é isso que o sexo é — na ordem de Deus, é guerra espiritual. Não sei se consigo explicar plenamente o que acredito que o Senhor me mostrou com relação a isso, mas sei o que aprendi por meio da experiência pessoal. Ele me mostrou diversas vezes como fazer amor com meu marido pode impedir os ataques espirituais que se formam contra nós. Vi isso acontecer tantas vezes, que estou começando a ter o temor de Deus em mim com relação a isso. Quando você adquire o temor de Deus em você com relação a alguma coisa, é mais fácil obedecer a Deus porque você também passa a ter medo de desobedecer.

Havia momentos em que eu sentia desejo por Dave, mas, por causa da minha atitude negativa com relação ao sexo, ignorava aquele apelo e decidia que era "trabalhoso demais" reservar tempo para estar com ele. As mulheres provavelmente se identificam com essa reação mais do que os homens, mas Deus precisou me mostrar que a minha atitude estava errada, e a obediência a esse apelo não era trabalhosa demais, mas que ceder àquele impulso nos pouparia de problemas que estavam vindo contra nós.

Quando o desejo de estar com meu marido está presente, o Senhor está me dizendo que há uma necessidade de Dave e eu nos unirmos. Quando não respondo a essa direção, sinto o Senhor me dizer: "Se você não me ouvir, terá problemas". Posso dar todo tipo de desculpas: "Ah, Deus, esta noite não quero, estou cansada; preciso dormir. Estou isto, estou aquilo." Mas o Senhor insiste suavemente, advertindo-me a não me privar de Dave naquele momento. Recentemente, não muitos meses antes de escrever este livro, lembro que houve duas ocasiões específicas nas quais optei por ignorar a clara instrução da voz de Deus e me recusei a obedecer à Sua direção.

> *
>
> O ato de fazer amor entre um casal casado é algo santo e lindo que faz o diabo recuar de qualquer progresso que ele possa estar fazendo para separá-los.

Exatamente no dia seguinte, em ambas as ocasiões em que eu especificamente senti que o Senhor havia falado comigo antecipadamente, aconteceu um ataque óbvio do inimigo. Certa vez tivemos uma discussão, e na outra o diabo simplesmente desferiu um ataque descarado sobre a nossa família. Nem me lembro de todos os detalhes, mas Deus me lembrou do que Ele havia me dito na noite anterior, dizendo "Eu lhe disse".

Por que o sexo é guerra espiritual?

Há algo poderoso nessa união entre duas pessoas. Ela sela novamente a aliança de casamento e fecha a porta para o diabo. O diabo é cheio de ódio contra o ato de fazer amor adequado entre um casal casado que se ama. A união deles é algo santo e lindo, que faz o diabo recuar de qualquer progresso que ele possa estar fazendo para separá-los.

Isso é tudo que Deus me mostrou até agora. Quando obedecemos a Deus, talvez não vejamos os dardos inflamados que foram lançados contra nós, mas a desobediência tem um alto preço. Já vi a infelicidade resultante de ignorarmos a direção suave de Deus, então estou começando a adquirir o temor de Deus em mim de uma maneira positiva e edificante com relação a isso. É natural seguir o próprio caminho, mas o poder sobrenatural para frustrar o inimigo vem a nós quando seguimos o caminho de Deus.

Nem sempre precisamos saber o "porquê" por trás de tudo que Deus nos dirige a fazer; o que devemos fazer é obedecer. Tive momentos difíceis — e você provavelmente também os teve —, quando me senti impelida a orar por certa situação ou por alguém, e por não achar que aquele era um bom momento, ignorei a direção do Espírito Santo. Descobri mais tarde, quando os problemas surgiram, que perdi uma oportunidade de desviar um ataque de Satanás sobre mim ou sobre alguém que eu conhecia.

Alguns podem achar que é errado falar de sexo e oração ao mesmo tempo, mas precisamos lembrar que Deus criou o sexo e os desejos normais que vêm junto com ele. Foi o homem quem perverteu o sexo e o fez parecer feio e pecaminoso. O livro de Provérbios enumera diversas coisas que são maravilhosas demais para se explicar e uma delas é... *o caminho do homem com uma moça* (Provérbios 30:18,19). É claro que devemos discutir o assunto com grande respeito e propriedade, pois ele é realmente um segredo misterioso que nasceu no coração de Deus.

O SAGRADO MATRIMÔNIO

Por meio da obediência, podemos trazer a santidade de volta ao nosso casamento e voltar ao plano original de Deus para maridos e mulheres. Quando você estudar as alianças que Deus abençoou ao longo da Bíblia, verá que uma promessa divina era sempre selada com o derramamento de sangue. Há uma aliança de sangue que acontece entre um homem e uma mulher quando eles consumam pela primeira vez o seu casamento. O hímen da mulher é rompido durante a primeira vez que ela tem uma relação sexual, e sangue é derramado para selar o voto de pureza entre eles. Como é precioso para uma mulher ser virgem no dia do seu casamento e poder comparecer diante de seu marido e do seu Senhor com a evidência do sangue derramado para provar a sua fidelidade!

Eu não era virgem quando me casei com Dave, mas aqueles que sofreram abuso e casamentos anteriores que foram rompidos como eu, podem entrar na mesma promessa da aliança por meio

— 153

do sangue derramado de Jesus. Nós, que fizemos escolhas erradas e sofremos imposições, podemos comparecer perante o Senhor e nossos maridos, e dizer: "Não por força nem por violência, mas sim pelo Espírito do Senhor, faço uma aliança com você ao entrarmos no sagrado matrimônio aos olhos de Deus" (ver Zacarias 4:6).

Podemos orar o Salmo 54:1:

Salva-me, ó Deus, pelo teu nome; defende-me pelo teu poder.

O Sangue de Jesus nos purifica de todo pecado e o Seu Nome nos dá poder para vivermos uma vida justificada em Deus. Ainda há um derramamento de sangue que faz uma aliança entre os parceiros do casamento e a bênção de Deus.

Quando uma aliança é feita, ela é uma promessa de compartilhar a propriedade de tudo que um possui com o outro. Com Deus nessa promessa, a nossa herança é rica. Quando os não crentes olharem para um casamento como esse e virem a glória da presença de Deus unindo os dois crentes, eles serão atraídos para a luz que cerca esse casal abençoado. As pessoas dirão: "Puxa, que Deus bom é esse a quem vocês servem. Como podemos conhecê-lo também?".

Não é de admirar que o diabo tente perverter o plano da aliança de Deus.

Capítulo 11

EXISTE UMA MANEIRA MAIS GENTIL DE DIZER ISTO?

As palavras dos ímpios são emboscadas mortais, mas quando os justos falam há livramento.

Provérbios 12:6

A comunicação verbal é importante entre duas pessoas que estão tentando construir um relacionamento forte. Se as pessoas não desenvolvem boas habilidades de comunicação, podem ocorrer problemas causados por simples mal-entendidos entre os casais. Existem vários tipos de comunicação que precisam ser desenvolvidos entre os casais para estabelecer relacionamentos saudáveis.

Algumas comunicações são simplesmente com a finalidade de compartilhar informação que ambas as partes precisam saber. A informação clara poupa muita confusão e muitos mal-entendidos. Pedimos aos nossos funcionários o tempo todo que eles se comuniquem. É impressionante o caos que pode se instalar em um escritório quando alguém não se incomoda em dizer a outra pessoa o que vai fazer ou o que não vai fazer. A mesma necessidade de transmitir informação é importante para as responsabilidades que são compartilhadas em casa.

Algumas pessoas parecem viver no seu pequeno mundo, sem estarem cientes da necessidade de transmitirem informações a outras. Talvez elas não entendam o quanto a informação afeta os planos das outras pessoas com quem elas moram e trabalham, mas é egoísmo continuar a ignorar a necessidade de informação que os outros têm. A comunicação clara impede a confusão e os desentendimentos.

Como é difícil uma esposa dizer simplesmente: "Ah, querido, você se lembrou que o jogo de bola do Johnny é hoje e que precisamos estar lá às seis horas?". Isso é muito melhor do que esperar até que o pai chegue em casa do trabalho e descubra que ele precisa correr e se apressar, quando podia ter pensado em ter um tempo para relaxar ou ter planejado terminar algum trabalho depois do jantar. É ainda pior ele chegar tarde em casa e descobrir que sua esposa e seu filho saíram e ele não consegue se lembrar onde eles podem estar.

A comunicação inclui a arte de deixar pequenos bilhetes aqui e ali para ajudar as pessoas a atingirem os objetivos que são importantes para elas. Bilhetes são sempre mais agradáveis do que ter de lamentar por ter perdido prazos importantes.

"Não esqueça que você precisa ir ao banco hoje".

"Não esqueça que preciso que você faça isto".

"Não esqueça que vou chegar em casa meia hora mais tarde hoje, então...".

"Não esqueça que esta sexta-feira é nosso aniversário e vamos sair para jantar...".

✳

Apenas algumas pequenas palavras informativas podem fazer um ótimo trabalho para construir um relacionamento saudável.

Apenas algumas pequenas palavras informativas podem fazer um ótimo trabalho para construir um relacionamento saudável.

As suposições e as hipóteses geram conflitos no casamento. Qual das duas afirmações a seguir é a maneira mais gentil de transmitir informação?

"Ah, quase me esqueci de lhe dizer, vou sair com os rapazes esta noite. Eu estava certo de que você não iria se importar", ou "Os rapazes gostariam de ir jogar boliche esta noite se isso não interferir em nossos planos. Você vai querer fazer alguma coisa ou posso dizer a eles que podem contar comigo?". Embora a primeira maneira possa ferir os sentimentos dela, a segunda maneira é tão cheia de consideração que poderia até inspirá-la a mudar seus planos se ela vir que aquilo que havia planejado pode ser feito em outra noite.

A COMUNHÃO DA COMUNICAÇÃO

Alguns tipos de comunicação simplesmente fomentam a comunhão, e ocorrem quando as pessoas apenas conversam. Quando vocês compartilham esperanças e hesitações um com o outro, constroem uma confiança e uma admiração mútua que os vinculam um ao outro. Vocês não têm um "roteiro" nem falam sobre nada intenso; vocês só precisam de tempo para uma troca amigável de ideias e conversa. Compartilhar informações é simplesmente dizer algo ao outro, enquanto comunhão é falar um com o outro.

Os casais precisam dedicar um tempo regularmente para se sentarem e terem um pouco de comunhão face a face, quando podem conversar um com o outro sem distrações. O que eles compartilham não precisa ser nenhuma grande notícia de abalar a terra. Mas o dom da atenção exclusiva preenche o desejo deixado pela solidão que duas pessoas que moram na mesma casa às vezes podem sentir.

Às vezes digo a Dave: "Entre aqui e sente-se comigo enquanto tomamos uma xícara de café". Ou quando estivemos ocupados a manhã inteira e ficamos separados um do outro, eu o encontro e digo:"Vamos fazer um intervalo e tomar um café". Dave e eu estamos juntos o tempo todo, trabalhando no mesmo lugar, viajando juntos, e ainda precisamos passar tempo juntos apenas conversando. Entendemos a diferença de falarmos um para o outro e falarmos um com o outro. Às vezes precisamos nos comunicar somente pela comunhão.

Se você realmente quer ter uma boa linha de comunicação que permaneça aberta entre você e o seu cônjuge, comece a se interessar pelos interesses dele. Adaptar-se às coisas que interessam ao seu cônjuge é uma maneira de edificar a comunhão e encontrar tópicos em comum para "simplesmente conversarem". Creio que se você demonstrar um interesse por seu cônjuge "como ao Senhor", Deus lhe dará um verdadeiro desejo por aquilo.

Uma de minhas filhas costuma assistir a corridas de automóveis com seu marido. Esse não é um esporte que ela ama, naturalmente. Mas ela está adaptada ao que seu marido gosta de fazer e até espera com ansiedade poder passar esse tempo com ele. Minha outra filha faz ginástica com seu marido porque isso era algo de que ele gostava quando se casaram.

Eu costumava ficar infeliz porque achava que Dave nunca queria "apenas conversar". Eu fazia cara feia e repetia: "Nós nunca conversamos. Nós nunca conversamos". O Senhor me interrompeu um dia, dizendo: "Você nunca quer falar com Dave sobre nada que interessa a ele. Você só quer que as pessoas conversem com você sobre o que lhe interessa. Isso é egoísmo".

Dave adora esportes, mas eu não sei nada sobre isso. Então eu me adaptei e aprendi a jogar golfe, e gosto de dizer que até sou bastante boa. Anos atrás, Dave me ensinou a jogar corretamente. Tenho um *swing* de golfe bastante bom, e tenho uma chance aceitável de me igualar aos rapazes. Aprendi que eu gostava daquilo que interessava ao Dave, afinal. Se você estiver disposto a se adaptar a alguma coisa, Deus pode fazer com que você desfrute exatamente aquilo que você achava que não lhe interessaria.

Adaptei-me ao golfe, mas sinceramente não suporto futebol americano. Tentei, mas não consigo ficar de olho em quem está com a bola. Leva uma eternidade para se avançar dois centímetros pelo campo! Eles lançam a bola para alguém, se amontoam em cima um do outro, e depois começam tudo de novo. Acreditando que eu finalmente estou entendendo um pouco do jogo, começo a torcer por alguém, e Dave diz: "Ele nem está com a bola!". A essa altura, vou procurar um livro para ler enquanto Dave assiste ao resto do jogo.

Às vezes ouço meu marido enquanto ele conversa com nosso amigo Paul ou com nosso filho David. Eles simplesmente conversam sem parar, e penso: *Bem, por que você nunca conversa comigo?* Mas se quero que ele fale comigo, então tenho de estar disposta a falar sobre algumas das coisas pelas quais ele se interessa, e não apenas esperar que ele fale sobre as coisas que me interessam.

Recentemente, comecei a fazer algumas perguntas sobre os esportes de que ele gosta. Não preciso fazer muitas perguntas para Dave estar disposto a falar comigo por um longo tempo. Posso provocar muitas conversas apenas com uma pergunta do tipo: "Quando começa campeonato de beisebol?". Peça a Deus para lhe mostrar em que o seu parceiro está interessado e como fazer perguntas para demonstrar o seu interesse por ele. Você estará plantando boas sementes que farão com que o seu cônjuge queira conversar com você sobre coisas que lhe interessam.

Além disso, ouvir e compartilhar interesses é uma maneira de demonstrar respeito. Respeite o seu cônjuge o suficiente para se interessar pelo que ele gosta como um ato amoroso de se dar a ele. Quando vocês conversam para ter comunhão, é necessário tanto falar quanto ouvir. Adote a prática de dar ao seu cônjuge a sua atenção exclusiva com tanta frequência quanto possível. Fale sobre coisas que interessam a ele.

TÉCNICAS PARA SOLUÇÃO DE PROBLEMAS

Não use esse tempo de comunhão para desafiar ou provocar o seu parceiro. Gálatas 5:26 diz que não devemos desafiar ou provocar as pessoas. A maneira mais rápida de fechar uma linha de comunicação com alguém é desafiando-o.

Tenho um neto que está na idade em que desafia quase tudo que alguém diz. Ele frequentemente diz às pessoas que falam com ele: "Não, não é assim!". Esse tipo de desafio é irritante, mesmo vindo de uma criança, portanto imagine como é irritante vindo de um adulto que deveria saber agir melhor e ser educado na forma de tratar as pessoas.

Há momentos para se desafiar uma pessoa ou oferecer uma opinião diferente, mas isso certamente não deve ser feito com frequência ou por questões insignificantes.

Como mencionei anteriormente, a comunicação consiste em mais que palavras. O tom de voz, as expressões faciais e a linguagem corporal reforçam a ênfase que colocamos no que dizemos. Uma vez li que trinta e sete por cento da comunicação são palavras e sessenta e três por cento é o tom de voz, a expressão facial e a linguagem corporal. Fazendo referência novamente ao nosso relacionamento sexual, por exemplo, quando Dave comenta em tom de brincadeira que precisamos encontrar tempo para estarmos juntos, posso dizer sim, mas transmitir pela minha linguagem corporal que não estou nem um pouco interessada na sugestão dele.

Uma das principais razões pelas quais as pessoas não se comunicam bem é porque elas tiveram experiências negativas quando tentaram expressar o seu ponto de vista. Muitas vezes essas experiências foram o resultado de um senso de oportunidade deficiente e de insensibilidade à direção de Deus. Aprenda a esperar até sentir a presença de Deus preparando o coração da pessoa com quem você precisa se comunicar.

✳

O momento certo é extremamente importante para a boa comunicação.

O momento certo é extremamente importante para a boa comunicação. Se você começar a falar com alguém que suspira e olha para o outro lado, é justo supor que ele não quer ouvir o que você tem a dizer ou que está distraído demais para prestar atenção naquele instante. Podemos criar problemas para nós quando não escolhemos o momento certo para falar.

Eclesiastes 3:7 diz que há tempo para falar e tempo para ficar calado. Há tempo para falar sobre um problema e há tempo para deixá-lo de lado. Isso não significa que você nunca deve falar sobre ele, mas sim, que deve procurar o momento certo para discutir o assunto em seu coração se quiser que ele seja recebido com uma avaliação justa.

O MOMENTO DE FICAR EM SILÊNCIO

• Fique calado quando estiver zangado.

Aprendi que a melhor hora para se discutir um problema não é quando estou furiosa. Quando a raiva está presente não é boa hora para tentar encontrar uma solução para um problema.

- Fique calado quando estiver cansado.

A melhor hora para tentar discutir um problema não é quando todos estão cansados e esgotados.

- Fique calado quando estiver sob um estresse fora do comum.

A melhor hora para tentar discutir um problema não é quando há outras áreas de estresse atingindo vocês no momento.

Escolha um momento em que você sinta a direção do Espírito Santo abrindo a oportunidade para você expressar as suas necessidades. Sempre fui o tipo de pessoa que quer resolver uma questão assim que a percebo. Não tenho nenhum problema em confrontar as pessoas sobre as nossas diferenças. O meu problema sempre foi tentar esperar pelo tempo de Deus para resolver um problema.

Já me meti em confusões muitas vezes por me comunicar da forma errada e na hora errada, e agora estou escolhendo planejar o confronto com sabedoria em vez de reagir rapidamente assim que vejo a necessidade. No passado, assim que um problema aparecia, eu queria me sentar e falar sobre ele imediatamente: aqui e agora! Queria trazer o assunto à baila, resolver as coisas, falar sobre aquilo e não deixar ninguém sair até que o problema estivesse solucionado. Finalmente aprendi a orar primeiro, dizendo: "Deus, esta é a hora certa?". Muitas vezes Ele diz: "Não". Ainda reajo ao choque de ter de esperar até que Deus diga: "Agora você pode falar".

As pessoas que são rápidas para confrontar outras se envolvem em muitos problemas simplesmente porque disparam em direção a questões sem esperar o tempo de Deus. Essas pessoas de personalidade forte não são inclinadas a tolerar muita coisa. Se alguma coisa acontece à sua volta que não parece estar certa, ou ser justa, ou da maneira que deveria ser, elas imediatamente se levantam para fazer tudo ficar certo novamente. Elas dizem a todos a maneira como uma coisa precisa ser feita. Mas os problemas surgem quando tudo isso é feito sem a direção de Deus.

O MOMENTO DE FALAR

Algumas pessoas são tão amantes da paz que fazem qualquer coisa para não gerar problemas, mesmo permitindo que as coisas continuem como estão quando Deus está lhes dizendo para as confrontarem. Essas pessoas são como cordeiros que preferem resistir a toda e qualquer disputa. Esses cordeiros são tão despreocupados e passivos por natureza, que o Espírito Santo precisa impeli-los a tomar uma posição.

E há outras pessoas que partem para o confronto com a ferocidade de um leão. Esses "leões" são as pessoas que reagem às outras com um zelo carnal, e que infelicidade se elas decidem confrontar um desses tímidos cordeiros que são retraídos demais ou medrosos demais para se defenderem do perigo! Na verdade, os leões caçam a próxima vítima de quem possam discordar.

Examine a si mesmo para ver se você é um leão ou um cordeiro. Se você geralmente não quer discutir as coisas e não quer tratar dos problemas, então você terá de falar obedientemente se Deus mandar, quer queira, quer não. Se você tem a tendência de confrontar automaticamente, terá de praticar deixar as coisas de lado até que Deus lhe diga se deve tocar no assunto e quando deve fazê-lo. Algumas pessoas precisam ser empurradas pelo Espírito Santo, e as personalidades de leão, como eu, precisam ser contidas.

Aproximadamente metade das pessoas em uma conferência responde quando peço para levantarem as mãos se elas são pessoas despreocupadas que preferem esquecer os problemas a lidar com qualquer coisa que possa levar a uma discussão. A outra metade admite ser mais do tipo que vai ao encontro da situação sem pensar duas vezes. É claro que, com metade da sala cheia de pessoas que adoram o confronto e metade da sala cheia de pessoas que o detestam, muitas delas estão casadas umas com as outras.

A tragédia se instala quando uma pessoa quer o confronto e a outra o teme. Então, aquela que quer falar o tempo todo reclama da que não quer. "Você nunca fala comigo". A pessoa que não fala acha que é porque a outra nunca se cala! O que todos nós precisamos é de equilíbrio, e do compromisso de sermos dirigidos pelo Espírito, e não pela carne.

Todos precisam confrontar problemas na vida e, no entanto, nem leões nem cordeiros seguem o exemplo de Cristo de fazer a paz se estão desequilibrados. Devemos ser imitadores de Deus como uma luz para os incrédulos verem o caminho deles para o Reino de Deus, porque eles desejam a vida que temos. Uma das características mais difíceis de Jesus a ser imitada é a Sua capacidade de ser aquele Cordeiro com coração de leão. Quando era necessário o confronto, Jesus sempre avançava com firmeza e amor.

Quero ter a humildade que é manifesta em Cristo. Devemos imitar a mansidão e a suavidade Dele, e ainda assim lidar com segurança com o que quer que precise ser resolvido. Como líderes de um grande ministério, precisamos lidar com situações conflitantes o tempo todo. Eu costumava desejar que tivéssemos pelo menos uma semana em que não precisássemos **lidar** com algum problema. Dave e eu finalmente entendemos que sempre teremos de lidar com questões, mas queremos confrontar essas questões à maneira de Deus.

O conflito faz parte da vida de todos, e a maneira como lidamos com ele é importante. Quanto mais estudo a Palavra, mais entendo por que Jesus é chamado o Leão da tribo de Judá. Significa que Ele tinha uma força que era característica de um leão, que fazia com que Ele lidasse com as coisas de uma forma majestosa, e, no entanto, Ele também é chamado de Cordeiro de Deus.

As características do leão são totalmente diferentes das do cordeiro, no entanto, o Senhor é reconhecido como tendo ambas as qualidades. Alguém nos deu uma foto de um leão e um cordeiro deitados juntos, e ela me lembra que devo ser uma boa mistura divina de ambas as qualidades. Nunca tive nenhum problema com a parte do leão, mas eu tinha muitos problemas com a parte do cordeiro. Quando precisamos nos comunicar com alguém, especialmente com relação a assuntos de confronto, devemos primeiro orar para que a graça e a misericórdia de Deus venham nos ungir como cordeiros com um coração de leão. Então devemos esperar até que tenhamos equilíbrio na nossa perspectiva e na nossa abordagem.

Palavras precipitadas, ditas sem pensar, costumam causar problemas tremendos. Eclesiastes 5:2 diz: "Não te precipites com a tua boca, nem o teu coração se apresse a pronunciar palavra alguma diante de Deus...". Acredito que não apenas devemos tomar cuidado com as palavras que dizemos às pessoas, mas também com os nossos pensamentos diante de Deus. Muitas vezes em que decidi, depois de pensar muito, como eu lidaria com uma situação, Deus me disse que não era assim que Ele queria que eu lidasse com ela. Devemos criar o hábito de perguntar ao Senhor o que Ele faria antes de falarmos e planejarmos um confronto.

É muito fácil tirar conclusões, mas Paulo disse em 1 Coríntios 4:5: "Portanto, nada julgueis antes do tempo, até que venha o Senhor, o qual não somente trará à plena luz as coisas ocultas das trevas, mas também manifestará os desígnios dos corações..." (ARA). Devemos dar tempo a Deus para que Ele "entre" em uma situação com a Sua sabedoria e o Seu conhecimento antes de tomarmos as próprias decisões precipitadamente. Só o Senhor sabe o que existe no coração de uma pessoa, e Ele julga de acordo com isso, e não de acordo com o que vê e ouve. Permanecer guiada por esses princípios me ajudou de uma maneira importante no meu relacionamento com Dave, e estou certa de que isso impediu inúmeras discussões.

> ✳
> Palavras precipitadas, ditas sem pensar, costumam causar problemas tremendos.

A Bíblia diz: "Sejam sóbrios e vigiem. O diabo, o inimigo de vocês, anda ao redor como leão, rugindo e procurando a quem possa devorar" (1 Pedro 5:8). Se não estivermos bem equilibrados, nosso adversário, o diabo, poderá encontrar uma oportunidade de nos devorar.

Jesus demonstrou o equilíbrio entre um leão e um cordeiro que também precisamos imitar. Em Apocalipse 5:5, Jesus é retratado como o Leão de Judá. "Então um dos anciãos me disse: 'Não chore! Eis que o Leão da tribo de Judá, a Raiz de Davi, venceu para abrir o livro e os seus sete selos'" (AMP).

Então, no versículo 6, o versículo imediatamente a seguir, a Palavra se refere a Jesus como o Cordeiro, dizendo: "Depois vi um Cordeiro, que parecia ter estado morto, em pé, no centro do trono, cercado pelos quatro seres viventes e pelos anciãos. Ele tinha sete chifres e sete olhos, que são os sete espíritos de Deus enviados a toda a terra".

Ao longo do Novo Testamento, vemos Jesus agindo de duas maneiras contrastantes. Ele confrontou os cambistas no templo, virando suas mesas e demonstrando com firmeza a vontade de Deus a todos aqueles que o observavam. "E lhes disse: 'Está escrito: A minha casa será chamada casa de oração; mas vocês estão fazendo dela um covil de ladrões'" (Mateus 21:13). Em outras passagens, porém, vemos Jesus sendo acusado falsamente, sem dizer uma palavra em Sua defesa.

Então, o que devemos aprender com os Seus métodos de comunicação? Ele era um leão quando precisava ser, e, no entanto, era sempre um cordeiro — Ele nunca pecava ou deixava de ser excelente no Seu modo de falar. É um desafio não se defender quando alguém nos ataca. É difícil ignorar insultos e evitar a retaliação.

Isaías 53:7 diz a respeito de Jesus: "Ele foi oprimido e afligido, contudo não abriu a sua boca; como um cordeiro foi levado para o matadouro, e como uma ovelha, que diante de seus tosquiadores fica calada, ele não abriu a sua boca".

Às vezes acho que uma das coisas mais difíceis que Deus nos pediu para fazer foi sermos semelhantes a Cristo na nossa maneira de nos comunicarmos com os outros. Quando alguém é rude, critica, maltrata ou insulta você, é difícil ficar ali olhando para a pessoa com o amor de Deus e apenas esperar Nele.

> ❋
>
> Aprenda a confrontar quando Deus disser para confrontar, e deixar uma questão de lado quando Deus disser para deixá-la.

Graças a Deus, Ele nos dá o poder para mudar e para nos tornarmos semelhantes a Cristo. Ainda sinto a reação da minha velha natureza algumas vezes, mas cada vez mais estou aprendendo a ter domínio próprio. A chave para o aperfeiçoamento é aprender a confrontar quando Deus disser para confrontar, e deixar uma questão de lado quando Deus disser para deixá-la.

A nossa velha natureza reage ao conflito da seguinte maneira: "Vou dar um jeito em você!".

"Você não vai me tratar desse jeito".

"Eu não tenho de tolerar isto".

"Quem você pensa que é?".

"Com quem você pensa que está falando?".

Às vezes até lançamos versículos contra eles: "... eu não levantaria a mão contra o ungido do Senhor" (1 Samuel 26:23). Mas quando Jesus foi afligido, Ele foi submisso. Deus não o liberou para dizer nada, então Ele manteve Sua boca fechada e levou a culpa por nós.

Mateus 18:15 diz: "Se o seu irmão pecar contra você, vá e, a sós com ele, mostre-lhe o erro". O confronto não deve ser tratado em público. Na maioria das vezes, o confronto deve ser acontecer em particular.

Gálatas 6, versículos 1 a 5, explica como confrontar por meio do amor de Deus. Entendendo que nós temos muitos erros, devemos ser humildes quanto ao fato de que nós também podemos cair nos mesmos erros pelos quais queremos criticar os outros. Devemos ser gentis na nossa abordagem, com o propósito de edificar a compreensão da outra pessoa quanto ao intenso amor de Deus por ela, e não destruir a sua autoestima. Leia estes versículos enquanto medita cuidadosamente sobre a maneira como você lidou com os confrontos no passado ou planejou fazer isso no futuro.

Irmãos, se alguém for surpreendido em algum pecado, vocês, que são espirituais, deverão restaurá-lo com mansidão. Cuide-se, porém, cada um para que também não seja tentado.

Levem os fardos pesados uns dos outros e, assim, cumpram a lei de Cristo. Se alguém se considera alguma coisa, não sendo nada, engana-se a si mesmo. Cada um examine os próprios atos, e então poderá orgulhar-se de si mesmo, sem se comparar com ninguém, pois cada um deverá levar a própria carga.

Antes de confrontarmos uns aos outros, devemos aprender a orar e a esperar que Deus confirme a necessidade e o tempo certo. Assim, a chave para o confronto, de acordo com o padrão de Deus, é agir da seguinte forma: quando sentimos que devemos levar algo à atenção uns do outros, comecemos dizendo, "Olha, sei que eu mesmo tenho muitos erros. Sei que faço muitas coisas erradas. Mas isso é algo que creio que Deus quer que eu compartilhe com você". A humildade e o amor expressam o conflito de uma maneira totalmente diferente do que quando estamos diante de alguém de forma arrogante, com a nossa lista de tudo que há de errado nele.

Capítulo 12

VOCÊ PRECISA DE QUÊ?

... Pois o que o homem semear, isso também colherá. Quem semeia para a sua carne, da carne colherá destruição; mas quem semeia para o Espírito, do Espírito colherá a vida eterna.

GÁLATAS 6:7,8

Todos precisam de estabilidade, emocional, espiritual, mental e até verbalmente. Queremos ter certeza de que as palavras ditas são sinceras, de que elas serão seguidas de ação quando necessário. As palavras ditas são promessas, e promessas não devem ser quebradas. Nossos cônjuges precisam da mesma segurança que nós desejamos. O Espírito de Deus prometeu nos devolver o que quer que semeemos na vida de outras pessoas. O desejo de estarmos envolvidos com pessoas estáveis é realizado quando damos a outros o que esperamos que eles nos deem. Um fundamento estável na nossa vida e no que nos cerca nos dá confiança para enfrentar as provas que se levantam contra nós.

Meu marido sempre foi muito estável, portanto, sempre sei que posso contar que em tempos de dificuldades, ele vai permanecer o mesmo que é nos tempos bons. O humor dele não oscila — nem as suas decisões e a sua confissão. Cresci em um ambiente muito instável, e a estabilidade de Dave é parte do que Deus usou para trazer cura à minha vida. Quando nos tornamos como Deus nas nossas ações para com os outros, então Ele pode nos usar para trazer cura e restauração a eles. Jesus é o mesmo, ontem, hoje e eternamente (Hebreus 13:8); Ele é a Rocha na qual estamos firmados (ver Salmo 62:1,2;5-7) — todos nós devemos nos esforçar para que essa mesma estabilidade se manifeste através de nós. A estabilidade libera uma sensação de segurança, algo que todas as pessoas precisam e desejam, principalmente as mulheres.

Somos encorajados pela Palavra de Deus a buscar todas as ocasiões e oportunidades de fazer o bem a todas as pessoas (isso inclui os nossos cônjuges), não apenas sendo úteis e eficientes para eles, mas também fazendo o que é útil para ajudá-los espiritualmente. Devemos ser especialmente diligentes para com aqueles que pertencem à família de Deus juntamente conosco (Gálatas 6:10).

O sacrifício que somos chamados a fazer por meio do casamento tem uma promessa de grande recompensa ligada a nossa obediência a ele. Por algum motivo, as mulheres sempre gostam de ouvir o que a Bíblia diz que os homens devem fazer por suas esposas. Do mesmo modo, os homens se endireitam na cadeira e prestam muita atenção quando falo às mulheres sobre a maneira como elas devem tratar seus maridos. Mas a Palavra de Deus confirma que se cada um de nós continuar a fazer o que é certo, Ele nos recompensará com uma colheita de justiça oriunda de todas as sementes que plantamos anteriormente. Então devemos ouvir o que Deus nos diz individualmente em vez de prestarmos tanta atenção a como o nosso cônjuge deve nos tratar.

> ✳
>
> Uma das necessidades básicas das mulheres é a segurança, enquanto os homens instintivamente precisam de valorização.

O ponto principal é que uma das necessidades básicas das mulheres é a segurança, enquanto os homens instintivamente precisam de valorização. Ambas as necessidades podem ser supridas mais prontamente por seus cônjuges do que por eles mesmos. A mulher busca a segurança de saber que as suas necessidades serão supridas financeira e fisicamente e em quaisquer surpresas que cruzem o seu caminho. Certo dia, a eletricidade de repente caiu em uma parte de nossa casa. Sinto-me segura por saber que Dave cuidará dessas coisas as quais eu não saberia como corrigir.

A principal coisa que um homem quer de um relacionamento conjugal é valorização. Ele quer se sentir importante, e esse desejo básico é influenciado por Deus. Não é errado um homem querer valorização em sua vida.

Vamos ler 1 Pedro 3:1:

Do mesmo modo, mulheres, sujeite-se cada uma a seu marido, a fim de que, se ele não obedece à palavra, seja ganho sem palavras, pelo procedimento de sua mulher.

Eu costumava me esforçar para vencer Dave com palavras. À medida que entendi, com a Palavra de Deus, que muitas discussões não o mudariam, aprendi a prestar mais atenção em tentar tornar o meu comportamento mais santo. Em vez de transformar Dave, eu devia reforçar o senso de significância dele.

É exatamente isso que a Palavra diz, que uma mulher deve respeitar e reverenciar seu marido. Em outras palavras, tudo que uma mulher faz deve fazer seu marido se sentir como se ele fosse a coisa mais importante da vida dela. Se uma esposa puder fazer com que seu marido sinta a sua importância na vida dela, isso parece imbuí-lo de uma força excepcional para querer descobrir novas maneiras de cuidar das necessidades dela.

Satanás não quer que os casais respaldem um ao outro em um casamento. Ele sussurra palavras de engano no coração das esposas. "Não se submeta; você merece que as coisas sejam do seu jeito. Não ceda nem se adapte a ele. Veja como seu marido está fazendo o que quer o tempo todo. Ele nem sabe o que significa viver a dois. Ele casou com você, jogou você dentro de casa com um par de filhos e depois bateu asas. Ele passa o tempo todo fora fazendo o que quer".

Quando uma mulher dá ouvidos ao diabo, ela está pronta para a briga assim que seu marido entra em casa. Ela briga a noite toda, vai dormir furiosa, e às vezes essa briga continua por anos. Enquanto ela permanece aberta às mentiras do inimigo, acha mais difícil falar com seu marido, e deixa de ter o relacionamento que Deus pretendeu que ela tivesse.

Deus quer ajudar os casais com problemas conjugais e trabalhar com aqueles que têm bons casamentos para torná-los ainda melhores. A maneira como os casais casados tratam uns aos outros é importante para Deus. Os homens devem amar suas esposas e tratá-las com respeito. Ele deve ter consideração pelas necessidades dela e pensar no que ela precisa e no que pode querer. As esposas devem fazer com que seus maridos se sintam valorizados. Elas devem fazer seus maridos se sentirem importantes e tratá-los da maneira como elas mesmas querem ser tratadas.

Queremos que o nosso casamento seja um triunfo ou uma tragédia? Se você quer ser a rainha do seu lar, trate seu marido como o rei. Se os homens querem ser o rei, eles devem tratar suas mulheres como rainhas. Obviamente, o desejo de Satanás é que todos eles se transformem em tragédias. Mas acredito que podemos impedir a tragédia e encontrar cura para as diferenças que trabalham para nos destruir.

A maioria das pessoas se casa sem saber o que Deus espera que elas façam pelo seu cônjuge. Muitas pessoas nunca leram o que a Palavra de Deus tem a dizer sobre suprir as necessidades um do outro no casamento. O casamento delas pode ter sido inspirado por alguma atração física ou emocional pela outra pessoa, e depois que elas já deram início ao casamento, Satanás começa rapidamente a usar esse desconhecimento das intenções de Deus contra elas mesmas.

Costumamos seguir os exemplos que presenciamos antes do nosso casamento e, em muitos casos, esse exemplo foi negativo. Se um jovem nunca viu seu pai dar afeto à sua mãe, é provável que ele não saiba como dar afeto à sua esposa. Se ela, por outro lado, cresceu em uma família onde o pai dava muito afeto à sua mãe, ela naturalmente esperará o mesmo. Ela ficará arrasada quando não receber isso.

Como já mencionei, meu pai sempre conseguia o que queria ficando zangado e continuando assim até que todos se submetessem a ele. Pelo fato de que a forma de meu pai agir havia sido a única maneira que eu havia visto as pessoas conseguirem o que queriam, segui esse exemplo até que aprendi a orar e confiar em Deus para trazer à minha vida o que Ele sabia que era certo para mim.

Só podemos fazer o que sabemos fazer. A Bíblia diz que o povo perece por falta de conhecimento (Oséias 4:6). Muitos casamentos perecem porque as pessoas não são instruídas sobre como obter e manter relacionamentos bons e inspirados por Deus.

Com toda a informação disponível hoje, qualquer pessoa pode se instruir sobre qualquer assunto. Tudo que ela precisa fazer é se aplicar em estudar a área específica necessária. Não podemos culpar ninguém pelos nossos fracassos se nos recusarmos preguiçosamente a fazer a nossa parte. Seja qual for o seu problema em particular, transforme-o em um curso superior. Estude, pondere, ore, reflita, pense, leia e pesquise até ter todas as respostas de que precisa para a vitória. Não fique sentado ociosamente enquanto Satanás destrói o seu casamento. Levante-se e lute pelo que é seu.

> ✳
>
> Muitos casamentos perecem porque as pessoas não são instruídas sobre como obter e manter relacionamentos bons e inspirados por Deus.

Geralmente as pessoas se casam esperando que a outra pessoa possa fazê-las felizes. Mas o casamento deve ser olhado do ponto de vista de dar, e não de receber. Quando cada parceiro se dedicar totalmente a pensar sobre o que pode fazer pelo seu parceiro, então, nesse processo de dar, ele receberá tudo o que quer em troca e muito mais.

A Bíblia diz: "Mais bem-aventurado é dar que receber" (Atos 20:35, ARA). Levamos muito tempo apenas para chegar perto de acreditar nisso. Na verdade, nós nos ocupamos tentando fazer com que alguém faça algo para nós, não é?

Você deve ter notado que continuo dizendo a mesma coisa em partes diferentes do livro sobre ter a mentalidade voltada para fazer pelos outros, em vez de sempre esperar que eles façam para você. Estou dizendo isso várias vezes e de diversas maneiras porque é provavelmente o princípio mais importante para fazer qualquer relacionamento dar certo. Ele nos leva de volta ao que chamamos a "regra de ouro" da Palavra de Deus — "Como vocês querem que os outros lhes façam, façam também vocês a eles" (Lucas 6:31).

No mundo, as pessoas fazem para os outros somente aquilo que querem fazer, e obviamente a maneira do mundo não está funcionando. Dê aquilo que você gostaria de ter, e você será sempre amplamente suprido.

Hebreus 13:4 diz: "O casamento deve ser honrado por todos". Muitos casais no mundo não estão sequer se casando mais; eles apenas vivem juntos, pensando que se não der certo, não terão de gastar dinheiro para se divorciarem.

Na verdade, existem gerações de pessoas que nunca ouviram falar que, de acordo com Deus, é errado homens e mulheres que não são casados viverem juntos. Eles nunca ouviram falar que o casamento aos olhos de Deus é uma instituição digna de honra, na qual Ele pode abençoá-los e fazer algo que trará um benefício eterno entre eles. Ouço as pessoas falarem abertamente sobre viverem juntas sem vergonha ou constrangimento. Elas se convenceram de que faz mais sentido tentar viverem juntas primeiro, para ver se gostam, antes de assumirem um compromisso de verdade. Essa teoria pode fazer sentido para a mente humana, mas Deus não a aprova, e qualquer coisa que Ele não aprova, definitivamente não dará certo.

Para Deus, o casamento é uma aliança — um relacionamento de aliança. E aos olhos de Deus, as alianças nunca devem ser quebradas. Entrar em um relacionamento de aliança com alguém significa literalmente que tudo que você tem passa a ser dele e tudo que ele tem passa a ser seu.

Como crentes em Cristo, temos um relacionamento de aliança com Deus, e precisamos do que Ele tem! Eu não tinha muito a oferecer a Deus, mas Deus me deu o bastante da Sua força para compensar todas as minhas fraquezas! Do mesmo modo, o casamento deve refletir visivelmente os benefícios da nossa aliança invisível com Deus. Portanto, a primeira benção de um bom casamento começa em honrarmos o relacionamento conjugal e em estarmos dispostos a dar o que temos ao nosso cônjuge.

Pessoas nascidas de novo e cheias do Espírito estão se divorciando depois de muitos anos de casamento. Depois que eu soube

— 173

de pelo menos vinte situações como essa, que aconteceram em um ano, perguntei ao Senhor: "O que está acontecendo? Essas são pessoas que conhecem a Palavra! Elas sabem que o divórcio não é a Sua vontade para elas! E, no entanto, estão simplesmente se divorciando assim mesmo! O que está acontecendo, Deus?".

Ouvi o Senhor falar comigo em meu coração, e não creio que o tenha ouvido falar assim antes. Sua voz estava triste, e Ele disse: "Joyce, o meu povo não está usando a sabedoria". O Senhor pregou uma mensagem inteira para mim com essa única frase.

A honra é algo que está em falta na nossa sociedade hoje. Até trinta anos atrás, os homens davam alto valor à honra. Se algo não era digno de honra, você simplesmente não o fazia. Os princípios divinos estão sendo arrancados da nossa sociedade. Existem gerações de pessoas que nunca foram ensinadas sobre a importância de manter a sua palavra. Mas aqueles de nós que têm o privilégio de ter um relacionamento com Jesus Cristo e entenderam a Palavra de Deus, podem aprender a fazer o que é certo. Podemos ter casamentos maravilhosos, fortes e poderosos, mas precisamos usar a sabedoria.

Satanás sempre começa a tentar alguém mentindo para essa pessoa. Ele começa com pequenas sugestões — uma pequena tentação aqui e outra ali. Mas se as tentações forem acolhidas, elas progredirão e se transformarão em pecados reais. Lembro-me de uma jovem que trabalhava para nós nos primeiros dias do nosso ministério. Ela tinha problemas de insegurança e, embora não soubéssemos disso na época, de vez em quando ela se envolvia com homens de uma maneira inadequada. Ela começou a levar rosquinhas para um dos homens casados que trabalhavam conosco. Ela continuou a dar essa atenção especial a ele todas as manhãs.

Não demorou muito para que eu dissesse: "Pare com isto! Se esse homem precisar de uma rosquinha, a mulher dele pode prepará-la. Ele não precisa que você traga rosquinhas. Se você quer trazer rosquinhas, traga para todos no escritório, e não apenas para um homem!".

O homem, naturalmente, gostava da atenção que ela estava lhe dando. Os espíritos malignos atuam nas pessoas por meio de

Capítulo 12

pequenos flertes. Eles dizem:"Vou fazer você se sentir bem consigo mesmo". Mas fomos chamados para usar a sabedoria! Não pense que você pode brincar com fogo e não se queimar! Se precisarmos ser edificados, devemos buscar o nosso cônjuge, ele nos dará respaldo, e devemos resistir à segurança e à valorização oriundas de outras fontes.

Se o seu cônjuge não quer ou não sabe como respaldar ou encorajar você, então receba o que você precisa de Deus, de sua mãe ou de um amigo, mas sob nenhuma circunstância deve se permitir ser atraído para a armadilha de Satanás: o adultério. Todos nós conhecemos inúmeras pessoas que foram apanhadas em um caso de adultério e que sempre dizem: "Eu nunca quis que isto acontecesse". Se elas nunca quiseram que acontecesse, então por que aconteceu? Aconteceu porque uma coisa levou a outra, e, antes que eles vissem o que estava acontecendo, era tarde demais. Suas emoções estavam no controle, em vez de a sabedoria de Deus.

Quando seguimos a sabedoria, nossa vida é abençoada, e quando não fazemos isso, ela é destruída. Esse é o ponto principal, e sou uma pessoa que gosta de pontos principais. Descobri que viver assim é muito melhor do que viver com a cabeça nas nuvens, sem encarar a realidade que finalmente me perseguirá e me obrigará a confrontá-la.

Algumas pessoas talvez nem saibam que o diabo é real! Há vinte e cinco anos, eu não entendia a realidade do diabo como meu inimigo. Eu não sabia nada sobre principados e poderes demoníacos. Não sabia que havia espíritos que entravam nas pessoas e tentavam seduzir outros a iniciarem relacionamentos pecaminosos.

> ✳
>
> Quando seguimos a sabedoria, nossa vida é abençoada, e quando não fazemos isso, ela é destruída.

Precisamos usar a sabedoria contra o inimigo. Nada mudará sem sabedoria. Usamos a sabedoria em nosso ministério, e por isso algumas pessoas o consideram um pouco rígido. Por exemplo, não permitimos que dois funcionários de sexos opostos entrem no mesmo carro e se dirijam a algum lugar jun-

— 175

tos. Caso precisem ir a algum lugar a negócios, gastamos o dinheiro necessário para tirar outra pessoa do escritório e colocá-la no carro com eles, mas não permitimos que os dois saiam juntos sozinhos.

Quando estou pregando em lugares diferentes, Dave não permite que outro homem me apanhe no hotel a não ser que uma mulher esteja com ele. Não é porque Dave não confia em mim. Simplesmente não sentimos que viajar sozinhos seja sábio, mesmo que seja simplesmente para evitar a aparência do mal, pois alguém pode nos ver e imaginar por que motivo estamos juntos.

Há inúmeras maneiras de evitarmos o mal simplesmente usando a sabedoria. Lembro-me de uma vez em que um amigo de Dave começou a me dizer o quanto ele me achava bonita e como ele gostaria que sua mulher tivesse a minha aparência. Imediatamente senti que havia problemas à vista! Então, em vez de esconder isso do meu marido e secretamente desfrutar os elogios daquele homem achando que eles não fariam mal algum, contei a Dave o que ele havia dito e que não me sentira confortável com aquilo. Decidimos orar, e se aquilo acontecesse de novo, Dave falaria com ele. A oração funcionou, e nunca tivemos outro incidente. Obviamente, Satanás soube pela minha reação que aquilo não iria funcionar, então ele abortou o plano. Precisamos ser espertos o bastante para abortar o plano de Satanás, em vez de permitir que ele aborte o plano de Deus para a nossa vida atraindo-nos a relacionamentos pecaminosos que só podem terminar em desastre.

> ———— ✳ ————
> Precisamos ser espertos o bastante para abortar o plano de Satanás, em vez de permitir que ele aborte o plano de Deus para a nossa vida.

Deixe-me enfatizar mais uma vez: **Você não pode brincar com fogo sem se queimar.**

DÊ SEGURANÇA AO SEU CÔNJUGE

Se, por exemplo, você e seu cônjuge têm um relacionamento com outro casal e a sua personalidade e a do outro homem combinam, vocês podem gostar de conversar quando se encontram os quatro. Mas se vocês percebem que não estão querendo passar muito tempo com os outros e preferem se sentar em separado para conversar, podem estar correndo o risco de ter problemas. Cuidado! Não estou dizendo que você não pode conversar com alguém — apenas não perca o equilíbrio.

Um bom casamento não acontece por acaso. Não importa o quanto vocês estavam loucamente apaixonados quando se casaram, se não continuarem trabalhando no seu casamento, prestando atenção às necessidades do outro regularmente, o seu casamento terá problemas. O seu relacionamento ficará estagnado. Vocês se cansarão um do outro. Você perderá a empolgação, culpando o seu cônjuge quando o negligenciou o tempo todo.

Os casamentos se deterioram e desmoronam, mas isso não acontece da noite para o dia. É quase sempre resultado das pessoas simplesmente não usarem a sabedoria. Vocês não terão um bom casamento se não passarem tempo juntos. Se não aprenderem a respeitar um ao outro, e a cuidar das necessidades básicas um do outro, vocês definitivamente terão sérios problemas.

Não existe um relacionamento melhor entre as pessoas do que aquele que é conquistado por meio de um ótimo casamento, mas não existe dor maior em um relacionamento do que a decepção de um mau casamento. Faça o que puder fazer para tornar o seu casamento não apenas aceitável, mas excelente. A benção de Deus sobre o casamento é que, ao tentar fazer o seu parceiro feliz, você terminará encontrando a própria felicidade.

Provérbios capítulo 7 mostra que sabedoria é aprender o que a Palavra diz para fazer, e depois fazê-lo. Se estamos tendo problemas no nosso casamento, a sabedoria diz que nada vai mudar se não mudarmos a nossa maneira de encará-lo. A sabedoria pode nos dizer para pararmos de fazer algumas coisas que estamos fazendo, e para começarmos a fazer algumas coisas que não queremos fazer. Precisamos estar dispostos a mudar.

Ouvi uma definição tremenda sobre insanidade: é quando fazemos a mesma coisa, do mesmo jeito, esperando resultados diferentes. Participar de um seminário sobre casamento ou simplesmente ler um livro não mudará nada em seu lar se Deus o convencer de estar desobedecendo em uma área e você não mudar o que está fazendo.

Aprenda a reagir rapidamente se Deus lhe disser:

"Ei, esta palavra é para você!".

"O seu problema é a sua atitude negativa!".

"Você está em rebelião!".

"Você não está passando tempo suficiente com o seu cônjuge!".

A Palavra é como o empurrão do cajado do pastor. Quando a ovelha sai da linha, o pastor vem e bate de leve na ovelha para que ela volte à fila. É exatamente isso que a Palavra faz conosco. O Espírito de Deus nos mantém na linha com a Palavra de Deus. Saiba o que fazer e, depois, faça-o.

Pode interessar a você saber que enquanto eu estava fazendo a edição final deste livro, o que exigiu que eu o relesse, fui convencida pelo meu livro de algumas coisas que ensino a outros e que deixei passar na minha vida. São coisas que sei fazer, mas deixei que a preguiça me impedisse de fazê-las. Todos nós precisamos do empurrão da Palavra de Deus para nos manter no caminho estreito que conduz à

> *
>
> Siga a direção e os apelos do Espírito Santo — Ele está sempre tentando conduzi-lo às bênçãos.

vida. Fazia muito tempo que eu não jogava golfe com Dave porque andava ocupada, mas depois de ler este livro, decidi reprogramar minha agenda e fazer da diversão com meu marido uma prioridade.

Quando perguntei a Dave se ele queria que eu fosse jogar golfe com ele no dia seguinte, seus olhos se iluminaram, e ele pareceu muito satisfeito e entusiasmado. Pelo fato de eu ter plantado a semente com a intenção de fazê-lo feliz, já sei que ele também mudará seus planos para me fazer ainda mais feliz do que já sou.

Siga a direção e os apelos do Espírito Santo — Ele está sempre tentando conduzi-lo às bênçãos.

Quando Deus fala, é natural procurar uma maneira fácil de escapar e não querer sacrificar a vontade própria e o orgulho para obedecer. Choramos, entramos em pânico e dizemos: "Não quero sofrer, não quero me sentir desconfortável. Não quero ter de abrir mão de nada. Só quero que o meu casamento seja melhor. Puxa, espero poder encontrar uma fila de oração onde alguém esteja impondo as mãos para fazer com que os casamentos melhorem".

Você pode receber orações com imposição de mãos até todos os seus fios de cabelo caírem, mas nada vai mudar se você não for para casa e fizer algumas mudanças!

Leia Provérbios 7:1-5:

Meu filho, obedeça às minhas palavras e no íntimo guarde os meus mandamentos.

Obedeça aos meus mandamentos, e você terá vida; guarde os meus ensinos como a pupila dos seus olhos. Amarre-os aos dedos; escreva-os na tábua do seu coração.

Diga à sabedoria: "Você é minha irmã", e chame ao entendimento seu parente; eles o manterão afastado da mulher imoral, da mulher leviana e suas palavras sedutoras.

Devemos manter a sabedoria perto de nós o tempo todo, abraçando-a como uma irmã e procurando o entendimento ou o discernimento como um amigo íntimo. A sabedoria promete manter-nos afastados das pessoas imorais e levianas cujo intento é trazer destruição à nossa vida.

Provérbios 7:10-21 fala dos padrões da tentação que são claramente reconhecíveis. O versículo 21 diz: "Com a sedução das palavras o persuadiu, e o atraiu com o dulçor dos lábios".

Quantas pessoas não poderiam se manter longe dos problemas se simplesmente prestassem atenção à sua consciência? Sabemos que a passagem de Provérbios está falando especificamente de uma mulher que está tentando atrair um homem para o pecado sexual, mas acredito que ela também pode representar outras coisas, como a tentação de se sentar e assistir a programas de televisão em excesso, quando a sua consciência está lhe dizendo para desligar a televisão e passar algum tempo com a sua família. Às vezes obrigamos nossos cônjuges a entrar em tentação deixando-os sozinhos para encontrar a própria excitação e para se animarem sem a nossa ajuda.

Deus dá sabedoria a qualquer um que a peça. Ele colocará no nosso coração a consciência do que é certo. Para termos bons casamentos, precisamos fazer o que o nosso coração nos diz, e não apenas o que queremos o tempo todo.

Provérbios 7:22-27 continua explicando o objetivo destrutivo da tentação.

Imediatamente ele a seguiu como o boi levado ao matadouro, ou como o cervo que vai cair no laço até que uma flecha lhe atravesse o fígado, ou como o pássaro que salta para dentro do alçapão, sem saber que isso lhe custará a vida.

Então, meu filho, ouça-me; dê atenção às minhas palavras. Não deixe que o seu coração se volte para os caminhos dela, nem se perca em tais veredas. Muitas foram as suas vítimas; os que matou são uma grande multidão. A casa dela é um caminho que desce para a sepultura, para as moradas da morte.

A tentação brinca com aqueles que já estão feridos. Se alguém não está tendo suas necessidades supridas em casa, tem maior probabilidade de cair no laço do tentador. Observe que a vítima está relutante em seguir, e se não for desviada do seu objetivo, a tentação levará o homem à morte. Obviamente, essa mulher da passagem também pode ser um homem. Essa mensagem é para homens, mulheres e idosos. Ninguém está livre da tentação.

Os casamentos precisam de proteção. Não funciona pensar: *Bem, estamos casados, e ponto final. Ele está ligado a mim e posso agir de qualquer maneira que quiser e ter a aparência que quiser porque ele está comprometido com o casamento.*

Se um homem ferido, cujas necessidades foram ignoradas, sai para trabalhar, haverá alguém lá fora que tentará seduzi-lo a cair em uma armadilha. Portanto, use a sabedoria. Não permita que seu marido seja como um boi que é levado ao matadouro. Felizmente, os homens de Deus serão inteligentes o bastante para não permitirem que uma mulher leviana roube a sua vida, mas alguns homens precisam que suas esposas edifiquem as defesas contra essas tentações. Do mesmo modo, as esposas precisam ser edificadas contra esta armadilha também.

RESISTA AO DIABO

As pessoas casadas precisam fugir dos flertes tão depressa quanto possível. Mesmo que precisemos de elogios, é perigoso recebê-los da fonte errada. Precisamos evitar o mal e ficar longe dele, pedindo a Deus que nos fortaleça em todas as áreas onde estamos fracos. Precisamos resistir ao diabo, e quando fizermos isso, ele fugirá de nós. A maneira de resistirmos ao diabo é por meio da submissão a Deus (Tiago 4:7). Há muitas vozes no mundo, mas a voz que devemos seguir é a voz de Deus. Não apenas o diabo tentará nos desviar por intermédio de pensamentos e emoções errados, como também usará pessoas, às vezes até bons amigos, para trazer tentação à nossa vida.

A voz das pessoas pode ser forte, mas devemos escolher ser pessoas que agradam a Deus, e não procurarmos agradar a homens. Você pode ter uma única amiga que quer que você vá a algum lugar com ela onde ela possa encontrar um homem, mas talvez seja um lugar onde seu marido não gostaria que você fosse. Você terá de decepcionar sua amiga e fazer o que sabe que é certo. Agir consistentemente em todas as coisas é a maneira de ficar longe dos problemas. Siga a sabedoria; siga a paz — se você fizer isso, gostará do lugar onde esse caminho a levará. Se não fizer, você lamentará no final. Para evitarmos viver nos lamentando mais tarde devemos fazer as escolhas certas agora.

Deus trata com os Seus filhos. Quando temos problemas no nosso casamento, creio que Ele mostra as coisas que precisamos fazer de modo diferente. Ele escreve as Suas instruções no nosso coração e sabemos o que devemos fazer e o que devemos parar de fazer.

> ✳
>
> Para evitarmos viver nos lamentando mais tarde devemos fazer as escolhas certas agora.

O princípio da sabedoria, diz a Bíblia, é o temor reverente de Deus e o assombro diante Dele. Precisamos ter mais temor reverente a Deus e nos assombrarmos diante Dele, para que quando Deus nos disser alguma coisa, entendamos que Ele está nos dizendo aquilo para o nosso bem. Quando peço, em meus seminários, que as pessoas levantem a mão se puderem admitir que Deus lhes disse para fazer alguma coisa que elas não obedeceram, setenta e cinco por cento das pessoas levantam as mãos. Elas já sabem o que Deus lhes disse, mas não o fizeram.

Que ajuda pode haver para aqueles que se recusam a obedecer a Deus? Se não queremos fazer o que Deus nos diz, então nada vai mudar a nossa situação. **Saber** o que fazer e não fazer não é sabedoria. Este único princípio pode mudar a sua vida: você precisa saber o que fazer e, depois, fazê-lo!

Começando em Ageu 1:2, vemos um grupo de pessoas a quem Deus havia dito dezoito vezes para reconstruírem a Sua casa. Eles ainda não haviam obedecido ao que Deus lhes havia dito; no entanto, não entendiam por que sua vida estava um caos. Eles se perguntavam onde estavam as bênçãos de Deus.

Depois de lembrar a eles com relação à desobediência às Suas instruções, o Senhor lhes disse nos versículos 4-6:

Acaso é tempo de vocês morarem em casas de fino acabamento, enquanto a minha casa continua destruída? Agora, assim diz o Senhor dos Exércitos: "Vejam aonde os seus caminhos os levaram. Vocês têm plantado muito, e colhido pouco. Vocês comem, mas não se fartam. Bebem, mas não se satisfazem. Vestem-se, mas não se aquecem. Aquele que recebe salário, recebe-o para colocá-lo numa bolsa furada".

Isso o faz lembrar alguém que você conhece? Quantas vezes você ouviu alguém dizer: "Não entendo o que está acontecendo, Deus. Simplesmente não entendo".

O versículo 7 dá a resposta:

Assim diz o Senhor dos Exércitos: Vejam aonde os seus caminhos os levaram!

Em outras palavras, se não estamos satisfeitos com o que está acontecendo em nossa vida agora, talvez devêssemos olhar para trás e deixar Deus nos mostrar como o caminho que tomamos afetou o que está acontecendo conosco agora. Devemos estar dispostos a mudar os nossos caminhos se quisermos receber a Sua bênção. Se estivermos dispostos a mudar a conduta anterior e atual que está impedindo as bênçãos de Deus, podemos ter vitórias maiores do que as que jamais tivemos antes.

Muitos cristãos, que passam grande parte de sua vida tentando ser felizes, se perguntam por que não estão sendo abençoados. Eles acreditam que o diabo está tentando impedir as bênçãos de chegarem a eles. Eles pensam que mais guerra espiritual é necessária para que as bênçãos cheguem até eles. A guerra espiritual é muito importante, mas guerra sem obediência não fará bem algum!

SUBMETAM-SE A DEUS

A Bíblia diz: "Portanto, submetam-se a Deus. Resistam ao diabo, e ele fugirá de vocês" (ver Tiago 4:7). Muitas pessoas estão tentando resistir ao diabo, mas elas ainda não estão se submetendo a Deus! Como as pessoas podem manter o diabo fora de seus casamentos, se não querem fazer o que Deus lhes disse para fazer? Se Deus coloca em meu coração: "Vá e peça desculpas ao Dave", preciso ser rápida em obedecer. O Espírito Santo não vai me deixar ter paz até que eu obedeça à Sua voz. "Peça desculpas ao Dave. Peça desculpas ao Dave. Vá e peça desculpas ao Dave".

Deus quer construir segurança e significância entre os casais. Ele sabe que o amor nunca falha, e o Seu Espírito consistentemente nos estimula a fazer o que o amor faria. A Palavra de Deus me **mostra** o que fazer! A Palavra de Deus me mostra como ter uma vida ótima, maravilhosa; mas eu preciso fazer isso.

Não dormimos bem quando somos teimosos. Nas noites em que eu me recusava a pedir desculpas a Dave e ia dormir furiosa com ele, descobri que posso dormir sobre a costura da parte externa do colchão só para me distanciar da sua presença! Eu estava zangada, e não queria que ele me tocasse. Posso me lembrar de ter sentido um frio congelante a noite toda, mas de me recusar teimosamente a pedir a ele que me desse uma das cobertas. Na verdade, naqueles momentos eu sentia que nunca mais falaria com ele de novo enquanto vivesse. (Esta cena lhe parece familiar?)

No entanto, enquanto durmo, o Espírito Santo ainda está esperando para me encorajar a fazer a coisa certa. Em meio à minha noite sem sono, ouço a Sua voz: "Você devia ter pedido perdão ao Dave. Você não pediu perdão".

Finalmente chego ao ponto em que não posso mais viver sob aquele tipo de pressão, então digo: "Tudo bem, Deus, diga-me o que quer que eu faça. Eu o farei. Vamos acabar com isto". Entendo que nada vai mudar se eu não fizer isso.

Efésios 4:6 diz: "Quando vocês ficarem irados, não pequem. Apazigüem a sua ira antes que o sol se ponha". A ira é uma emoção que às vezes se levanta antes que saibamos o que está acontecendo. Descobri que não posso impedir que ela venha para sempre, mas posso negar a ela o direito de ficar.

Faça a paz. Seja um pacificador. Engula o seu orgulho e peça desculpas. Temos tudo que precisamos na Palavra de Deus para nos ajudar a viver uma vida maravilhosa! A Palavra é lâmpada para os nossos pés e luz para o nosso caminho (Salmo 119:105).

COMO CONSTRUIR A AUTOESTIMA EM SEU PARCEIRO

A fim de construir a casa Dele de acordo com os Seus planos, Deus lhe pedirá para edificar o seu cônjuge. As esposas são chamadas a respeitar, honrar e se submeter aos seus maridos a fim de edificá-los e estimá-los no Senhor. Os maridos devem amar suas esposas como Cristo amou a igreja a fim de estabelecerem o senso de valor delas. Cristo amou tanto a igreja que se entregou por ela. Quando os casais de Deus são edificados no seu senso de autoestima e valor, eles começarão a cumprir o plano de Deus de se multiplicarem através de uma geração divina e a submeterem a terra por intermédio das obras das suas mãos.

Tanto o marido quanto a mulher precisam sacrificar a vontade própria a fim e obedecerem à ordem de Deus para seus lares. Como alguém pode acreditar que é amado se nunca vê nenhum sacrifício em seu favor? Se um cônjuge sempre faz as coisas do seu jeito ou absolutamente não as faz, como o outro parceiro pode se sentir amado? Ambos os lados precisam fazer sacrifícios para demonstrar que amam um ao outro.

O amor precisa ser demonstrado pelo que fazemos. Para evitar contendas, precisamos constantemente perdoar e esquecer as ofensas que aconteceram naquele dia. Permanecer focados nas necessidades um do outro é um sacrifício, mas também é o segredo para uma tremenda felicidade e bênçãos em Deus. A alternativa é ser egoísta, exigir as coisas do seu jeito e se perguntar por que o seu casamento precisa de conserto.

O Espírito Santo tem os seus desejos em mente quando Ele lhe diz para demonstrar amor por alguém. Muitas vezes senti o apelo "Faça isto; faça isto".

Eu argumentava: "Bem, Deus, o Senhor está sempre dizendo algo para mim. Quando o Senhor vai dizer alguma coisa ao Dave?". Eu achava que era a única pessoa que era corrigida. Se Deus não estivesse tratando com Dave também, eu não poderia suportar! Algumas vezes disse a ele: "Dave, Deus está tratando com você em alguma área?".

Invariavelmente, Dave encolhia os ombros e dizia: "Não, nada que eu me lembre".

Certa vez, Deus tratou comigo de forma muito forte no sentido de eu demonstrar respeito por Dave, mas eu achava que havia muitas vezes em que Dave não demonstrava respeito por mim! Se eu interrompesse Dave quando ele estava falando, o Espírito Santo dizia: "Isto é desrespeitoso". Eu pensava, como uma forma de retaliação: *Bem, ele me interrompe quando eu estou falando! Por que ele pode ser rude e eu não?*

Quando Deus quer que você pare de fazer uma coisa que a outra pessoa também está fazendo, isso é algo que queima a nossa carne. Mas cada um de nós é responsável por fazer o que Deus nos mostra. Ele quer que derramemos nossa vida em favor do outro, como dois líquidos são derramados no mesmo copo e não podem ser separados novamente. Faça as coisas difíceis agora, e a sua recompensa certamente virá mais tarde.

O casamento começa com sacrifício. Gênesis 2:24 diz: "Por essa razão, o homem deixará pai e mãe e se unirá à sua mulher, e eles se tornarão uma só carne". Os casais precisam imediatamente abrir mão de sua dependência dos pais. Isso não significa que eles não podem ter um bom relacionamento com papai e mamãe, mas significa que se não deixarem seus pais e se apegarem um ao outro, eles terão problemas.

O meu entendimento da palavra "apegar-se" significa estar colado a; cimentado; associar-se a uma pessoa de modo a acompanhá-la ou estar ao seu lado; ir aonde o outro vai; estar ligado; dedicado a; depender e expressar amor. Retrata uma adesão permanente, ou uma soldagem. Se estivermos permanentemente soldados a alguém, não parece sábio cuidar da autoimagem daquela pessoa para podermos desfrutar melhor a nossa ligação?

Além do mais, ninguém jamais odiou o seu próprio corpo, antes o alimenta e dele cuida, como também Cristo faz com a igreja. — Efésios 5:29

A ironia em sermos um é que se edificarmos o nosso cônjuge, estaremos, na verdade, sendo bons para nós mesmos.

Capítulo 13

E ENTÃO, O QUE ISTO VAI ME CUSTAR?

Nisto conhecemos o que é o amor: Jesus Cristo deu a sua vida por nós, e devemos dar a nossa vida por nossos irmãos.

1 JOÃO 3:16

O amor tem um preço, mas amar as pessoas é a única coisa que gerará verdadeira felicidade em nossa vida. Comprei todos os livros sobre amor que pude encontrar e todos eles eram semelhantes. Eles me diziam o que o amor deve ser, mas nenhum deles mencionava que o amor dói. O amor requer sacrifício, e por sermos inerentemente egocêntricos, ninguém em particular gosta disso. Embora amar as pessoas de fora da nossa família imediata exija um sacrifício intermitente, o acontecimento diário de amar um cônjuge deixa pouco tempo para o egocentrismo. Não há maneira melhor de demonstrar o seu amor do que sacrificar algo que você quer com uma atitude positiva.

1 Coríntios 7:32,33 explica que embora as pessoas solteiras possam estar ansiosas pelas coisas do Senhor — em como podem agradar a Ele — um homem (ou uma mulher) casado está ansioso por questões mundanas e em como ele pode agradar ao seu cônjuge. Há pessoas que possuem o dom de serem solteiras, mas a grande maioria das pessoas quer se casar. Paulo ensinou em 1 Coríntios 7:36 que não há nada de errado com o casamento.

Ele disse, "Se vocês não podem controlar suas paixões, então que se casem", mas indicou que o casamento trazia ansiedade e cuidados dolorosos que as pessoas solteiras não têm. Uma pessoa casada é atraída em direções divergentes; a sua devoção a Deus e a devoção ao seu parceiro pode gerar interesses divididos. Se você é casado precisa se preocupar com o seu parceiro.

O SACRIFÍCIO DA LIBERDADE

O amor requer o sacrifício de certa dose de liberdade. Se você promete amar alguém, já não poderá mais agradar apenas a si mesmo. Não poderá mais assistir apenas ao que você gosta de assistir na televisão, ou ir apenas aonde você gosta de ir, comer sempre onde você quer comer, ou comprar qualquer coisa que você quer comprar.

Todos os dias, existem muitas oportunidades de nos sacrificarmos pelos nossos parceiros, mas geralmente falhamos no teste. Obviamente é uma luta acreditar que é mais abençoado dar do que receber. Em vez disso, a maioria de nós luta para conseguir as coisas do seu jeito porque não aprendemos a dar, mas dar contribui para o sucesso de um relacionamento.

Se a nossa atitude é abençoar outros, então as bênçãos de Deus nos perseguirão pela rua e nos alcançarão. O que aconteceria em um relacionamento conjugal se os casais realmente competissem para ver quem poderia fazer mais pelo outro? Não ficaríamos mais hesitando na cama de manhã pensando: *Se eu ficar deitada aqui por mais cinco minutos, ele vai se levantar e fazer o café.* Algumas de nós teríamos de ficar deitadas por 100 anos antes que nosso marido fosse fazer o café!

A verdade é que nunca deixaremos de lutar com a nossa carne, que gosta de ser servida. Teremos de lutar para vencer o egocentrismo todos os dias. Quantas vezes por dia abrimos mão de oportunidades de sacrificar alguma coisa pelos nossos parceiros? A maioria de nós tenta de todas as formas deixar de fazer qualquer coisa a não ser aquilo que serve aos nossos interesses. O egoísmo está arruinando os casamentos.

O SACRIFÍCIO DO TEMPO

O tempo é outra coisa que uma pessoa casada precisa sacrificar. Para ter um bom casamento, temos de investir tempo de qualidade no nosso relacionamento, ou ele nunca florescerá. O que não cresce estagna, e finalmente morre. Li que as pessoas precisam de doze toques amorosos e significativos todos os dias para viver a vida na sua máxima expectativa. A melhor parte de abraçar alguém é que invariavelmente somos abraçados também. O princípio de semear e colher é construído no ato de um toque de amor. Estender a mão para outros ajuda a preencher a própria vida.

Apenas pense: abraçar o seu marido acrescentará anos à vida dele, e à sua! Abraçar só requer um pouquinho de tempo. Não se surpreenda se o Espírito Santo lembrar-lhe de abraçar o seu marido antes de ele sair de casa pela manhã. Mesmo que ele esteja lá fora a caminho do carro quando o Espírito Santo lhe lembrar, vá abraçá-lo. Você deve correr atrás dele e colocar seus braços carinhosamente ao seu redor.

Se você está orando pelo seu relacionamento conjugal, creio que o Espírito Santo falará aos maridos dizendo: "Você não beijou sua esposa. Você não abraçou sua esposa. Você nem disse nada a ela esta manhã".

Ele argumentará contra a ideia de voltar e entrar em casa de novo, pensando que não tem tempo. Além disso, ele precisa parar para tomar café e comer um rolinho de canela para começar a manhã. E bem na hora em que ele liga o carro, ali estará você gritando: "Espere, espere, espere — volte, volte, volte. Você não me beijou".

Eu literalmente já persegui Dave pela entrada da garagem para ser obediente à voz de Deus. Dave se defendia: "Bem, eu beijei você quando me levantei".

"Não me importa se você me beijou quando se levantou. Esta é outra situação, agora você está saindo. Beije-me de novo".

Principalmente as mulheres precisam desses doze toques de amor todos os dias — não beliscões, mas toques. Uma esposa quer ser amada, e algumas precisam se aproximar e receber os abraços e a atenção de seus maridos. Diga ao seu marido que você quer os seus abraços a cada dia. Se o seu cônjuge demonstrou afeto no passado e a sua reação não deixou claro que você gostava disso, ele pode ter deixado de demonstrar o afeto que sente. Seja responsivo; não aja como uma tábua quando lhe demonstrarem afeto. Pessoalmente sei que detesto dar um abraço em alguém que só fica ali parado e não me abraça de volta.

Reserve tempo para pensar em seu parceiro e em como você pode abençoá-lo. O que você acha que aconteceria se, apenas uma vez todos os dias, você fizesse a Deus esta pergunta: "Tudo bem, Deus, o que posso fazer para abençoar meu parceiro hoje?". Eu o desafio a fazer esta oração todos os dias:

Senhor, mostra-me algo que eu possa fazer pelo meu parceiro hoje, apenas para ser uma benção para ele.

Os casamentos floresceriam e o amor cresceria se toda pessoa casada pedisse a Deus essa ajuda. Deus pode dizer a um marido para ligar para sua esposa apenas para dizer a ela que a ama. Como seria o dia se sua esposa ligasse para ele, do nada, e dissesse: "Só quero lhe dizer que o acho maravilhoso". Imagine os pontos que seriam marcados entre aquele casal que encontrasse consistentemente maneiras de edificarem um ao outro.

Gálatas 6:10 diz: "Seja diligente em ser uma bênção..." (AMP). Devemos encher a nossa mente com maneiras de sermos uma bênção. Você pode até ter de sacrificar a última mordida do hambúrguer, um pouco da calda do sorvete, ou a cereja do bolo apenas para ser uma bênção para o seu parceiro.

O SACRIFÍCIO DO CONFORTO

As pessoas casadas precisam sacrificar o conforto físico e emocional também. Uma demonstração de emoções pode ser desconfortável para alguns, principalmente para os homens, mas às vezes você pode ter de mostrar ao seu cônjuge como se sente emocionalmente. Admitir as necessidades emocionais que você tem é se tornar vulnerável à confiança do seu cônjuge. Pode ser um sacrifício se abrir dessa maneira.

Dê abraços e elogios, e diga: "Eu amo você. Você é linda". Diga a seu marido: "Você é bonito. Você é importante para mim. Eu admiro você". Se você não consegue dizer isso pessoalmente, comece escrevendo em um cartão. Se as palavras de ternura são difíceis de dizer em voz alta, encontre outras maneiras de expressá-las, mas comece a se comunicar.

O conforto físico às vezes precisa ser sacrificado para termos um bom relacionamento. Os homens podem ter de dar o casaco deles à suas esposas quando estiver frio. Eles podem ter de correr na chuva para pegar o carro no estacionamento para que elas não se molhem. O marido pode ter de levar sua esposa de carro até à porta de um prédio para ela não ter de andar no frio.

Ele pode ter de esperar que ela experimente vinte e cinco roupas e depois vê-la comprar a primeira roupa que experimentou. Os homens aprendem que fazer compras é uma experiência emocional para as mulheres. Os homens saem e querem conquistar o shopping. As mulheres saem para desfrutar o shopping, mas falaremos mais sobre isso no Capítulo 18.

ENGULA O SEU ORGULHO

Não há lugar para o orgulho em um relacionamento saudável. As palavras "sinto muito" precisam ser fáceis de se dizer mesmo quando você realmente não acha que estava errado. A Bíblia diz em Romanos 12:16 que devemos viver em harmonia uns com os outros e não sermos arrogantes ou soberbos.

Esqueça a ideia de ter um relacionamento se você não está disposto a dizer: "Eu estava errado". Por que temos tanta dificuldade em admitir que estávamos errados sobre alguma coisa? Essas são palavras difíceis de dizer, principalmente quando estamos irritados. Mas as bênçãos virão se engolirmos esse orgulho e deixarmos a humildade governar.

João 13:1 diz: "Um pouco antes da festa da Páscoa, sabendo Jesus que havia chegado o tempo em que deixaria este mundo e iria para o Pai, tendo amado os seus que estavam no mundo, amou-os até o fim".

O sacrifício é o mais alto grau em que você pode amar alguém. "Porque Deus tanto amou o mundo que deu o seu Filho Unigênito..." (João 3:16). Sabemos que Jesus abriu mão de si mesmo por nós. A Bíblia diz que os homens devem amar suas esposas como Cristo amou a igreja — o mais alto grau de sacrifício pessoal.

João 13 continua com a história de como Jesus lavou os pés dos Seus discípulos, um ato de serviço, para mostrar a eles o quanto os amava. Sabendo plenamente quem era e sendo o maior de todos, Ele tornou-se o Servo de todos. O orgulho nunca impediu que o Senhor mostrasse o Seu amor por nós. Ser um servo, como Ele nos chamou a sermos, requer que sacrifiquemos a vontade própria.

---

*

Todos nós devemos ser sensíveis às necessidades da outra pessoa, mesmo nas pequenas coisas.

Simão Pedro resistiu ao Senhor quando Ele foi lavar os seus pés, dizendo: "Senhor, vais lavar os meus pés?". Imagine por um instante como você se sentiria se Jesus viesse e dissesse: "Sente-se — quero lavar os seus pés". Você não ficaria hesitante, como Pedro, achando que você é que deveria lavar os pés do Senhor, em vez do contrário?

Mas Jesus disse a Pedro: "Você não compreende agora o que estou lhe fazendo; mais tarde, porém, entenderá" (João 13:7).

Pedro respondeu: "Não! Nunca lavarás os meus pés!" (v. 8).

E Jesus lhe respondeu: "Se eu não os lavar, você não terá parte comigo" (v. 8).

Ele estava dizendo que a não ser que sirvamos uns aos outros não temos realmente parte uns com os outros. Se você ama alguém no mais alto grau, estará disposto a servi-lo.

Quando Jesus terminou de levar os pés deles, Ele disse nos versículos 12 a 14:

Vocês entendem o que lhes fiz? Vocês me chamam "Mestre" e "Senhor", e com razão, pois eu o sou. Pois bem, se eu, sendo Senhor e Mestre de vocês, lavei-lhes os pés, vocês também devem lavar os pés uns dos outros.

Não devemos procurar ser servidos, mas servir. Isso significa que eu devo fazer coisas para Dave que normalmente eu poderia não querer fazer. Isso significa que ele fará coisas por mim que não quer necessariamente fazer. Todos nós devemos ser sensíveis às necessidades da outra pessoa, mesmo nas pequenas coisas.

UM NOVO COMEÇO

Pela manhã, gosto de tomar suco de laranja fresco. Eu costumava fazer o suco espremendo a fruta à mão em vez de simplesmente beber suco em garrafa ou em lata. Certa manhã, tínhamos muitas coisas para fazer, e peguei uma lata de suco para despejar em um copo.

Quando Dave entrou na cozinha, ele disse: "Você não quer um suco fresco feito na hora?". Eu disse a ele que havia pensado nisso, mas tinha muitas coisas para fazer naquela manhã.

Ele disse: "Eu não me incomodo de fazer — eu adoraria fazer isso para você".

São esses momentos que fazem um casamento ser bom.

Você já ouviu a expressão "o sexo começa no café da manhã"? Considere que as trocas de afeto ao longo do dia contribuem muito para construir um relacionamento. A mulher encontra a sua maior satisfação por meio do afeto atencioso de seu marido ao passo que um bom relacionamento sexual é de grande importância para o homem. Quando o marido demonstra afeto por sua mulher, ela é emocionalmente atraída ao seu relacionamento sexual com ele. Satisfazendo as necessidades dela, ela por sua vez satisfaz as necessidades dele.

Mas, geralmente, o marido não entende o quanto é difícil para sua esposa estar fisicamente atraída a ele sem a ligação emocional que é alimentada pelo afeto. Quando a ausência de afeto leva à ausência de sexo, e a ausência de sexo leva à ausência de afeto, o casal fica estag-

> ❋
>
> O ponto principal aqui é este: amor é o que fazemos um pelo outro.

nado em uma zona de guerra, tudo porque a mulher não se **sente** amada. O ponto principal aqui é este: amor é o que fazemos um pelo outro.

Se você pedir a Deus, Ele lhe dará ideias criativas de como abençoar o seu parceiro. O custo de demonstrar atenção carinhosa é mínimo se comparado ao preço de deixar o seu relacionamento ser destruído. Grandes relacionamentos se perdem porque as pessoas são preguiçosas demais para fazer algo gentil pelos seus cônjuges. Temos de lutar contra o nosso egoísmo quando não queremos nos levantar e colocar em prática as sugestões que Deus nos dá. Pequenos gestos podem acrescentar grandes diferenças. Precisamos aprender a ser servos uns dos outros.

Certa noite, eu estava indo apressadamente pegar alguma coisa para beber, querendo voltar para o que estava fazendo, quando eu sabia que deveria perguntar a Dave se ele queria alguma coisa também. Deus não teve de dizer: "Joyce, pergunte ao Dave se ele quer um refrigerante". Eu sabia em meu coração que devia perguntar a ele. A nossa natureza egoísta quer cuidar apenas de nós mesmos. Mas são todas essas pequenas coisas que constroem relacionamentos fortes e satisfazem a instrução do Senhor de "lavarmos os pés uns dos outros".

É humilhante dizer: "Estou disposto a servir você. Quero servi-lo." Mas a humildade é necessária quando entramos em um casamento. Os parceiros são chamados a se sacrificarem e a servirem um ao outro. É sacrifício e serviço, sacrifício e serviço, e depois mais sacrifício e serviço. Se não tem havido nenhum sacrifício e serviço entre você e seu cônjuge, comece a fazer pequenos gestos de amor para demonstrar consideração. Não comece com a atitude "bem, o que você está fazendo por mim? Você deve me dar alguma coisa. Por que você não faz alguma coisa para mim?". Isso não seria agir segundo os princípios divinos.

Depois de dizer a Simão Pedro que ele deveria lavar os pés dos outros, assim como Jesus havia feito por Pedro, Ele continuou em João 13:15-17:

> ———— ✳ ————
> Se você pedir a Deus, Ele lhe dará ideias criativas de como abençoar o seu parceiro.

Eu lhes dei o exemplo, para que vocês façam como lhes fiz. Digo-lhes verdadeiramente que nenhum escravo é maior do que o seu senhor, como também nenhum mensageiro é maior do que aquele que o enviou. Agora que vocês sabem estas coisas, felizes serão se as praticarem.

Se estudarmos a Palavra de Deus, e depois fizermos as coisas que Deus já colocou em nosso coração para fazermos, seremos abençoados, felizes e até invejados. Podemos ter bons casamentos, mas temos de estar dispostos a nos sacrificarmos e a servir. Não é "felizes serão se as *ouvirem*", mas "felizes serão se as *praticarem*".

SACRIFICANDO O DINHEIRO

Para ter a perspectiva correta com relação ao dinheiro, precisamos saber o que a Bíblia diz sobre a sua importância. Em primeiro lugar, podemos ver que a maioria das mulheres nasceu para comprar! É por isso que Adão teve um emprego antes de conhecer Eva. Deus o colocou no jardim e disse a ele para administrá-lo e cuidar dele. Quando Adão já estava estabelecido no seu emprego, Deus disse que lhe daria uma ajudadora. Então Adão ganhou uma esposa e descobriu que havia um preço para tê-la.

Falando sério, o dinheiro e a administração financeira são uma área importante, na qual as pessoas casadas precisam fazer sacrifícios. Uma pessoa casada não é mais livre para gastar seu salário em tudo que queira comprar. Creio que é seguro supor que todo casal casado já discutiu sobre as suas finanças.

Não ter dinheiro suficiente pode exercer uma tremenda pressão sobre um casamento. Do mesmo modo, ter dinheiro demais sem conhecimento de como lidar com ele, também pode exercer uma tremenda pressão sobre um casamento. O dinheiro é importante, mas segundo a Bíblia, precisamos tomar muito cuidado para não amá-lo.

Para testar a si mesmo e ver se o dinheiro é importante demais, considere como você age se alguma coisa sua é danificada. Você fica irritado se o seu carro sofre um pequeno arranhão? 1 Timóteo 6:10 diz: "Pois o amor ao dinheiro é raiz de todos os males.

Algumas pessoas, por cobiçarem o dinheiro, desviaram-se da fé e se atormentaram a si mesmas com muitos sofrimentos".

Se **todos** os males têm sua raiz no amor ao dinheiro, então devemos entender por que é tão importante termos uma perspectiva de Deus sobre como lidar com ele. Precisamos reavaliar a nós mesmos regularmente para determinar se o amor ao dinheiro está criando raízes em nós. Não importa o quanto somos tementes a Deus, há uma tentação de deixar que as coisas que são importantes para o mundo se tornem excessivamente importantes para nós.

- Jesus foi traído por causa do amor ao dinheiro.
- Ananias e Safira mentiram sobre o dinheiro e caíram mortos.
- Demétrio gerou uma rebelião contra o apóstolo Paulo por causa da perda do seu dinheiro que vinha da adoração à deusa Diana.
- Jezabel tentou matar Elias por causa da renda que perdeu quando seus profetas foram destruídos.
- Por dinheiro os homens vendem sua alma; as mulheres vendem seu corpo.
- Governos caem quando seus líderes são corrompidos pelo dinheiro.
- Os homens se preocupam com o dinheiro, matam por ele, cometem crimes e vão para a prisão por causa dele.
- Famílias são destruídas pelo estresse de ter dinheiro demais ou de menos.

Deus dá importância ao dinheiro ao longo da Bíblia, e embora ele tenha um papel importante em um lar temente ao Senhor, ele nunca deve governar a família do crente. Como cristãos, estamos no mundo, mas não pertencemos a ele. Mateus 6:24 diz que não podemos servir a Deus de todo o nosso coração se amarmos o dinheiro ou as coisas que o dinheiro pode comprar.

A Bíblia diz em Mateus 6:33: "Busquem, pois, em primeiro lugar o Reino de Deus e a sua justiça, e todas essas coisas lhes serão acrescentadas". Se buscarmos a Deus em primeiro lugar, Ele promete cuidar de todas as coisas que precisamos.

Filipenses 1:10 nos encoraja a aprendermos a perceber o que é vital em nossa vida.

Para que possam aprender com segurança o que é vital, e aprovar e valorizar o que é excelente e de real valor [reconhecendo o máximo e o melhor, e distinguindo as diferenças morais], e para que possam ser incorruptos, puros, irrepreensíveis e inculpáveis [para que com coração sincero, certo e imaculado, vocês possam chegar] até o dia de Cristo [sem tropeçar e sem fazer outros tropeçarem]. (AMP)

Devemos saber o que é importante e valorizar o que é realmente excelente. Os pais costumam passar tempo demais tentando fazer dinheiro e ignoram suas famílias por anos e anos. De repente, os filhos crescem e eles descobrem que não têm um relacionamento. O valor foi colocado no lugar errado, em prover coisas para seus filhos, quando acima de tudo estava o prêmio maior de estar com eles. Isso costumava ser um problema principalmente para os pais, mas desde que temos tantas mães que trabalham fora, elas precisam tomar cuidado para evitar que venham a lamentar por esse mesmo motivo.

As prioridades estão fora de lugar se o pai está trabalhando em dois empregos ou se costuma fazer hora extra com frequência, mais do que o necessário, só para terem mais coisas. Um emprego pode exigir que alguém faça horas extras por um tempo, ou um segundo emprego temporário pode ajudar a atender alguma necessidade especial da família, mas se esse emprego se tornar um hábito regular e o pai ou a mãe ficarem fora de casa regularmente, um preço indesejado terá de ser pago.

Muitos filhos estão sendo criados por pessoas que não são os membros da própria família. Fui trabalhar quando eu ainda tinha um filho pequeno para podermos comprar uma casa. Meus filhos passavam de uma babá para outra, mas por causa da Palavra que temos em nós agora, parece que nossa família se recuperou daquele tempo. Estou apenas dizendo que sabendo o que sei agora, não acho que tenha sido a melhor escolha para mim trabalhar tanto fora de casa. Creio que se você precisa fazer isso, Deus cobrirá você e seus filhos. Mas os pais que têm filhos pequenos devem tentar estar em casa com eles tanto quanto possível.

A unção de Deus pode vir sobre qualquer situação. Ele pode pegar algo que poderia ser um desastre e fazer aquilo dar certo. Deus cobrirá o lar de um pai solteiro ou de uma mãe solteira que precisa trabalhar. Mas acredito que há uma diferença entre **ter** de trabalhar e simplesmente **querer** trabalhar por amor ao que o dinheiro extra pode comprar. Reflita em oração sobre o que você pode estar abrindo mão em troca do que você está recebendo.

Muitas famílias já estão estruturadas em torno de duas rendas, mas esteja ciente de que mesmo algumas pessoas ricas ainda são infelizes, porque o dinheiro não faz as pessoas felizes. Os casais que optam por manter duas rendas precisam trabalhar juntos em casa também. Lavar roupa e cuidar da casa são coisas que precisam ser compartilhadas pelo marido e pela esposa a fim de que eles continuem a construir um bom relacionamento. É difícil para uma mulher administrar um emprego externo e as responsabilidades internas do lar sem a ajuda do marido e dos filhos. Estejam dispostos a ajudar um ao outro durante esses tempos estressantes. Você pode até precisar se humilhar e pedir ajuda se o seu cônjuge não percebeu o seu estresse.

Estou certa de que muitas pessoas que estão lendo este livro são mães que trabalham ou até homens que estão mantendo vários empregos tentando sustentar a família. Certamente não desejo colocar condenação ou sentimentos de culpa sobre ninguém. Simplesmente encorajo você a ter certeza de que sua família precisa mais do dinheiro do que de você. Se trabalhar demais está criando uma atmosfera estressante em seu lar, a escolha de trabalhar em tempo parcial pode ser a solução. Houve alguns anos em que eu trabalhava e anos em que eu não trabalhava. Estou certa de que nossos filhos preferiam os anos em que eu não trabalhava. A época em que eu não trabalhei foi definitivamente muito mais difícil financeiramente, mas, olhando para trás, aqueles foram os anos em que realmente aprendi a confiar em Deus para nos dar uma provisão milagrosa. Seja o que for que você faça, desde que você seja guiado pelo Espírito Santo, tudo sairá bem.

GANHA-SE A PAZ POR MEIO DA JUSTIÇA

Os cristãos têm justiça, paz e alegria disponíveis a eles por intermédio do Espírito Santo. A satisfação que todos nós procuramos está dentro de nós por sabermos quem somos em Cristo. A felicidade vem de ser sermos capazes de nos levantar de manhã gostando de nós mesmos e irmos para a cama à noite ainda gostando de nós mesmos, sem vivermos debaixo de uma nuvem de culpa e condenação. A paz é a recompensa da justiça e não do dinheiro. Você pode ter todo tipo de **coisas**, mas se não tiver paz, não terá alegria.

As pessoas precisam ter mais relacionamentos corretos do que precisam de dinheiro. Se vão passar a vida subindo a escada do sucesso, elas precisam ter certeza de que a escada delas está encostada na construção certa. É triste quando as pessoas passam a vida trabalhando para adquirir coisas em detrimento de suas famílias, apenas para chegarem àquela posição de destaque e descobrir que esse é um dos lugares mais solitários em que poderiam estar. É trágico desperdiçar a sua vida correndo atrás de algo que, no fim das contas, você não queria!

1 Timóteo 6:17 diz: "Manda aos ricos deste mundo que não sejam altivos, nem ponham a esperança na incerteza das riquezas, mas em Deus, que abundantemente nos dá todas as coisas para delas gozarmos".

Deus nos dá abundantemente todas as coisas para desfrutarmos. Só há equilíbrio se desfrutarmos as coisas sem as colocarmos antes das necessidades das pessoas que fazem parte de nossa vida. Embora não devamos amar o dinheiro, não devemos pensar que não podemos nos divertir. Meu marido e eu temos mais **coisas** agora do que jamais tivemos em toda a nossa vida. Temos uma casa adorável, e temos carros bons. Não vivemos com extravagância, mas vivemos com excelência.

Refletimos sobre o que realmente queremos. Muitas vezes, as coisas que achamos que queremos são exatamente aquelas das quais não queremos cuidar. Peça a Deus sabedoria quando for tomar decisões sobre se deve ou não comprar alguma coisa que exige muito do seu tempo e da sua atenção.

Deus nos deu amigos que nos oferecem suas casas de férias para que possamos ir a qualquer momento que sintamos que precisamos nos afastar. Conhecemos pessoas que estão dispostas a nos levar para passear de barco se tivermos tempo para isso. Deus quer que tenhamos diversão, mas a diversão não deve nos impelir a amar ao dinheiro. Se tomarmos decisões de acordo com a Palavra de Deus, enquanto tentamos honrar a Deus em nossa vida, creio que Deus suprirá de forma sobrenatural muitas coisas que poderíamos ter nos esforçado para conseguir. Deus tem feito milagres tremendos em nossa vida porque nós escolhemos a Ele acima das coisas.

UM DOCE CONTENTAMENTO

Alguns casais precisam aprender a desfrutar o que já possuem. E alguns até mesmo precisam pedir a Deus que lhes mostre como gastar o dinheiro com eles mesmos. Podemos ter medo do dinheiro, mesmo quando temos muito. Deus, não o dinheiro, deve ser a nossa segurança.

Apocalipse 18:10 diz que Babilônia, a grande cidade poderosa, cairia em uma hora. Babilônia realmente representa todo o sistema financeiro do mundo. Todos nós podemos ver que existem problemas na estrutura deste mundo. Embora eu não queira parecer negativa, devemos colocar a nossa esperança e confiança em Deus, independentemente do que aconteça à economia. Desenvolvendo a nossa fé agora, sabemos que Deus cuidará de nós e suprirá as nossas necessidades assim como Ele fez no deserto com os filhos de Israel.

Uma das maneiras pelas quais tentamos edificar a nossa fé é olhar as boas coisas que possuímos, mas perceber que poderíamos muito bem viver sem muitas delas. Agrada-me pensar no quanto a nossa casa é bonita, mas sei que se tivéssemos de viver em um apartamento de dois ou três cômodos novamente, eu seria tão feliz quanto sou, porque a minha alegria vem do meu interior e não das coisas que possuo.

Em Números 18, versículos 20 e 24, Deus disse à tribo sacerdotal de Levi que Ele mesmo era a herança deles. A Palavra diz:

"Disse ainda o Senhor a Arão: Você não terá herança na terra deles, nem terá porção entre eles; eu sou a sua porção e a sua herança entre os israelitas" (v. 20). Encontramos equilíbrio quando entendemos que tudo o que possuímos nos foi emprestado por Deus. Ele nos deu essas coisas para usarmos, mas não devemos possuí-las, nem deixar que elas nos possuam.

No instante em que começarmos a ter sede de coisas que se tornam importantes demais para nós, Deus começará a sacudi-las, tirando-as das nossas mãos. Se abrirmos a mão quando Ele sacudir, e dissermos: "Tudo bem, o Senhor está certo, estou ficando apegado demais a isto, ou estou começando a gostar demais disto, ou estou dependendo demais disto", então na maior parte das vezes Ele deixará que fiquemos com elas. Mas se nos agarrarmos a elas e elas se tornarem importantes demais para a nossa sensação de segurança e a nossa alegria depender delas, então Deus as tirará de nós.

Fico feliz por Deus cuidar de mim dessa maneira. Dei permissão a Ele para chamar a minha atenção para as coisas que estão se interpondo no caminho da minha total dependência Dele. Encorajo todos a se submeterem a Deus dessa maneira. Às vezes as coisas começam a significar mais para nós do que deveriam. Tudo que Deus nos dá deve ser segurado com leveza pelas nossas mãos, para que Ele não tenha dificuldade em tirá-lo de nós se quiser. Deus nos dará todo tipo de coisas para usarmos e desfrutarmos, mas Ele não permitirá que elas nos possuam.

O equilíbrio é um dos princípios-chave do nosso ministério, e ele trouxe favor à nossa vida. 1 Coríntios 7:31 nos ensina a continuarmos próximos a Deus em meio a todas as situações da vida, até "... os que usam as coisas do mundo, como se não as usassem; porque a forma presente deste mundo está passando". Precisamos que o Espírito Santo nos mantenha livres de toda ansiedade e cuidado doloroso a fim de promover e garantir a nossa devoção sem distrações ao Senhor (vv. 32-35).

Isso significa que mesmo que estejamos no processo atarefado de tomada de decisões para a construção de uma casa nova, não devemos ficar absorvidos por isso. Devemos continuar a andar com

Deus como se nada mais estivesse acontecendo. Uso esse exemplo por causa de uma experiência interessante que tivemos quando compramos a nossa última casa. As pessoas ficavam me perguntando se eu estava empolgada com a nossa nova casa, e eu sinceramente não estava. Eu tinha alegria porque sabia que era algo que Deus estava me dando.

Durante anos, eu havia orado para ter um lugar calmo para estudar, uma vez que a nossa casa ficava em uma estrada onde o barulho do trânsito perturbava o meu desejo de me sentar do lado de fora e meditar nas coisas de Deus. Não havia árvores na nossa casa anterior para me lembrarem das coisas naturais que Deus havia criado. Então, durante anos, eu esperei ter uma casa diferente.

Agora, Deus nos deu uma casa com um pequeno lago e com todo tipo de árvores cercando-a em uma bela paisagem. Tenho um sentimento confortável dentro de mim porque Deus nos concedeu esse desejo do meu coração, mas minhas emoções não estão presas nele. Quando nos mudamos para cá, eu andei pelo lugar por dias dizendo: "Obrigada, Deus, nós realmente apreciamos isto". Mas a minha maior alegria ainda estava no fato de que eu o conhecia, e não no que Ele havia nos dado.

> ✳
>
> Não há nada de errado em possuir coisas, mas se você possuir coisas para ser feliz, nunca ficará satisfeito.

Não há nada de errado em possuir coisas, mas se você possuir coisas para ser feliz, nunca ficará satisfeito. Se você precisa ter aquela casa nova para ser feliz, se precisa ter aquele carro novo para ser feliz, se precisa ter aquela mobília nova para ser feliz, se precisa ter aquele vestido novo para ser feliz, você viverá procurando a felicidade a vida inteira.

A FELICIDADE VEM PARA AQUELES QUE SABEM DAR

Finalmente, e acima de tudo, se você quer que Deus abençoe as suas finanças, deve agir dentro do plano financeiro de Deus. A Bíblia diz que os crentes devem dizimar dando um décimo da sua renda para o Senhor. Malaquias capítulo 3 é claro quanto a esse assunto. Há pessoas que argumentam que as instruções do Antigo Testamento não se aplicam aos crentes hoje, mas o Novo Testamento nunca aboliu nada do Antigo Testamento. Jesus veio para cumprir a lei e para nos dar graça para guardá-la. Deus não aboliu os Dez Mandamentos, ao contrário, nos deu graça para guardá-los através de Jesus Cristo.

A Bíblia nos ensina claramente que devemos dizimar e ofertar. Se você não está dizimando e ofertando, está perdendo o melhor de Deus para a sua vida. Pelo fato de Dave sempre ter dado o dízimo, temos feito isso desde que nos casamos. Em todos os anos em que estivemos casados, enquanto criávamos quatro filhos, Dave só ficou sem trabalhar por cinco dias, e sempre tivemos dinheiro para pagar nossas contas em dia. Deus sempre abençoou nossas finanças, e sou totalmente grata por Dave saber dizimar quando nos casamos.

Não deixe o diabo enganá-lo fazendo-o pensar que você não pode entregar o dízimo. Ele quer roubar a sua herança como crente, e uma das maneiras mais fáceis de fazer isso é fazendo com que você ame o dinheiro ou o tema, levando você a acumulá-lo e a ansiar por ele. Tiago 1:22 diz que se você ouvir a Palavra, mas não fizer o que sabe que é certo, então você está enganando a si mesmo por meio de um raciocínio que é contrário à verdade.

Se você está tendo dificuldades em seu casamento por causa das finanças, peça a Deus para libertá-lo de qualquer cativeiro que o esteja impedindo de dar o dízimo. Seja honesto com Deus e diga a Ele: "Não estou dizimando por causa disto, ou não estou fazendo isto porque tenho medo, ou é porque não quero". Ser sincero com Deus e pedir a Ele para firmar você na Sua verdade permitirá que Ele o ajude a sair da rotina financeira em que você está.

Malaquias 3:10,11 diz:

"Tragam o dízimo todo ao depósito do templo, para que haja alimento em minha casa. Ponham-me à prova", diz o Senhor dos Exércitos, "e vejam se não vou abrir as comportas dos céus e derramar sobre vocês tantas bênçãos que nem terão onde guardá-las. Impedirei que pragas devorem suas colheitas, e as videiras nos campos não perderão o seu fruto", diz o Senhor dos Exércitos.

Deus não precisa do nosso dinheiro, mas Ele quer que sejamos pessoas dispostas a dar. Ele sabia que haveria uma grande tentação de os homens amarem o dinheiro, que é a raiz de todos os males. Provar a nossa disposição de abrir mão dessa segurança abre as comportas do céu para derramar bênçãos sobre nós. É muito importante que nós, como crentes, permaneçamos dispostos a dar porque o amor tem prazer em dar a outros. "Porque Deus amou o mundo de tal maneira que deu..." (João 3:16).

Se não quisermos dar o nosso dinheiro, não há esperança de darmos a nós mesmos. Se pudermos chegar ao ponto de dar dinheiro quando Deus nos diz para fazer isso, finalmente estamos perdendo o hábito de vivermos uma vida egoísta e egocêntrica. Dar nosso dinheiro é uma obra externa de amor, e o amor é guerra espiritual contra o devorador.

Às vezes, um parceiro no casamento acredita no dízimo e deseja entregá-lo, e o outro não. Muitas mulheres perguntam: "O que devo fazer se meu marido se recusa a permitir que eu dê o dízimo?". Primeiramente, deixe-me dizer que Deus não se alegra nas coisas que são dadas compulsoriamente ou por força. Duvido que Ele possa querer o dízimo da renda de uma família que não associa a sua fé ao ato de dar. Deus nos pede para darmos em nosso próprio benefício, e não no Dele. Ele quer que plantemos sementes para que Ele possa gerar uma tremenda colheita. Ele não está tentando tirar alguma coisa de nós; está tentando nos dar alguma coisa. Primeiramente devemos ter um coração bem disposto e, depois, nossos atos serão aceitáveis. Mesmo que uma pessoa não queira dar o seu dinheiro, mas esteja disposta a fazer isso a fim de obedecer a Deus, esse é um ponto de partida. Finalmente, o seu coração será transformado.

Se um homem é casado com uma mulher que não quer dar o dízimo, ele normalmente teria liberdade de fazer isso de qualquer maneira, uma vez que ele é o cabeça da família. Se uma mulher é casada com um homem que não entrega o dízimo, ela certamente não deve fazer isso escondido dele. Ela pode dar do que ele tem e que é seu, ou daquilo sobre o qual ela tem controle, ou ganha. Se o homem permite que a mulher cuide das finanças e ele basicamente não se importa com o que ela faz, então acredito que ela é livre para seguir o seu coração. Poucos homens proíbem terminantemente suas esposas de dar qualquer coisa, mas se por acaso você é um dessas poucas mulheres, então dê do seu tempo, dos seus talentos ou de outras coisas sobre as quais o seu marido não tenha controle. Ore para que o coração dele se sensibilize. Mesmo que ele não consiga acreditar no princípio da semeadura e da colheita, no entanto, ore para que ele lhe dê permissão para dizimar. Então você poderá liberar a sua fé para que as finanças da sua família sejam abençoadas. Uma coisa é certa, Deus vê o seu coração, e Ele cuidará de você se o seu coração estiver onde deve estar.

Deus está fazendo milagres financeiros impressionantes em nossa vida para que possamos atuar no ministério mundial que temos agora. Mas mesmo nos primeiros anos, quando passamos por tempos difíceis financeiramente, ainda semeávamos o dízimo. Tínhamos apenas o suficiente para pagar as contas e depois tínhamos de crer em Deus para prover tudo o mais que entrasse. Quando olho para trás, alguns desses tempos de sequidão carregam as minhas melhores lembranças e foram os tempos mais divertidos para nós.

Eu tinha um pequeno livro de oração, e uma vez escrevi: *"Querido Pai, preciso de doze panos de prato novos e não tenho dinheiro para comprá-los. Por favor, providencie esses panos de prato"*.

Certo dia, uma amiga tocou a campainha e disse: "Espero que você não pense que sou completamente louca, mas creio que Deus me disse para lhe trazer uma dúzia de panos de prato".

O entusiasmo de Deus me atingiu e quase a derrubei, enquanto gritava de alegria e exclamava: "Este é Deus!". Quem fica tão empolgado por causa de alguns panos de prato hoje em dia? Mas o entusiasmo entra na sua vida quando você começa a viver do jeito de Deus.

Se você precisa de milagres financeiros, não tenha medo de obedecer a Deus com relação às suas finanças. Comece a provar o poder de Deus de abençoá-lo entregando o dízimo, e, além disso, desenvolva o estilo de vida de uma pessoa que tem prazer em dar.

Como casal, Dave e eu tentamos viver um estilo de vida voltado para ofertar, e a cada ano temos mais prazer em dar. À medida que obedecemos a Deus e damos quando Ele nos direciona a fazer isso, alguém sempre nos dá em troca e nos mantém naquela esfera de milagres empolgantes. Na verdade procuramos diferentes maneiras de dar aos outros. Não esperamos que um sentimento forte venha sobre nós; damos deliberadamente e com propósito. O resultado é que a nossa alegria e prosperidade estão sempre aumentando.

Capítulo 14

PASSE-ME O CURATIVO, POR FAVOR

Nós, que somos fortes, devemos suportar as fraquezas dos fracos, e não agradar a nós mesmos. Cada um de nós deve agradar ao seu próximo para o bem dele, a fim de edificá-lo.

ROMANOS 15:1,2

Quando você lê a Palavra de Deus, e ela lhe diz para fazer o seu próximo feliz, para edificá-lo e também para fazer isso espiritualmente, os seus pensamentos o levam até às pessoas que moram na casa ao lado? Já lhe ocorreu que essa palavra pode se referir à maneira como você deve tratar o seu cônjuge? A palavra "próximo" em grego, de acordo com a *Concordância Exaustiva da Bíblia de Strong*, significa alguém que está "perto" ou "ao lado".[1] O dicionário *Merriam-Webster's Collegiate®* explica que o próximo é "alguém que vive ou está localizado perto de outro".[2]

Por alguma razão, parece mais fácil obedecer à Palavra quando isso não diz respeito à nossa família imediata, mas praticamente em toda casa tem alguém que precisa de cura por causa de uma ferida do passado. Nestes últimos capítulos, contemplamos as nossas oportunidades de edificar ou derrubar nossos parceiros em várias áreas do nosso relacionamento conjugal. Outra escolha que podemos fazer é se estamos dispostos ou não a trazer cura às dores passadas com as quais o nosso parceiro pode estar lidando.

Naturalmente, Deus nos direciona a escolher a vida seguindo o exemplo de Cristo, que não escolheu agradar a si mesmo e não pensou nos próprios interesses, mas levou sobre si as acusações e os abusos daqueles que nos acusaram e abusaram de nós para que nós pudéssemos ser curados. Aqueles de nós que são livres, agora são chamados para sustentar outros que são fracos na fé.

Homens e mulheres são muito diferentes, mas é útil entendermos que Deus nos fez diferentes com um propósito. Não confunda fraquezas com diferenças. Devemos ajudar a edificar as fraquezas, mas não fomos chamados para mudar as nossas diferenças. Certamente não é o plano de Deus que nós tentemos fazer com que nossos parceiros sejam como nós. Estamos na vida uns dos outros para ajudar a nos edificar, para nos tornarmos tudo que Deus tinha em mente que nós deveríamos ser.

Dave e eu tivemos muitos, muitos desgostos por tentarmos mudar as nossas diferenças em vez de tentarmos edificar um ao outro naquilo que devíamos nos tornar um no Senhor. Deus quase sempre colocará você junto de alguém que é diferente de você, mas isso é parte do Seu plano para que juntos possamos complementar um ao outro com os nossos pontos fortes e aprender a depender um do outro nas áreas em que somos mais fracos.

Os caminhos de Deus não são os nossos caminhos e nem sempre entendemos os Seus planos. Quase todo casal começa pensando que precisa mudar um ao outro para se tornarem compatíveis, quando a aceitação é a chave da harmonia no casamento. Se o Senhor nos recebeu com amor incondicional, quanto mais não devemos abraçar um ao outro com a mesma paciência? Mas, em vez disso, voltamos facilmente à nossa maneira orgulhosa de pensar que só nós estamos certos e todos devem fazer as coisas do nosso jeito.

> ✳
>
> Os caminhos de Deus não são os nossos caminhos e nem sempre entendemos os Seus planos.

Havia muitas coisas que eu achava que Dave devia e não devia fazer. Eu queria que ele fosse mais extrovertido, mas ele não era extrovertido. Eu queria que ele fosse muito social. Ele não era muito social. Eu queria que Dave pregasse. Ele não foi chamado para pregar, pelo menos não neste momento. Eu não queria que ele assistisse tanto ao futebol quanto ele assistia. Eu não queria que ele gostasse de esportes. Eu não queria que ele jogasse golfe. Eu queria que ele se sentasse todas as noites e ficasse apenas olhando para mim e conversando sem parar. Havia muitas coisas que eu queria que ele quisesse.

Dave gostava do seu emprego e era um grande provedor. Ele trabalhava todos os dias, sempre voltava para casa com o dinheiro, e cuidava muito bem de nós, mas não tinha grandes ambições de crescer na sua carreira. Eles lhe ofereciam promoções, mas ele sabia que aquilo exigiria ficar fora da cidade por muito tempo e ele não queria isso. Ele só queria ser feliz e que todos nós tivéssemos uma vida feliz.

Muitas vezes tentei forçá-lo a ser algo mais, dizendo que ele devia ter mais objetivos. Então, quando começamos a servir a Deus ativamente juntos, comecei a apreciar as diferenças dele e o quanto a sua maneira de encarar a vida havia trazido a cura de Deus para as minhas feridas do passado. Se Dave não tivesse nascido de novo e sido cheio pelo Espírito, não creio que ele pudesse me suportar. Como eu disse anteriormente, quando Dave me encontrou, eu tinha tantas feridas e mágoas, tanto da minha infância quanto do meu primeiro casamento, que estava em uma

> ✳
> Jesus está engajado no processo de cura — não precisamos viver toda a nossa vida como escravos do nosso passado.

situação realmente grave. Como eu já disse antes, meu primeiro marido teve relacionamentos com outras mulheres e fez coisas que finalmente o levaram à prisão.

Geralmente é difícil seguir em frente e ter um novo relacionamento quando as pessoas estão cheias de feridas profundas e mágoas de situações e abusos passados. Quer tenham sofrido abuso emocional, físico ou verbal, elas precisam de cura para superar suas suspeitas e defesas. Se uma pessoa foi menosprezada com frequência quando criança por seus pais ou professores, essa pessoa terá problemas de insegurança. Ela precisará de mais cuidados amorosos e ternos do que alguém que foi amorosamente apoiado quando criança.

Precisamos saber tudo a respeito um do outro e nos interessar sobre o tipo de ambiente de onde nossos cônjuges vieram. Entender o passado pode ajudar você a entender algumas coisas que estão acontecendo agora. Muitas pessoas admitem que existe alguma coisa no passado que elas sabem que as está aleijando emocionalmente. Elas precisam do entendimento divino para poder superar essas coisas antes que possam se relacionar de forma adequada com as pessoas.

Jesus está engajado no processo de cura — não precisamos viver toda a nossa vida como escravos do nosso passado. Eu costumava pensar que nunca mudaria. Eu acreditava que quando esse tipo de coisa acontece, você nunca poderia superá-la. Mas se estiver disposto a deixar Deus trabalhar com você, Ele o ajudará.

CURANDO ANTIGAS FERIDAS

Se o seu parceiro precisa de cura, ela virá ainda mais depressa se você ajudar. Se você tentar se colocar no lugar da pessoa, verá maneiras de ajudar. Reserve uma hora e sente-se por um momento; use a sua imaginação para tentar analisar como seria passar pelo que o seu cônjuge tentou compartilhar com você.

Romanos 15:6 nos dá instruções sobre como podemos ajudar: *Para que com um só coração e uma só voz vocês glorifiquem ao Deus e Pai de nosso Senhor Jesus Cristo.*

Deus nos dará o poder da perseverança paciente e nos proverá de encorajamento para que possamos viver em harmonia e em compaixão um pelo outro. O pai de Dave morreu de tanto beber, mas Dave teve uma mãe fiel a Deus, e isso o poupou de muitos problemas que ele poderia ter tido. Porém ele passou muitos anos sendo passivo para evitar conflitos com seu pai. Agora, ele não é mais assim, mas não lidava com certas responsabilidades durante algum tempo. Como mencionei anteriormente, Dave fazia o seu trabalho, e ele cuidava de tudo, mas, além disso, era difícil fazer com que ele se mexesse. Se ele tivesse um jogo de golfe, podia se lembrar de ligar para todos na cidade, podia vir para casa e me contar sobre cada bola que acertou, e até mesmo cada bola que cada um acertou, o placar dele e o dos outros jogadores, mas ele não conseguia se lembrar de pendurar o quadro ou pagar as contas. Esse tipo de coisa costumava me irritar com facilidade.

Eu achava que Dave simplesmente não queria fazer as coisas que eu queria que ele fizesse. Ele está curado da passividade agora, mas Deus me mostrou que Dave entrou nesse padrão de comportamento por olhar para os modelos que teve. Os filhos aprendem com o que veem seus pais fazerem, e Dave viu seu pai passivo, à margem de tudo sem fazer nada. Embora Dave nunca tenha sido tentado a beber, ele ainda seguia o exemplo de seu pai e descartava quase todas as suas responsabilidades em casa.

Quando Dave tomou a decisão de mudar esse tipo de comportamento, levou muito tempo para que ele criasse novos hábitos. Mas eu o respeito pelo trabalho que ele deixou Deus fazer em sua vida. O diabo tinha nos prendido em uma armadilha porque eu queria controlar tudo, e a natureza passiva de Dave simplesmente alimentava o meu espírito controlador. Dave e eu precisávamos de cura das situações do nosso passado, e enquanto Deus estava trabalhando na nossa libertação, o diabo usava as fraquezas de um contra o outro.

A Bíblia nos diz para suportarmos uns aos outros nas nossas fraquezas. Edificar um ao outro requer compaixão e compreensão vindas de Deus. O que vocês não entendem um a respeito do outro ou até a respeito de vocês mesmos, comecem a trabalhar com vontade para descobrir. Por que certos padrões de comportamento se desenvolvem na vida das pessoas? Precisamos nos importar o suficiente um com o outro para nos envolvermos e descobrirmos como ajudar o nosso parceiro.

Dave e eu gostamos de ler livros do escritor Gary Smalley, que tem muitos títulos úteis sobre relacionamento interpessoal. Em uma de suas lições, Gary usa o exemplo de uma planta que ele chama de "Ivy". Ele disse que caso se casasse com Ivy e ela tivesse muitas folhas marrons, podia não ser culpa dele o fato de ela ter folhas marrons. Ela poderia estar ficando marrom por causa das coisas que aconteceram com ela muito antes de se conhecerem. Mas, ele continuou, agora que estava casado com Ivy, suas folhas marrons eram responsabilidade dele e ele precisa encontrar uma maneira de dar a ela os nutrientes de que precisa para ficar vibrante e saudável de novo.

Embora não tenhamos causado os padrões de comportamento negativo em nosso parceiro, Deus nos colocou na vida dele para o ajudarmos. Deus já determinou que existem coisas que não podemos fazer sozinhos. Deus nos chama seguidamente a amarmos uns aos outros e a suportarmos as dores e os fardos uns dos outros. Gálatas 6:2 diz:

> *Levem (suportem, carreguem) os fardos pesados e as falhas morais preocupantes uns dos outros e, assim, cumpram e observem perfeitamente a lei de Cristo (o Messias) e completem o que falta [na sua obediência a ela].* (AMP)

Dave e eu tivemos problemas por muito tempo porque não entendíamos esse papel importante que deveríamos exercer na vida um do outro. Deus trouxe você a esta página e a este lugar no tempo para lhe dar conhecimento e entendimento para que o seu casamento possa se tornar um retrato do plano Dele para o mundo. Somos um povo privilegiado por conhecermos as coisas que Deus revelou.

Os consultórios médicos estão cheios de pessoas que querem saber como se relacionar com seus cônjuges e como ser curadas das coisas que as amarram. A Palavra de Deus dá instruções claras, e Deus unge a Sua Palavra com o poder para ser frutífera se simplesmente fizermos como Ele nos diz para fazer.

Dave costumava me perguntar: "Por que você age assim?".

Eu não sabia por que me comportava daquele jeito. Então perguntava a ele: "Bem, por que você age assim? Se você não fizesse aquilo, eu não faria isso".

E ele respondia: "Bem, se você fizesse isso, eu não faria aquilo! Se você parasse de se queixar o tempo todo, eu não ficaria no campo de golfe".

Eu dizia: "Bem, se você ficasse em casa, eu pararia de me queixar".

Quantas vezes você já teve uma conversa como essa? Estou tentando ilustrar e transmitir a compreensão de como as pessoas feridas ferem as outras. Se vocês estão magoando um ao outro no seu relacionamento, provavelmente é porque há uma mágoa dentro de vocês que não foi curada. De alguma forma, você foi magoado em algum lugar, e precisa se unir a Deus e deixar que Ele traga a você a cura que precisa para seguir em frente.

Dave trouxe cura a mim demonstrando amor incondicional por anos e anos. Eu nunca tinha vivido perto desse tipo de amor antes. Todo o amor que eu havia recebido em minha vida era condicional. Se fizesse o que alguém queria, poderia ter o que precisava.

O amor condicional enche você de rejeição se você não tem um desempenho totalmente correto o tempo todo. Muitas pessoas têm dificuldades em seus relacionamentos porque esse é o único tipo de amor que elas conhecem. Mesmo que você não tenha vindo de um ambiente abusivo e só viu amor condicional por parte dos seus pais, isso tem o mesmo efeito. Quantos de nós fomos criados para acreditar que mamãe e papai só ficariam felizes conosco se tirássemos somente dez no nosso boletim e outras coisas como essa, que impunham condições sobre o amor que era dado?

O problema do comportamento destrutivo resulta de um sentimento de insegurança e insignificância, mas Deus está engajado no processo de cura. Se você reconhece esses problemas no seu casamento, peça ajuda a Deus. Você não pode continuar varrendo essas coisas para baixo do tapete, esperando que elas desapareçam por si só. Você precisa lidar com esses problemas em sua vida.

Decida no seu coração que seja o que for que ajude as necessidades do seu cônjuge, você dará a ele. Se existe alguma coisa magoando você, tente explicar o que é e peça ajuda. Dediquem novamente o seu amor um ao outro aprendendo como cuidar um do outro. Quando você entender o que precisa ser mudado, peça a ele paciência e dê paciência quando necessário. A honestidade é o ponto decisivo da recuperação. Admita quando você não estiver realmente seguro de como fazer alguma coisa, mas diga ao seu parceiro que você vai tentar ajudá-lo ou que vai fazer as mudanças você mesmo.

Se um de vocês estiver se escondendo diante do aparelho de TV, ou passando tempo demais em alguma coisa que os mantém separados um do outro, não deem desculpas; descubram por que essa distância está se desenvolvendo entre vocês. Busquem o equilíbrio. Não há problema em ter interesses externos, mas vocês precisam ter tempo um para o outro, ou continuarão a se magoar além das mágoas que vocês sofreram no passado.

CURANDO AS FERIDAS FEITAS POR NÓS MESMOS

Algumas das feridas com as quais os casais sofrem não têm nada a ver com o passado. Pode haver ofensas que vocês dois causaram um ao outro que precisam ser tratadas e curadas. Anos de palavras ásperas podem ferir relacionamentos. Situações de adultério em que um parceiro foi infiel podem deixar traços de desconfiança prolongados. Você pode acreditar que perdoou a situação e que está seguindo em frente, mas alguma coisa ainda não está certa entre vocês.

> ✳
>
> Precisamos começar a exortar um ao outro em amor para trazer toda a cura que é necessária, sobre todas as situações.

Talvez você esteja percebendo neste instante que durante todos os anos em que esteve casado, você não falou com o seu parceiro de uma maneira edificante ou encorajadora. Hebreus 3:13 diz: "Ao contrário, encorajem-se uns aos outros todos os dias, durante o tempo que se chama 'hoje', de modo que nenhum de vocês seja endurecido pelo engano do pecado". Não basta apenas parar de falar asperamente; precisamos começar a exortar um ao outro em amor para trazer toda a cura que é necessária, sobre todas as situações.

Existem coisas que podemos fazer diariamente em nosso relacionamento que trará cura ao coração que ainda está ferido e sangrando. Em primeiro lugar, precisamos parar de acusar um ao outro pelas feridas do passado. Precisamos parar de agir com base no que aconteceu, pois se não fizermos isso, nunca conseguiremos avançar.

Alguns casais destroem um ao outro, um não permitindo que o outro mude. O passado é constantemente mencionado, até anos depois, mostrando que os rancores criaram raízes profundas no coração do cônjuge ofendido. Mesmo que o ofensor esteja arrependido, o outro não permite que ele avance e tenha um novo comportamento. O amor não leva em conta o mal cometido contra ele. Você tem sido um bom contador, mantendo uma estimativa exata de todas as ofensas cometidas contra você? O texto de Filipenses 3:12-14 precisa ser colocado no espelho do nosso banheiro como um lembrete de qual é o nosso objetivo:

Não que eu já tenha obtido tudo isso ou tenha sido aperfeiçoado, mas prossigo para alcançá-lo, pois para isso também fui alcançado por Cristo Jesus.

Irmãos, não penso que eu mesmo já o tenha alcançado, mas uma coisa faço: esquecendo-me das coisas que ficaram para trás e avançando para as que estão adiante, prossigo para o alvo, a fim de ganhar o prêmio do chamado celestial de Deus em Cristo Jesus.

Acredito firmemente que um dos maiores benefícios que temos como crentes estão em 2 Coríntios 5:17: "E, assim, se alguém está em Cristo, é nova criatura; as coisas antigas já passaram; eis que se fizeram novas" (ARA). Não creio que a nossa renovação só aconteça no dia em que nascemos de novo e de repente todos os traços das mágoas passadas não existem mais porque somos novas criaturas. Mas realmente acredito que todos os dias as coisas velhas podem passar e todas as coisas podem se tornar totalmente novas. Creio que todos os dias precisamos fazer o que o apóstolo Paulo nos ensina em Filipenses, abrindo mão das coisas que ficaram para trás e prosseguindo em direção às coisas que estão diante de nós.

DESCUBRA O QUE PRECISA SER DEIXADO PARA TRÁS

Se vocês estão preocupados com o seu relacionamento e querem trazer cura às feridas que causaram um ao outro, precisarão conversar um com o outro. Descubram o que está separando vocês e comuniquem como se sentem. Quando vocês começarem a se comunicar quanto ao que os feriu e como isso fez vocês se sentirem, vocês podem esperar que a natureza defensiva de vocês se inflame. Mas podem evitar novas ofensas expressando o seu amor e a sua preocupação um pelo outro.

Se o seu parceiro tiver a coragem de admitir o que o está incomodando, você pode querer retaliar em vez de aceitar a responsabilidade pela ofensa. Esses são momentos importantes para permanecer focado nas necessidades da outra pessoa em vez de em si mesmo. Se você isolar o seu cônjuge agora, ele pode não se abrir novamente.

É preciso ter muita maturidade para poder ouvir as palavras sinceras e a opinião do seu cônjuge sem se magoar novamente. Dave e eu estamos casados há anos, e estamos apenas começando a falar sobre as nossas mágoas e feridas com esse novo nível de maturidade. Mas a boa notícia é que isso é possível e necessário.

---
*

Você pode imaginar que diferença faria no seu relacionamento se vocês pudessem simplesmente se revezar expressando as suas necessidades um ao outro?

Talvez vocês possam sair para jantar a cada dois meses, a fim de praticarem as habilidades de cura um no outro. Por meio de técnicas de confronto, vocês chegam à correção. Por meio de técnicas de cura, vocês deixam que as feridas antigas sejam medicadas para que elas não infectem mais o relacionamento.

Vocês poderiam começar dizendo: "Quero que você fale comigo aberta e sinceramente, e me diga se existem coisas que eu estou fazendo que estão incomodando ou ferindo você, porque o amo e não quero mais feri-lo. Se estou fazendo coisas que estão ferindo o nosso relacionamento, por favor, me diga".

Uma maneira saudável de responder é dizer: "Quando você _____, eu me sinto _____. Gostaria que você _____".

Uma boa resposta a essa nova informação é dizer simplesmente: "Obrigado por me dizer como você se sente. Fico contente por você confiar em mim o bastante para me dizer isso, e quero fazer as mudanças de que você precisa. Vou orar e tentar responder às suas necessidades da maneira como Jesus faria".

Você pode imaginar que diferença faria no seu relacionamento se vocês pudessem simplesmente se revezar expressando as suas necessidades um ao outro?

Eu podia dizer: "Dave, estou fazendo alguma coisa que incomoda muito você? Em que área você acha que eu poderia melhorar para ser uma esposa melhor?".

Se ele soubesse que era seguro ser sincero comigo, ele poderia fazer uso desse privilégio e dizer: "Bem, Joyce, realmente me incomoda quando tento corrigi-la com relação a pequenas coisas domésticas, como não pendurar a toalha sobre a pia. Compramos essa casa, e Deus me deu o raciocínio para ver algumas coisas que podemos fazer para cuidar melhor dela, e sinto que toda vez que sugiro uma dessas coisas, você acha que estou sendo implicante e não considera a minha ideia importante, mas ela é importante para mim".

Aquilo o estava incomodando, e não era pouco. Eu não fazia ideia de que aquilo estava começando a deixá-lo esgotado, mas podia ver que ele estava começando a ficar infeliz.

Ele disse: "Quando eu lhe peço para fazer alguma coisa, gostaria que você me respeitasse o suficiente para dizer simplesmente: 'É claro, querido. Se é algo que você não quer que eu faça, terei o máximo prazer em fazer isso para você', e não fizesse com que eu me sentisse como um idiota todas as vezes que menciono alguma coisa assim". A sinceridade dele foi difícil de engolir, mas pelo fato de eu tê-la aceito, nosso relacionamento melhorou.

Quando compreendemos, valorizamos e honramos uma pessoa que é digna de respeito, o resultado é uma grande dose de cura. Mas quando as pessoas estão cheias de insegurança, elas não podem ser corrigidas. Quando você pedir sinceridade, e o seu cônjuge lhe entregar a sua lista de desejos, lembre que a Bíblia diz que só o louco odeia a correção. Seja grato se o seu cônjuge lhe falar sobre algumas coisas que você pode fazer para melhorar o relacionamento de vocês. Espero que ele lhe dê a mesma oportunidade que você está dando a ele.

Não recomendo que você entregue ao seu cônjuge uma enorme lista com detalhes de toda uma vida de uma só vez. Ore e comece com uma ou duas coisas de maior importância que estejam no seu coração. Certifique-se de manter o seu tom de voz suave e de ter um sorriso no rosto ou uma expressão agradável. O tom de voz e a linguagem corporal determinarão muito se a conversa vai permanecer pacífica ou não.

Um pastor me contou certa vez sobre um jovem que trabalhava para ele e que era mestre em aceitar correção. Ele me contou a seguinte história: "Esse cara é incrível. Certa vez, chamei-o ao meu escritório para repreendê-lo seriamente por algo que ele havia feito de errado, e ele se sentou do outro lado da minha mesa, olhou-me nos olhos e disse: 'Ah, pastor, obrigado. Obrigado por me corrigir. Fico tão contente porque o senhor me ama o suficiente para reservar tempo para fazer isso e me dizer o que estou fazendo de errado! Porque Deus me colocou aqui ara ajudá-lo, e se eu não estiver fazendo isso da maneira que o senhor deseja, então quero mudar. E fico feliz pelo senhor estar falando comigo'".

Então ele acrescentou: "Às vezes eu o chamo aqui para repreendê-lo, e detesto fazer isso, mas quando ele sai da sala, sinto-me bem por tê-lo feito". Isso pode parecer um pouco radical, mas não seria maravilhoso se todo confronto pudesse ser amenizado por uma reação de cura como essa? É difícil fazer com que as coisas cheguem a um acordo quando cada pedido para que alguém faça alguma coisa de modo diferente resulta em guerra.

O nosso orgulho e a nossa insegurança dificultam que recebamos a correção. Se alguém tenta dizer a outra pessoa que ela está fazendo alguma coisa errada e essa pessoa tem problemas de baixa autoestima, seus medos vêm à tona e ela fica na defensiva. A solução é não evitar a correção, mas dar apoio um ao outro em amor quando apresentarmos as nossas sugestões. Se você está tendo dificuldades nessa área, eu o encorajo a ler o meu livro intitulado *A Raiz da Rejeição*, no qual exponho as Escrituras com as quais você pode contar para edificar a si mesmo e retornar a uma situação saudável e fiel, e encontrar a libertação.

É bom reconhecer essa necessidade em si mesmo, e admitir para o seu cônjuge quando você precisar de afirmação ou encorajamento. Confie no seu cônjuge o bastante para admitir os temores e as dúvidas que você tem sobre si mesmo. Quando vocês entendem as inseguranças um do outro, podem aprender a fortalecê-las. Esses momentos significativos de sinceridade podem promover os relacionamentos com reforço duradouro.

Uma pessoa que ainda está tratando com uma natureza baseada na vergonha, já se sente errada porque coisas erradas aconteceram com ela. Pode ser necessário que se dê uma atenção extra, dizendo a ela: "Querida, você sabe que eu a amo; você é maravilhosa, e quase tudo que você faz é certo...". Não comece com a sua lista do que está errado. Até os parceiros que possuem um senso de auto-estima saudável devem ser tratados com consideração e honra. Seja amoroso, gentil, bondoso e humilde enquanto você se concentra na edificação do seu cônjuge ferido.

Dave e eu nem sempre fomos bons nas questões relativas a confronto. Se entrássemos em algum assunto e um confronto estivesse começando, Dave se levantava e se afastava. Se eu o seguisse pela casa por muito tempo, ele finalmente entrava no carro e saía.

Uma vez, perguntei a ele: "Por que não podemos falar sobre isto?".

E finalmente, ele disse: "Por que não estamos falando. Você está falando e eu estou ouvindo. Você é boa com as palavras e eu não. Você está me manipulando e não gosto disso".

Dave realmente tem mais dificuldade em expressar o que quer dizer, enquanto eu posso encurralar qualquer pessoa e convencê-la do meu ponto de vista. Assim, quando você se senta e tenta comunicar-se com alguém, precisa abrir mão de algumas regras do jogo para criar uma atmosfera segura para o confronto. Mas não desista até descobrir uma maneira de transmitir as suas necessidades e descobrir o que o seu cônjuge precisa.

Acima de tudo, porém, tende amor intenso uns para com os outros, porque o amor cobre multidão de pecados. — 1 Pedro 4:8, ARA

O amor pode ser cego para os defeitos de alguém, mas a insegurança é vencida pela admiração verdadeira. Para se edificar um relacionamento forte é necessário muito perdão. A Bíblia tem muito a dizer sobre o perdão. Sabemos, por exemplo, que nossas orações não serão respondidas se não perdoarmos os outros. Se quisermos viver pacificamente com qualquer pessoa, devemos ser rápidos em perdoar e não nos ofendermos com facilidade.

Simplesmente existem coisas que o seu parceiro fará das quais você não vai gostar, e existem coisas que você fará que irritarão aqueles que convivem com você. O seu cônjuge dirá e fará coisas que você não quer que sejam ditas ou feitas, e você simplesmente terá de deixar para lá e prosseguir com o seu dia cuidando dos seus assuntos. Até mesmo algumas das maiores ofensas que as pessoas cometeram contra você precisam ser perdoadas.

Mas a outra chave para se edificar um relacionamento sólido é o arrependimento. Para que o amor seja abundante entre duas pessoas, nada traz cura mais rápido do que dizer simplesmente: "Querido, eu estava errada, e não devia ter tratado você daquela maneira, e eu sinto muito. Você pode me perdoar?".

Lucas 17:3 diz:

Prestem atenção e fiquem sempre vigilantes [tomando cuidado uns com os outros]. Se o seu irmão pecar (errar o alvo), diga isso a ele e reprove-o solenemente, e se ele se arrepender (lamentar por ter pecado), perdoem-no. (AMP)

Se Dave e eu tivermos um problema, é minha responsabilidade perante Deus sempre perdoá-lo. Mas as Escrituras também dizem que se o seu irmão se arrepender, perdoe-o. Já vi situações em que um cônjuge fez algo errado e obviamente está arrependido, mas o outro parceiro não quer deixar aquilo para trás. Mas Lucas 17:3-4 diz que se o seu irmão se arrepender, você precisa perdoá-lo.

Tomem cuidado. Se o seu irmão pecar, repreenda-o e, se ele se arrepender, perdoe-lhe. Se pecar contra você sete vezes no dia, e sete vezes voltar a você e disser: "Estou arrependido", perdoe-lhe.

E se alguém magoar você e não se arrepender? Não acredito que possa receber perdão se não estiver arrependido, mas ainda assim você precisa perdoar. Você precisa perdoar para si mesmo, mas também para liberar Deus para trabalhar no coração da outra pessoa. Não aprisione a pessoa mantendo aquela ofensa contra ela até você sentir que ela pagou a dívida (ver Mateus 18:25-35). Deus é o seu Vingador — deixe que Ele faça o Seu trabalho.

A parte ofendida que está magoada tem a responsabilidade de perdoar, mas a parte ofensora tem a responsabilidade de se arrepender. Se não se arrepender, aquela situação não foi verdadeiramente reconciliada; ela está enterrada no subconsciente e deixa uma ferida aberta ali.

Muitas pessoas são infelizes e até estão fisicamente enfermas devido a pecados não confessados e escondidos no coração. Recentemente um jovem que havia feito algo desonesto quando trabalhava para nós nos procurou. Sentimos que ele havia roubado algum dinheiro, mas ele insistia terminantemente que não. Quando confessou e perguntei se ele havia se sentido culpado durante todo aquele tempo, ele contou que realmente havia enterrado aquele pecado tão

> *
> Você precisa perdoar. Deus é seu Vingador — deixe que Ele faça o Seu trabalho.

profundamente em seu subconsciente que nem se lembrava de tê-lo praticado. Ele disse que até havia se convencido de que não o cometera. O problema só veio à tona depois de um aconselhamento que ele estava tendo para ajudá-lo a descobrir a raiz da sua passividade extrema.

O pecado de uma pessoa sempre a encontra de uma forma ou outra. Se alguém o ofendeu e não quer admitir isso, aquele pecado não confessado continuará ferindo-o de uma forma ou de outra, até que aquela ferida aberta seja limpa e curada.

Quando ensinamos sobre confronto nos seminários, Dave costuma mencionar que o confronto não tem a intenção de colocar a culpa em alguém. O seu propósito é encontrar uma solução que traga cura, e não mais dor. Algumas feridas levam tempo para serem curadas, e à medida que fizermos mudanças, precisamos ser pacientes enquanto esperamos para ver os resultados que queremos. O amor nunca falha, e a cura pode ser encontrada em um ambiente amoroso, cheio de aceitação e perdão.

Parte 3

O FRUTO DO CASAMENTO

Capítulo 15

POR QUE VOCÊ É TÃO DIFERENTE DE MIM?

Com sabedoria se constrói a casa, e com discernimento se consolida.
Provérbios 24:3

A Palavra diz que o entendimento estabelece um lar, uma família e uma vida. Meu relacionamento com Dave sofreu uma reviravolta importante quando descobri que as pessoas têm personalidades diferentes. Esse conhecimento me ajudou a entender por que raramente costumamos abordar as decisões da mesma maneira. Entretanto, essas diferenças não precisam nos impedir de entrarmos em acordo um com o outro. Na verdade, a diversidade é uma parte importante do plano de Deus.

Não quero passar muito tempo tratando do tema das diferenças de personalidade porque existem muitos livros e estudos que o ajudarão a descobrir as suas preferências de personalidade e como elas diferem das do seu parceiro. Dois de meus livros favoritos sobre esse assunto, que encorajo todos a lerem por terem me ensinado muito, são *Your Personality Tree* (A Árvore da Sua Personalidade), de Florence Littauer, e *Temperamento Controlado pelo Espírito,* de Tim LaHaye. Muito do que compartilho aqui é um resumo da sabedoria que Florence Littauer compartilha em seu livro, mas não posso abranger em um breve capítulo a enormidade de detalhes que são fornecidos por seus estudos abrangentes.

Creio que é muito importante entender que essas diferenças são dadas por Deus e são destinadas a nos tornar fortes como uma unidade familiar. Sem esse entendimento, podemos deixar que essas diferenças nos destruam, em vez de fortalecerem a unidade da nossa família e da nossa coletividade como elas se propõem a fazer.

O nosso temperamento individual revela como encaramos a vida de modo geral. Um desses testes com o qual gostamos de trabalhar nos nossos seminários mede se você tem uma personalidade sanguínea e alegre, metódica e melancólica, colérica e controladora ou pacífica e fleumática. Quando os casais fazem esse teste nos nossos seminários de fim de semana, os parceiros invariavelmente descobrem que estão casados com alguém que é absolutamente diferente deles.

Quero chamar a sua atenção para o significado dessas diferenças e ajudá-lo a entender por que a pessoa com quem você é casado provavelmente não é como você. Quando você entender que as pessoas são diferentes devido ao projeto de Deus, verá porque você não pode transformar as pessoas ou se tornar como elas. Mas ainda podemos andar de acordo uns com os outros, embora tenhamos grandes diferenças de personalidade.

> ✳
>
> Quando você entender que as pessoas são diferentes devido ao projeto de Deus, verá porque você não pode transformar as pessoas ou se tornar como elas.

Ocasionalmente, tanto o marido quanto a esposa apresentam os mesmos resultados no teste, e se acontecer de os dois terem personalidades de fácil convivência, isso não é um grande problema. Mas se ambas foram pessoas de vontade forte, elas podem ter a tendência de bater de frente com frequência. Examinar algumas passagens bíblicas o ajudará a visualizar o plano maior de Deus quando decidiu fazer com que todos nós fossemos diferentes uns dos outros.

Também existem testes que podem ajudar você a entender quais dons motivacionais o atraem mais.[1] Esses dons espirituais facilitam o seu serviço específico no corpo de Cristo. Aprender a entender as diferenças que motivam as pessoas o ajudará a saber como lidar com a pessoa com quem você está casado, assim como com todas as outras pessoas com quem você tem contato no seu dia a dia.

Por exemplo, Romanos 12:6-8;10 explica os diversos dons espirituais que podemos ter. Embora cada um de nós possa operar em todos esses dons se o Espírito Santo escolher nos usar, geralmente temos mais talento em um ou dois desses dons, acima dos outros.

Temos diferentes dons, de acordo com a graça que nos foi dada. Se alguém tem o dom de profetizar, use-o na proporção da sua fé. Se o seu dom é servir, sirva; se é ensinar, ensine; se é dar ânimo, que assim faça; se é contribuir, que contribua generosamente; se é exercer liderança, que a exerça com zelo; se é mostrar misericórdia, que o faça com alegria. Dediquem-se uns aos outros com amor fraternal. Prefiram dar honra aos outros mais do que a si próprios.

Observe que embora tenhamos diferentes dons, devemos amar uns aos outros e dar preferência uns aos outros. Seja qual for o dom que tenhamos, devemos prestar o melhor serviço possível com ele. Embora devamos honrar a outros, não devemos nunca tentar ser **como** outra pessoa. Deus vê o quadro maior e sabe melhor como distribuir esses dons para suprir as necessidades que estão próximas. Muitas pessoas desperdiçaram anos de frustração porque não conseguiam entender por que não podiam fazer alguma coisa que o seu cônjuge podia fazer.

Passei por muitas frustrações nos primeiros anos de minha vida, porque eu queria ser como outras pessoas que conhecia. Agora sou feliz em ser quem sou. E estou contente porque não tenho mais de olhar para meu marido e dizer: "Por que não sou como Dave? Por que não posso ser tão tranquila como o Dave? Por que tenho de querer as coisas de determinada maneira? Por que não posso simplesmente dizer: 'Oh, sim, está tudo bem para mim. Seja o que for, está tudo bem'?".

Tentei ser como a minha vizinha artista que fazia trabalhos manuais, plantava tomates, fazia suportes para plantas e costurava as roupas dos filhos, mas eu não conseguia me sentar e ficar parada por tempo suficiente para fazer nenhuma dessas coisas. Convenci Dave a plantar tomates em determinado ano. Este é mais o meu estilo: sou mandona, então eu consegui que ele fizesse isso, e ele é manso, portanto, ele o fez. Ele não queria os tomates tanto quanto eu, mas fez isso para manter a paz.

Ele plantou os tomates e no primeiro ano os insetos os comeram. Tentamos novamente no segundo ano e os insetos vieram outra vez. Então pensei: *Por que cargas d'água uma pessoa iria querer fazer isso, quando podemos ir até o mercado e comprar tomates por um dólar na oferta* (em 1981)? Aquilo já não era mais lógico para mim, mas tentei fazer porque minha vizinha fazia.

Até comprei uma máquina de costura e frequentei umas aulas. Quase enlouqueci sentada no porão desfazendo costuras e fazendo bainhas. Depois de todo esse trabalho, um braço estava mais curto que o outro. Eu detestava aquilo, mas continuava tentando para ser como a minha amiga.

Agora acho que é maravilhoso o fato de minha vizinha gostar de fazer todas essas coisas. Sou grata pelas pessoas que plantam tomates. Se ninguém plantasse tomates, não teríamos tomates no mercado para que pessoas como eu pudessem comprá-los. Mas provavelmente nunca plantarei outro tomate enquanto viver.

Estou feliz em dizer que estou livre da costura e do cultivo de tomates. É importante apreciar quem você é porque a autoconfiança afeta o seu casamento. Se você não gosta de si mesmo, não será uma pessoa apreciável e não gostará de ninguém.

Se você não aceita a si mesmo e resiste ao projeto de Deus para sua vida, você pode esquecer o fato de tentar conviver com a pessoa com quem está casado. Durante anos, esforcei-me para andar em amor e conviver com as pessoas. Finalmente, Deus me mostrou que eu não havia recebido o Seu amor por mim porque ainda estava furiosa comigo mesma por todas as coisas que haviam acontecido no meu passado. Passei a entender que se eu não recebesse o amor de Deus, nunca poderia me amar, e se eu nunca me amasse, certamente nunca poderia amar ninguém mais porque eu não tinha nenhum amor em mim para dar.

A insegurança é a raiz profunda da maioria dos problemas no casamento. Se você pode viver em paz consigo mesmo o suficiente

Capítulo 15

para gostar de si mesmo, pode olhar para fora e amar os outros. Não estou promovendo o amor a si mesmo, que é egocêntrico ou que é focado no ego, mas cada indivíduo deveria perceber quais são os próprios pontos fortes, assim como suas fraquezas. Sei quais são as minhas fraquezas e agora posso encarar a mim mesma com honestidade. Não me sinto mal por causa delas.

A autoaceitação não é o mesmo que ter uma atitude arrogante. Entendo que todos têm fraquezas, e devemos edificar-nos uns aos outros se formos fortes em uma área em que outra pessoa é fraca. Deus nunca pretendeu que fossemos autossuficientes e independentes. Lembre-se de que foi Ele quem disse que não devíamos estar sós. Os nossos dons ministeriais e as nossas personalidades diversificadas foram projetadas para complementarmos uns aos outros. Nossos talentos não nos foram dados para serem admirados por nós mesmos, mas para servir aos outros.

> ✳
>
> Os nossos dons ministeriais e as nossas personalidades diversificadas foram projetadas para complementarmos uns aos outros. Nossos talentos não nos foram dados para serem admirados por nós mesmos, mas para servir aos outros.

Dave tem uma personalidade fleumática; ele é tão tranquilo que nunca arruma confusão em sua vida. Sendo uma pessoa colérica, arrumo confusão por onde quer que eu vá. Se alguma coisa não está certa, as pessoas que têm o meu tipo de personalidade tentarão mudá-la. A natureza tranquila de Dave torna as fraquezas dele menos visíveis do que as minhas, porque estou sempre no meio das situações, tentando mudá-las e fazer as coisas acontecerem. Todos nós temos fraquezas e nisso todos somos parecidos.

Todos nós também temos pontos fortes. Dave é forte em coisas em que eu sou tremendamente fraca. Existem áreas nas quais eu sou forte e ele é fraco. A questão é que até que você esteja enraizado na autoaceitação, não conseguirá conviver com as pessoas. Enquanto você estiver tentando mudar todos à sua volta e moldá-los de acordo com a sua ideia de como você acha que eles deveriam ser, a sua guerra continuará.

— 229

Só Deus pode entrar em uma pessoa e transformá-la de dentro para fora. Dave foi inteligente o bastante para saber que precisava esperar em Deus para que Ele fizesse em minha vida as mudanças necessárias, e que estavam causando tanta infelicidade. Você pode até dizer a alguém que ele precisa parar de fazer alguma coisa ou começar a fazer outra, mas uma pessoa não pode mudar só porque você quer que ela mude.

Romanos 12:3 diz: "Pois pela graça que me foi dada digo a todos vocês: ninguém tenha de si mesmo um conceito mais elevado do que deve ter...". Esse é um bom versículo que toda pessoa deveria ter enraizado em sua alma. Tome cuidado com a maneira como você pensa a respeito de si mesmo. Tome cuidado com os pensamentos arrogantes do tipo: "Bem, eu posso fazer isto. Por que você não pode?". O versículo 3 continua: "... mas, pelo contrário, tenha um conceito equilibrado, de acordo com a medida da fé que Deus lhe concedeu".

Isso significa que sejam quais forem os pontos fortes que tenhamos, nós os recebemos de Deus. Seja qual for a medida da graça que tenhamos para fazer as coisas de certa maneira, nós a recebemos de Deus. Se outra pessoa não tem esses pontos fortes, precisamos suportar as falhas e imperfeições dela e ser misericordiosos e compreensivos, em vez de termos uma atitude arrogante que faz com que nos sintamos como se fôssemos melhores que a outra pessoa porque podemos fazer o que ela não pode.

Precisamos entender que algumas pessoas são mais talentosas que outras. Alguns pregadores conseguem pregar e cantar. Eles gravam discos e têm lindas vozes. Eles podem liderar a adoração, tocar quatro ou cinco instrumentos musicais, e, além disso, pregar. Às vezes sinto que tudo que consigo fazer é pregar. Não sei cantar; na verdade, os técnicos desligam o meu microfone quando o louvor começa. Houve um tempo em minha vida que isso me incomodava.

Eu pensava: *Por que não consigo fazer isto?* Ou, *Por que não posso ter esses mesmos dons?* Todos nós temos dificuldade em estarmos satisfeitos com quem somos, mas precisamos entender que é Deus quem dá os dons.

A alguns Ele dá cinco, a outros dois, e a outros um. Ele dá dons às pessoas de acordo com a maneira como as construiu, de acordo com o que Deus sabe que elas podem lidar, e de acordo com a necessidade das pessoas com as quais elas entrarão em contato. A maneira como Deus nos faz é assunto Dele. Talvez Deus saiba que se eu conseguisse pregar e cantar, eu ficaria orgulhosa. Talvez, com a minha personalidade, seja melhor para mim se eu somente puder pregar e não cantar. Utilizo muitos exemplos do ministério porque é isso que passo a maior parte do meu tempo fazendo, mas você certamente pode aplicar esse princípio a qualquer área da vida que escolher.

O que havia de errado comigo por não conseguir fazer tudo que a minha vizinha fazia? Se eu pregasse um botão na camisa de Dave, ele provavelmente cairia no dia seguinte, então Dave pregava os botões nas próprias camisas. Eu simplesmente não faço esse tipo de coisa bem, mas faço bem o que fui chamada para fazer; então, aprendi a apreciar o meu chamado. Não estou tentando fazer algo que não fui ungida e equipada para fazer. A boa notícia é que não tenho mais de me sentir mal comigo mesma por não poder fazer todas essas outras coisas e ficar imaginando o que há de errado comigo.

1 Coríntios 4:7 nos adverte claramente a não nos gabarmos dos nossos dons e talentos: "Pois, quem torna você diferente de qualquer outra pessoa? O que você tem que não tenha recebido? E se o recebeu, por que se orgulha, como se assim não fosse?". Gosto desse versículo. É intelectualmente instigante buscarmos alguma qualidade em nossa vida que não recebemos. Se a recebemos, então por que nos gloriaríamos como se nos fossem devidos elogios pelo nosso dom?

Dave não prega e eu sou dotada para isso. Que sentido faria se Dave ficasse se odiando a vida inteira por não pregar? No início do nosso ministério, um pastor nos interceptou na porta da igreja e disse: "Irmão Dave, o Senhor me revelou que você deveria estar dirigindo aquele estudo bíblico na sua casa e não a sua esposa".

Então fomos para casa pensando que precisávamos tentar fazer isso. Dave tentou pregar e eu tentei me calar, e nós nos esforçamos muito. Deus não havia nos equipado para fazer o que aquela outra pessoa achava que devíamos fazer. Dave tem uma atitude positiva e equilibrada com relação ao nosso ministério agora. Ele não está se submetendo a mim, sua esposa, mas ele se submete ao dom que há em mim e eu me submeto a ele como sua esposa.

Dave reconhece que Deus colocou esse dom em mim, e ele finalmente chegou a um ponto em que disse: "Vá em frente. Faça tudo que Deus colocou em você. Seja tudo que você puder ser, e vou apoiá-la totalmente porque Deus me deu a você para ajudá-la e para mantê-la equilibrada, e garantir que você não se meta em encrencas enquanto estiver fazendo o que precisa. Eu serei a sua cobertura".

Deus me deu o dom de transmitir a Sua Palavra, e não posso me gloriar no fato de fazer a parte da pregação do nosso ministério, porque eu não o busquei nem o conquistei. Temos algo de bom que está ajudando milhares de pessoas, mas poderíamos ter sido enganados e ter perdido a bênção de Deus, e, assim, ficarmos infelizes a vida inteira caso Dave tivesse continuado a tentar pregar e eu tivesse tentado ficar calada. Nós não nos conformamos à sociedade, nós nos submetemos ao plano de Deus para a nossa vida individualmente.

Eu o encorajo a ser tudo o que você puder ser, mas não despreze a si mesmo se não puder ser algo que outra pessoa pode ser, e não despreze os outros que não são como você. Jesus suporta todas as nossas fraquezas. Ele é longânimo e paciente conosco. Quando cometemos erros, Ele não se fecha ou se recusa a falar conosco. A Bíblia nos ensina a sermos como Jesus na maneira como tratamos os outros. Devemos ser tolerantes para com os outros em meio às fraquezas e falhas deles. Toda pessoa tem fraquezas. Nunca encontraremos a igreja perfeita, o pastor perfeito ou o cônjuge perfeito.

Quando você está casado com alguém por bastante tempo e o seu amor cresceu, você pode chegar ao ponto de achar que o seu cônjuge é perfeito afinal. Acho que meu marido é quase perfeito. Mas sei as fraquezas que ele tem, e as aceito; e ele aceita muitas das minhas fraquezas; então não fico fazendo uma lista das fraquezas dele. Você pode apreciar os pontos fortes que uma pessoa tem em vez de colocar o foco nas fraquezas dela o tempo todo.

Para nos auxiliar a reconhecermos os pontos fracos e fortes das outras pessoas, foi feito um estudo sobre os quatro tipos de personalidade principais. Geralmente, uma pessoa se encaixa em uma destas descrições ou é uma mistura de duas delas. Veja se você reconhece a si mesmo e o seu cônjuge nestes modelos. Em geral, o colérico quer controlar, o fleumático quer observar, o sanguíneo quer se divertir e o melancólico quer ter paz, ordem e perfeição. Sendo uma colérica, costumo me comparar aos outros traços de personalidade em oposição à minha para ilustrar as diferenças entre nós.

O TIPO SANGUÍNEO E ALEGRE

O sanguíneo normalmente gosta de falar e é altamente motivado pela "diversão". Pessoas com esse tipo de personalidade acreditam que a vida foi feita para ser desfrutada, e não estão muito interessadas no trabalho duro se não houver diversão incorporada a ele de algum modo.

Os sanguíneos nunca ficam entediados porque tudo na vida os fascina. Eles podem se interessar por um inseto, um fio ou uma mosca. Depois de estudá-los por alguns minutos, eles podem lhe contar uma longa história sobre o tema.

Eles estão sempre prontos para começar um novo dia sem se deixarem perturbar pelos problemas de ontem: são destemidos e cheios de otimismo quanto ao amanhã.

Minha filha Sandra é uma sanguínea energética. Ela nos cumprimenta todas as manhãs com uma canção ou uma conversa animada. Quando saio da cama, não quero que ninguém **fale** comigo, muito menos que **cante** para mim! Não há nada de errado em cantar, mas a minha natureza colérica quer silêncio pela manhã.

Quando você é de determinada maneira, as pessoas que são diferentes podem irritá-lo se você não entender a diferença que existe na natureza delas. A garota que morava na casa ao lado da minha era sanguínea. Ela e eu éramos boas amigas, e lembro-me de como ela costumava me mostrar alguma coisa que eu sequer havia percebido. Certa vez, ela disse: "Ei, você viu aquele gato ali em cima daquela árvore?". Ela prosseguia explicando que era um tipo de gato raro, e parecia estar se divertindo muito em vê-lo na árvore. Eu nem havia visto a árvore, e muito menos o gato, porque árvores e gatos não são algo que me interesse.

Os coléricos, como eu, só prestam atenção naquilo que é importante para eles, só no que os ajuda a realizar o seu objetivo. Eles não se importam com nada mais. Sou tão obcecada por este ministério, que Deus precisa me parar abruptamente de vez em quando e dizer: "Você precisa colocar a sua mente em outra coisa por um tempo". Sou motivada pelo que Deus me deu para fazer, e assim gasto todas as minhas energias neste objetivo, e naturalmente quero que todos os que me cercam façam o mesmo. Gatos e árvores não afetam o meu objetivo, portanto, nem mesmo os vejo.

Agora que entendo os tipos de personalidade, consigo prestar mais atenção aos sanguíneos que querem me dar todos os detalhes de uma história, mas houve um tempo em que costumava frustrar com facilidade os sanguíneos que faziam parte da minha vida tanto quanto eles me frustravam. Enquanto os coléricos se perguntam por que os sanguíneos não conseguem simplesmente chegar ao ponto principal e terminar a história, os sanguíneos preferem não contar uma história se não puderem contar todos os seus detalhes maravilhosos.

> ✳
> Se você compreender que apenas porque uma pessoa é diferente de você, isso não significa que existe algo errado com ela, você começará a apreciar suas diferenças.

Se você compreender que apenas porque uma pessoa é diferente de você, isso não significa que existe algo errado com ela, você começará a apreciar suas diferenças.

Os sanguíneos são uma ótima companhia se você quer começar um projeto novo, porque eles são facilmente inspirados a tentar novos planos. Eles podem achar difícil permanecerem envolvidos na tarefa até o fim, mas certamente encantarão você com a afeição sincera que têm pelas pessoas. Os sanguíneos gostam de estar com pessoas, e eles geralmente se apegarão a você para impedir que você se afaste deles.

Nesses estudos, é quase tão divertido olhar as fraquezas quanto olhar os pontos fortes, porque essas tendências se transformam em coisas típicas de grupos de tipos de personalidade, em vez de serem falhas de um indivíduo. Embora não tenhamos de nos sentir mal por causa dessas fraquezas, precisamos encará-las se quisermos mudar.

O sanguíneo pode facilmente se distrair dos objetivos pretendidos por causa de sua natureza sempre em busca de diversão. A sua espontaneidade pode deixá-lo desorganizado e irrealizado. Ele pode ter altos objetivos para o dia. Primeiro, no caso de ser uma mulher, ela pode atacar a pilha de roupa suja, depois a louça. Depois de limpar a casa, ela vai até o banco e a mercearia. Seu marido melancólico até fez a lista das suas prioridades para ela antes de ela sair para o trabalho.

Ela teria um dia produtivo. Mas você precisa lembrar que os sanguíneos não se entusiasmam com o trabalho. Quando a amiga dela liga e diz: "Ei! Que tal irmos a uma dessas garagens onde vendem objetos usados?", ela sai como um raio! Quando seu marido pergunta por que nenhuma das tarefas foi realizada no fim do dia, ela sinceramente não sabe dizer. Os sanguíneos precisam trabalhar na sua disciplina a fim de viverem à altura do seu potencial. O aspecto positivo com relação às fraquezas deles é que eles não se importam por não estarem vivendo à altura do seu potencial, de modo que simplesmente continuam desfrutando a vida.

Um sanguíneo geralmente se casa com um melancólico. O melancólico é mais do tipo deprimido, profundo, e o animado sanguíneo traz o equilíbrio, embora um esteja o tempo todo no porão e o outro no telhado. O sanguíneo se encaixa no clichê: "Ele nunca tem úlceras; só provoca úlceras em todo mundo".

O TIPO MELANCÓLICO METÓDICO

O melancólico tem de longe a natureza mais sensível de todos os outros temperamentos. A maioria dos gênios possui o tipo de temperamento melancólico. Einstein e Michelangelo eram melancólicos. Michelangelo estudou a anatomia humana e se preparou por meses antes de pintar a Capela Sistina. Se um sanguíneo fosse pintar o teto da Capela Sistina, ele o faria com uma lata de tinta em spray. Mesmo assim, provavelmente deixaria a tinta no chão e teria de descer do teto para pegá-la.

Seja o que for que Deus tenha nos chamado para ser, Ele nos equipa com as habilidades e a personalidade necessárias para realizar essa tarefa. Ele queria que Michelangelo pintasse aquele teto; era parte do plano de Deus para ele, então o equipou com a capacidade para planejar e decidir tudo que precisava ser retratado em sua arte. O ponto é que todos nós devemos trabalhar juntos para facilitar os dons uns dos outros para a glória de Deus. Quando olho para o nosso ministério, é fenomenal ver como cada indivíduo é equipado exatamente com aquilo que precisa para realizar a sua parte. Eu não poderia fazer isso sem eles, e, no entanto, eles não poderiam fazer o que estão fazendo sem mim.

Os temperamentos melancólicos são pensadores criativos que apreciam os valores reais da vida e que têm excelência nas artes. Eles apreciam a perfeição e erguem o estandarte da excelência geralmente com expectativas mais altas do que a maioria de nós pode alcançar.

Uma mulher disse que era casada com um perfeito melancólico. Ele era tão limpo e organizado, que quando colocava seus sapatos no armário amarrava os cadarços com laços e os colocava juntos em uma fila perfeita e ordenada. Nossa amiga e parceira de ministério Roxane é uma melancólica, e quando ouviu essa história, ela disse: "Sabe, eu não amarro os cadarços, mas coloco todos os cadarços dentro dos sapatos quando os alinho em uma fileira dentro do armário".

A tendência do melancólico é estabelecer alvos de perfeição que ele não pode atingir, o que faz com que passe muito tempo tentando descobrir onde errou. Ele fica sentado por dias pensando em como mudar a situação. Tenta entender o que há de errado com ele que o impede de atingir a perfeição que deseja tão profundamente. Consequentemente, ele procura detalhes que a maioria de nós acha enfadonhos.

Sempre que um projeto é sugerido por uma pessoa de temperamento colérico ou sanguíneo, o sr. Melancólico pode analisá-lo

236 —

em alguns minutos e determinar cada problema em potencial que encontrará. Eles sempre indicam os problemas, mas isso se constitui em problemas reais para eles. Qualquer coisa que esteja fora de ordem verdadeiramente os incomoda.

Isso foi muito difícil para mim e para as personalidades melancólicas que trabalharam para mim, até que entendi o que estava acontecendo entre nós. Eu sou uma pessoa realmente positiva e focada em objetivos definidos. Quando sonho com um projeto, não há nada que seja difícil demais para abrir caminho e fazê-lo funcionar. Apresento a minha ideia com um "Viva! Vamos lá!", e os melancólicos logo começam a entrar em profunda introspecção. Fico chocada quando eles não reagem com entusiasmo, mas agora entendo que eles estão processando os detalhes envolvidos na minha ideia e que provavelmente serão aqueles que dentro de algumas horas se apresentarão com um plano de trabalho.

Meu marido fleumático pode olhar para mim com um olhar vago e sinceramente não sentir entusiasmo algum. Os melancólicos rapidamente começam a me dizer cada detalhe que está errado com o meu plano, mas graças a Deus pelos sanguíneos. Eles são os meus maiores animadores se as coisas parecem divertidas. Desde que o projeto seja empolgante, eles não se importam. Eles meneiam a cabeça em concordância, encorajando-me a continuar falando. Mas agora que entendo sua personalidade, posso aceitar cada uma dessas pessoas com afeto por quem elas são.

Você precisa entender que um melancólico não consegue evitar ver esses problemas, assim como eu não posso evitar não vê-los. Quando um melancólico entra em uma sala, vê o que está errado com ela, e raramente vê o que está certo. A lista de vocações dadas para esse temperamento inclui matemática, ciências, medicina diagnóstica, arquitetura, filosofia, redação e outras vocações empolgantes.

Os temperamentos melancólicos são naturalmente fiéis a seus amigos e deixam de lado com facilidade os próprios interesses para servirem às pessoas a quem amam. Eles costumam sentirem-se desconfortáveis quando são alvo de atenção, e costumam escolher uma profissão que melhora a qualidade de vida dos outros.

Enquanto o melancólico puro reserva as suas opiniões até que lhe perguntem, o melancólico-colérico se oferecerá rapidamente para dizer tudo o que pensa. E você pode confiar que ele pensou em tudo; sim, em todos os tópicos, nos mínimos detalhes, e valerá a pena ouvir sua resposta porque ela foi analisada com muito cuidado. A maioria das pessoas tende a ter uma segunda natureza que gera uma mistura exclusiva de tendências. O melancólico-fleumático funcionará de forma diferente do melancólico-colérico.

O melancólico possui muitas fraquezas que não mencionarei em detalhes, mas o ponto mais forte deles, e a sua maior fraqueza, é que eles são extremamente sensíveis. Se você está sofrendo, o melancólico sabe disso e simpatiza com o seu sofrimento. Entretanto, o lado fraco disso é que eles ficam irritados se você não entende as necessidades deles, e não esperam ter de lhe dizer quais são elas. Por serem tão sensíveis, acham que todos os demais deveriam ser assim também. Eles não entendem por que os outros não são sensíveis também.

Os melancólicos são criativos, metódicos e organizados, mas a fraqueza que os prejudica é o egocentrismo, que faz deles pessoas difíceis de agradar. O excesso de autoexame os impede de realizar o que eles se propõem a fazer. Se você ficar pensando o tempo todo nas suas imperfeições, ficará paralisado e sua energia será sugada.

O melancólico pode superar suas fraquezas tornando-se mais focado no exterior. Seu ponto de vista egocêntrico o destruirá se for deixado a seu bel-prazer. Ele nunca poderá ser tão perfeito quanto deseja ser, de modo que precisa voltar a sua força para ajudar outros a desfrutarem as coisas maravilhosas da vida.

O TIPO COLÉRICO E CONTROLADOR

O colérico é determinado, confiante e agressivo no que diz respeito à realização de objetivos. Essa é a minha personalidade, por isso sei que é difícil para pessoas com essa personalidade forte aprenderem a confiar em Deus. Para confiar totalmente em Deus, você precisa parar de confiar em si mesmo, de depender de si mesmo e de contar consigo mesmo, e não é fácil para o colérico abrir mão da autossuficiência.

O colérico tem um plano e está em constante movimento em direção a ele. Ele é obcecado por esse propósito e acredita que suas ideias são melhores que as de qualquer um. O colérico pode não necessariamente ter um plano tão bom quanto o melancólico, mas geralmente terá êxito por causa da sua determinação obstinada e da sua decisão de não desistir. A adversidade o estimula e o torna mais determinado em ser o primeiro na linha de chegada. A determinação do colérico é um dos seus maiores pontos fortes. Gosto do versículo que nos instrui a "colocar a mão no arado e não olhar para trás".

O temperamento colérico se dedica quase que exclusivamente aos aspectos práticos da vida. Costumo ser elogiada pelo meu ensino ser tão "prático". Agora você pode ver que essa "praticidade" faz parte da minha personalidade; sou quase que puramente colérica. Se alguma coisa não é útil, eu não quero tratar dela.

O colérico fica feliz quando está ocupado com algum projeto bem organizado e que valha a pena. Os coléricos tomam decisões rápidas e intuitivas com base na sua "intuição" do que parece certo ou errado. Se você tem uma emergência, uma das melhores personalidades para ter ao seu lado nessa situação é o colérico. Ele imediatamente se levanta para fazer alguma coisa.

Gosto do exemplo que li ilustrando o que esses quatro tipos de personalidade fariam em caso de incêndio.

"Se o celeiro pegasse fogo, o melancólico coçaria a testa e diria: 'Acho que o celeiro vai queimar inteirinho'. 'O fleumático se perguntaria: *O que devemos fazer?*'. O colérico imediatamente organizaria uma brigada com baldes; e o sanguíneo diria: 'Ah! Ótimo! Agora podemos assar *marshmallows*'".

O colérico tem uma forte tendência para a liderança, além de um bom discernimento sobre as pessoas. Além disso, ele tende a dominar um grupo. Tem um espírito otimista e pioneiro, e abandonará o conforto pela aventura. Em outras palavras, a tenacidade de um buldogue, característica de seu temperamento, não desistirá até ter aquilo a que se propôs. Quando enfrento oposição quanto a alguma coisa que sei que procede de Deus, o desafio apenas me anima. O colérico não vê obstáculos, simplesmente permanece focado nos objetivos.

Algumas das fraquezas do colérico são muito graves. Ele costuma ser rápido em se irar; é duro, impetuoso e equivocadamente autossuficiente. O colérico pode parecer destituído de emoções e de compaixão, e geralmente tem uma deficiência emocional grave. Foi esse o ponto que me impeliu a me prostrar diante de Deus e pedir a Ele que operasse em meu interior, dando-me a Sua compaixão e fazendo-me sentir coisas que eu sabia que devia sentir, mas não sentia.

No início do ministério, alguém podia aparecer e me contar uma história terrível, e eu apenas olhava para a pessoa, sem sentir nada. Literalmente busquei a Deus e perguntei: "Qual é o meu problema?". Orei por vezes seguidas, e clamei a Deus quanto a isso. Jejuei, orei e clamei a Deus novamente — e Deus me transformou nessa área.

✳

Todos os tipos de personalidade têm fraquezas, mas as nossas fraquezas podem ser transformadas por meio da oração.

Agora, quando as pessoas me contam suas histórias, isso me toca tão profundamente que eu verdadeiramente sofro por elas. Tenho um profundo interesse pelas necessidades das pessoas, de modo que as nossas fraquezas podem ser transformadas por meio da oração. O Espírito Santo pode pegar uma pessoa colérica e indiferente e fazer com que ela entregue a sua vida para ajudar as pessoas a atingirem o seu melhor em Deus. Nada é difícil demais para Deus.

O estudo que demonstrava que muitos coléricos irados se tornam os criminosos e ditadores mais terríveis do mundo, fez com que eu não me sentisse muito bem comigo mesma. Os melancólicos se sentirão melhor ao saber que eles não são os piores do mundo afinal. A depressão deles não é nem de longe tão grave quanto aquela onde eu poderia ter terminado. Mas Deus me alcançou antes que a minha personalidade me levasse à destruição, e agora estou pregando o Evangelho para Jesus Cristo.

A capacidade do colérico de agir rapidamente pode levá-lo a decisões impetuosas pelas quais mais tarde ele lamentará, mas o seu orgulho obstinado o encoraja tenazmente. Ele nem sempre desfruta as suas realizações porque a esta altura já está trabalhando no próximo projeto. Para ele, é difícil tanto pedir desculpas quanto demonstrar aprovação, o que causa grandes danos a qualquer relacionamento que queira manter. Quando é revestida com poder pelo amor de Deus, a confiança e a determinação do colérico podem mover montanhas que poucas pessoas tentariam sequer subir. Ele é um trabalhador e uma pessoa que tem grande força de vontade.

O TIPO FLEUMÁTICO E PACÍFICO

Ouvi uma senhora ensinando sobre os tipos de personalidade. Ela disse: "Sempre deixamos os fleumáticos por último porque, de todas as personalidades, se você não encontrar tempo para falar sobre eles, eles não se importarão".

Se o seu tempo se esgotar, e você não conseguir falar sobre o melancólico, ele poderá ficar deprimido, o colérico ficará furioso, e o sanguíneo terá uma crise de nervos e o perseguirá a noite inteira querendo saber o que você teria dito sobre ele. Mas o fleumático dormirá bem naquela noite quer você fale sobre ele ou não. De qualquer maneira, talvez ele ache que o assunto é um despropósito.

Como já mencionei, meu marido é fleumático (bendito seja o seu coração encantador). Tentei desesperadamente mudá-lo antes de aprender sobre esses traços de personalidade porque eu estava sinceramente convencida de que o homem estava apenas meio-vivo. Eu estava sempre me movimentando pela casa fazendo todas aquelas coisas empolgantes, trabalhando em objetivos e tendo visões, dizendo a ele que devíamos fazer isto ou aquilo. O padrão de resposta de Dave era sempre: "Vamos ver".

Esse é o tipo de sujeito que não precisa ouvir nenhuma mensagem sobre esperar em Deus. Ele sabe esperar em Deus. Comecei a

— 241

dizer a Dave o que eu acreditava que Deus queria que eu fizesse há muito tempo, e ele dizia: "Joyce, você está sempre correndo na frente de Deus". Eu dizia: "Sim, e se Deus quisesse que você fizesse alguma coisa, você estaria vinte quadras atrás". O fleumático não tem entusiasmo com relação a nada, então foi assim que começamos.

Dave ficava ao fundo sem fazer nada e eu estava sempre na frente fazendo tudo. Tenho o máximo respeito por meu marido e de modo algum estou pretendendo insultá-lo, mas ele lhe dirá que isso é verdade no que se refere às nossas personalidades. Temos um casamento maravilhoso agora, e podemos ver o plano perfeito de Deus ao nos unir. Ambos mudamos e chegamos a um ponto de equilíbrio.

Nunca me esquecerei de quando pedi a Dave para me ajudar a fazer o nosso primeiro programa via rádio. Fazemos isso uma vez por ano para inspirar nossos parceiros a se envolverem com os projetos do nosso ministério. Tudo é feito em um estúdio de rádio sem audiência. Ficamos sentados nessa pequena sala, que é uma caixa quadrada, cercados de equipamentos. Tinha uma visão em minha mente de todas as pessoas lá fora, de modo que comecei e apresentei Dave aos ouvintes.

Eu disse: "Bem, louvado seja Deus, amigos, estamos muito empolgados por estarmos aqui com vocês e começarmos esta semana especial de ensino. Estamos fazendo este programa pelo rádio, e acredito que vocês serão encorajados a se tornarem nossos parceiros". Então eu disse: "Dave está aqui no estúdio comigo, e ele vai falar com vocês por um instante". Eu disse: "E então, Dave, nós estamos muito entusiasmados, não é mesmo?".

Ele pegou o microfone e com o seu tom pacífico e sombrio, disse: "Sim". Estou dizendo a verdade! Ele simplesmente acrescentou: "Sim, estamos entusiasmados".

Gritei: "Corta! Joguem tudo fora", e tivemos de começar tudo de novo. Ele disse que estava empolgado, mas não parecia empolgado. As pessoas simplesmente são diferentes e elas são da maneira que Deus as fez. Se você quer que alguém fique entusiasmado com você, nunca conte as suas novidades a um fleumático; guarde-as para um sanguíneo.

O fleumático que não se empolga tem um bom senso de humor que o mantém destacado da intensidade da vida. As experiências cotidianas são o combustível para a sua fisionomia impassível e o seu senso da realidade aguçado. Ele tem prazer em fazer as pessoas rirem. As pessoas o procuram como conselheiro porque ele é um bom ouvinte. O fleumático dá conselhos ponderados e úteis. A sua natureza tranquila acalma as tempestades que estão agitando a vida das pessoas, e ele tem habilidades de tolerância que excedem a todos os outros temperamentos.

Ele é confiável, alegre, tem bom temperamento, é minucioso e pontual. Ele é fiel e leal a seus amigos, embora tenha a tendência de manter distância das pessoas. O fleumático também é "prático e eficiente". Ele fica no meio termo. É uma pessoa versátil, tranquila, e é sempre o mesmo todas as vezes que você o encontra. A paz é toda a sua motivação na vida.

Nada incomoda Dave. Ele pode esperar três meses ou vinte e cinco anos por alguma coisa sem se importar. Nada o perturba. As pessoas podem falar dele, mas ele não se importa. Ele tem sempre aquela personalidade tranquila. Eu estou sempre agitada onde quer que estejamos, querendo fazer isso e aquilo, mas o lema de Dave é: "Lança os teus cuidados". Se Dave fosse um pregador, ele teria vinte e cinco fitas sobre lançar os cuidados sobre Deus. Ele poderia abordar o tema de todos os ângulos possíveis e imagináveis. Ele mantém equilibradas as pessoas agitadas como eu. Ele lança água sobre o meu fogo, e eu acrescento combustível ao fogo dele.

Observando meu marido, aprendi a desfrutar a vida. Enquanto eu estava me preocupando, manipulando, tentando mudar, me esforçando, criando confusão e soltando fumaça durante todos esses anos, meu marido desfrutava a vida. Ele tinha paz e alegria. Na verdade, ele costuma fazer o seu melhor trabalho sob circunstâncias que fariam com que os outros tipos de temperamento explodissem. O seu trabalho sempre leva a marca da eficiência e da ordem; embora não seja um perfeccionista, ele tem padrões excepcionalmente elevados de precisão e exatidão.

O melancólico tem mais probabilidade de ser um inventor que os outros tipos de personalidade, mas geralmente é o colérico que irá produzir a invenção do melancólico. O melancólico tem uma ideia, mas o colérico tem a determinação para realizá-la. Depois que ela foi inventada e projetada, o sanguíneo será aquele que irá vendê-la, porque ele sempre será um vendedor convincente; o fleumático, que não fez nada, irá comprá-la e desfrutá-la.

Não demora muito para enumerar as fraquezas dos fleumáticos porque são poucas. Eles apenas desfrutam o que se passa ao seu redor. São difíceis de serem motivados. Mas Dave é uma das pessoas mais livres que já conheci em toda a minha vida. Nada o intimida.

O fleumático tem a tendência a ser preguiçoso, e geralmente parece que arrasta os pés quando se sente coagido a agir contra a vontade. Ele se contenta em observar sem participar, e somente costuma iniciar projetos ou planos que é capaz de executar.

A fim de evitar a motivação dos outros tipos de personalidade, a pessoa fleumática dá de ombros com indiferença ao sanguíneo animado, provoca o melancólico pessimista, e trata a empolgação do colérico com um bom senso equilibrado a fim de disseminar a sua visão de grandeza. Se for pressionado, ele pode usar a sua sagacidade como defesa até que todos os demais estejam irritados enquanto ele permanece controlado. Posso falar com Dave sobre alguma coisa e ele sabe exatamente que botões apertar até que eu esteja quase exasperada enquanto ele permanece tão calmo quanto possível o tempo todo.

A fraqueza do fleumático é o egoísmo. Ele parece resistir às mudanças mais por teimosia do que por falta de interesse. Na maior parte do tempo, os fleumáticos deixarão que você faça as coisas do seu jeito porque o objetivo principal deles na vida é a paz. Mas eles têm uma vontade de ferro, e se decidirem que você não vai fazer alguma coisa, você pode relaxar porque eles não se deixarão abalar. Dave faz isso comigo, e eu não posso abalá-lo, manipulá-lo; nem falar, implorar, suplicar, chorar ou dar ataques para fazer com que ele mude de ideia.

Embora o egoísmo seja uma fraqueza básica de todos os quatro temperamentos, o fleumático talvez tenha sido amaldiçoado com a dose mais forte. Essa fraqueza leva à indecisão ao longo dos anos, o que faz com que eles se atrasem e fiquem para trás em relação à atividade dos demais. O preço que ele precisa pagar para ter ou realizar o que deseja geralmente supera o seu desejo de tê-lo. Mas por meio da obra do Espírito Santo, o fleumático pode manter você firme quando as tempestades da vida estão se levantando com fúria. Eles são rochas sólidas quando você está em busca de paz.

Às vezes as pessoas têm outras misturas na sua personalidade que por uma razão ou outra foram reprimidas. A parte mais forte da natureza delas assume o controle, mas o temperamento secundário pode precisar ser desenvolvido. Esse foi o caso de Dave. Depois que veio trabalhar no ministério em tempo integral em 1986, percebi que ele estava agindo mais como um colérico em muitas situações. Com o passar dos anos, essa característica aumentou a ponto de ele muitas vezes parecer tão mandão quanto eu. Ele tem muitas responsabilidades importantes no ministério, e acredito que Deus desenvolveu a parte latente da sua personalidade no momento da vida em que ele precisava dela. Se Dave fosse uma pessoa muito determinada quando nos casamos, poderíamos ter matado um ao outro. Deus trouxe à tona o lado fleumático dele porque aquilo era tudo que eu podia suportar naquele tempo.

Depois de anos em que eu mandava em Dave e ele não dizia muito a respeito disso, um dia ele começou a me confrontar. Ele me disse polida e calmamente que Deus o havia contido durante todos aqueles anos porque eu não podia receber instruções de ninguém mais, mas que Deus havia lhe dito que tinha chegado a hora de começar a me confrontar. A minha carne entrou em desespero, e por algum tempo tenho certeza de que Dave sentiu que estava tentando domar um cavalo selvagem, mas, no fim, foi bom para nós dois. Quando você estiver em uma batalha, lembre-se sempre de que pode valer a pena suportar a batalha na qual você está para chegar aos resultados finais.

Na verdade, Dave ficou mais forte e eu fiquei mais moderada com o passar dos anos. Eu realmente não me importo em deixar que outras pessoas estejam no comando; já assumi responsabilidades suficientes em minha vida até à eternidade.

Entender os diversos tipos de personalidade e como elas funcionam pode gerar mudanças positivas nos seus relacionamentos. Em vez de tentar mudar o imutável, vocês podem aprender a extrair algo dos pontos fortes um do outro para estabelecer firmemente os objetivos mútuos em prol dos quais vocês trabalham. Tentei passar informações suficientes sobre os quatro tipos de personalidade para iniciar o seu caminho nessa ferramenta vital para compreender um ao outro. Vocês podem aprender a amar e apreciar as suas diferenças em vez de deixarem que elas os agitem e os separem um do outro.

———————— ✳ ————————

> Entender os diversos tipos de personalidade e como elas funcionam pode gerar mudanças positivas nos seus relacionamentos. Vocês podem aprender a extrair algo dos pontos fortes um do outro para realizar objetivos mútuos.

A nossa personalidade foi dada por Deus. Amo observar meus netos interagindo uns com os outros de acordo com a personalidade deles. Um de nossos netos é muito melancólico — é simplesmente incrível. Ele é um perfeccionista que observa para ver se está recebendo o que todo mundo está recebendo. O outro é do tipo colérico e mandão. O outro é do tipo sanguíneo efervescente, sempre se metendo em encrencas na escola por falar e se agitar. O outro é fleumático, e o quinto que temos agora é um bebê e ainda não podemos saber como é. Os cinco foram gerados por dois de nossos filhos, e, no entanto, todos eles têm personalidades diferentes — eles nasceram diferentes.

Eles simplesmente nasceram com determinada maneira de encarar as coisas, e a melhor maneira de entendê-los, e a mim, é perceber que não somos esquisitos; somos apenas diferentes. Essa compreensão será de grande utilidade no aperfeiçoamento dos relacionamentos.

Capítulo 16

DOIS É MELHOR QUE UM

Como é bom e agradável quando os irmãos convivem em união! É como óleo precioso derramado sobre a cabeça, que desce pela barba, a barba de Arão, até a gola das suas vestes. É como o orvalho do Hermom quando desce sobre os montes de Sião. Ali o Senhor concede a bênção da vida para sempre.

SALMO 133

Um casamento consagrado a Deus resulta em unidade entre o casal. Nesse lugar de concordância, o Senhor ordena a bênção e a vida como unção sobre um lar que é cheio de paz. Minha esperança é que quando você conhecer a benção que está reservada aos casais que entram em acordo, fique ávido por descobrir e proteger esse lugar de paz no seu casamento.

Certa vez, especulei o que aconteceria se dois coléricos fortes se casassem. Alguém sugeriu: "Eles se matariam". Outro casal no meu seminário respondeu: "Somos ambos coléricos e estamos passando por momentos difíceis. Mas estamos contentes por estarmos ouvindo este ensinamento sobre as personalidades; agora entendemos que se chegarmos a um acordo sobre um objetivo, é melhor todos tomarem cuidado porque é fato: aquilo vai acontecer".

A Bíblia diz:

É melhor ter companhia do que estar sozinho, porque maior é a recompensa do trabalho de duas pessoas. Se um cair, o amigo pode ajudá-lo a levantar-se. Mas pobre do homem que cai e não tem quem o ajude a levantar-se!

E se dois dormirem juntos, vão manter-se aquecidos. Como, porém, manter-se aquecido sozinho? Um homem sozinho pode ser vencido, mas dois conseguem defender-se. Um cordão de três dobras não se rompe com facilidade. — Eclesiastes 4:9-12

O cordão de três dobras é uma imagem do poder que ocorre quando duas pessoas concordam em algo que está alinhado com a vontade de Deus para elas. Quando duas pessoas se tornam uma em concordância uma com a outra, poder do céu é liberado para abençoar a vida delas. Leia Mateus 18:19,20 para entender as bênçãos que aguardam os casais que estão em unidade:

Também lhes digo que se dois de vocês concordarem na terra em qualquer assunto sobre o qual pedirem, isso lhes será feito por meu Pai que está nos céus. Pois onde se reunirem dois ou três em meu nome, ali eu estou no meio deles.

Precisei de três anos antes de começar a ceder e tentar entrar em um acordo com Dave. A primeira questão que tentei encarar do ponto de vista dele foi o golfe. Enquanto estávamos em "desarmonia", eu era a pessoa que estava infeliz. Bem, eventualmente eu fazia com que ele ficasse infeliz também, mas o meu sofrimento se tornou insuportável. Eu não fazia ideia da diversão que me aguardava se simplesmente entrasse em acordo com Dave.

Quando exige as coisas do seu jeito, você é a pessoa que acaba sofrendo mais que qualquer outra. Deus sabia que eu precisava de alguma coisa para fazer, algum tipo de entretenimento ou *hobby* para me dar descanso do trabalho que amo. Quando aprendi a jogar golfe com Dave, isso nos deu a possibilidade de passarmos um tempo juntos, algo que, depois de todos esses anos, ainda apreciamos.

———— ✳ ————

Quando duas pessoas se tornam uma em concordância uma com a outra, poder do céu é liberado para abençoar a vida delas.

Não seja cabeça dura. Decida em seu coração que você dará uma nova olhada em cada ponto de discordância que tiver com o seu cônjuge para ver o que Deus pode fazer por vocês se entrarem em um acordo. Vocês provavelmente estão perdendo exatamente a resposta que têm esperado receber.

Vocês podem se divertir muito em seu casamento quando começarem a concordar um com o outro. Você sabia que Deus não os uniu para que fossem infelizes? Ele não os uniu para brigarem, para implicarem um com o outro, para tentarem mudar um ao outro, ou apenas para comprarem uma casa juntos. A Bíblia diz que a mulher deve apreciar seu marido. Pense nisso. Raramente ouço uma mulher dizer: "Sabe, eu realmente aprecio meu marido". E Deus quer que desfrutemos um ao outro. Ele quer que tenhamos divertimento juntos. Vocês precisam rir juntos e se divertir juntos.

Gênesis 2:24 diz: "Por essa razão, o homem deixará pai e mãe...". Se você é casado, mas não saiu de casa (tanto física quanto mentalmente) precisa cuidar desse primeiro passo imediatamente. "... e se unirá à sua mulher...". Às vezes a mulher se une à sua mãe, e às opiniões de sua mãe sobre o que ela deve fazer; ou o homem corre para seu pai em busca de conselhos, quando eles deveriam confiar e depender um do outro. "... e eles se tornarão uma só carne".

Ora, a palavra "unir-se" significa "aderir firmemente, intimamente, ou lealmente e de forma inabalável",[1] ser "ligado", "fixado".[2] Em outras palavras, "unir-se" significa ser colado um ao outro. Mateus 19:4,5 diz:

> Ele respondeu: "Vocês não leram que, no princípio, o Criador 'os fez homem e mulher' e disse: 'Por essa razão, o homem deixará pai e mãe e se unirá à sua mulher, e os dois se tornarão uma só carne'?".

Observe que esses versículos não dizem que os dois **são** uma só carne no instante em que eles se casam. Dizem que os dois se *tornarão* um. Ora, como os dois são unidos para se tornarem um? A maioria das pessoas que estão lendo este livro provavelmente tem bastante conhecimento sobre a Palavra de Deus para saber que você é um espírito, tem uma alma e vive em um corpo. Você é um ser espiritual; você não é um corpo. Por exemplo, você pode apresentar uma imagem de si mesmo a todos que é a imagem de uma pessoa totalmente diferente daquela que vive dentro de você.

O verdadeiro você está no homem interior. Você tem uma personalidade, além disso, tem um espírito. Quando uma pessoa nasce de novo, o Espírito de Deus vem habitar dentro do espírito do homem. Então, você é um ser espiritual; você tem uma alma que é constituída pela sua mente, pela sua vontade e pelas suas emoções, e que é demonstrada por meio da sua personalidade. Você tem um corpo que todos podem ver.

Então, como essas duas pessoas que são seres espirituais com personalidades muito diferentes, que não pensam de forma semelhante, não sentem o mesmo sobre muitas coisas diferentes, que muitas vezes nem mesmo comem o mesmo tipo de alimento, se tornam um? Sabemos que isso não acontece simplesmente quando ambos dizem "aceito". "Tornar-se um" é um processo que leva tempo.

A palavra em hebraico para "um" na *Concordância Exaustiva da Bíblia de Strong* é o número de referência 259, *echad* (ekh-awd') e significa *unidos como um*. Outras palavras descritivas são "semelhante" e "junto".[3] Ela vem da raiz (#258) que significa "unificar" como "recolher (os próprios pensamentos): seguir um caminho ou outro".[4] Isso retrata uma unidade ou acordo de corpo, alma e espírito. Para estarem totalmente unificados, vocês precisam ser um em todas essas três áreas.

Se ambas as pessoas dentro de um relacionamento conjugal não são nascidas de novo e não estão andando com Deus, então nunca se unirão espiritualmente. Vocês passam a estar unidos como um só espiritualmente por meio da sua união com Cristo Jesus (1 Coríntios 6:17). Se ambos são um com Cristo no espírito, então vocês são um com o outro Nele. Os casais que não têm Cristo como o centro do seu casamento estão tendo problemas e a maioria não está conseguindo que o casamento dê certo. Uma em cada duas pessoas que se casam hoje não permanecem casadas. Até mesmo os casamentos cristãos podem ter muitos problemas, mas a esperança de Jesus mantém a luz no relacionamento deles para dirigir os seus caminhos. **Jesus precisa ser o foco primordial no lar se você quiser que as coisas sejam da maneira que elas devem ser.**

A Bíblia ensina em 1 Coríntios 6:16 que duas pessoas são unidas no corpo por meio do relacionamento sexual. Assim, o processo físico de se tornar um acontece rapidamente e até a nossa sociedade reconhece maridos e mulheres como "um corpo", compartilhando a posse igualitária da propriedade e estando legalmente vinculados às dívidas um do outro.

Se vocês dois nasceram de novo, então a união espiritual está em ação. Isso não significa que os dois estão na mesma dimensão, uma vez que um pode ser mais maduro no conhecimento das coisas espirituais que o outro. Um pode ser cheio do Espírito e o outro não, ou um pode estar permitindo que Jesus seja o Senhor da sua vida enquanto o outro acabou de fazer a sua pro-

> ✳
>
> Se vocês dois são um com Cristo no espírito, então vocês são um com o outro Nele.

fissão de fé, mas ainda não começou a se submeter a Deus. Ainda assim, sendo nascidos de novo, vocês estão de acordo quanto ao fato de Jesus ser o Salvador de vocês e por saberem que ambos estão destinados ao céu.

A parte mais longa do processo de se tornar um geralmente envolve a área da alma. Os casais às vezes são lentos em concordar quanto à maneira como pensam a respeito das coisas. Como esse processo de concordância mental ocorre? A maioria dos problemas conjugais inclui contendas por problemas de comunicação, desentendimentos de ordem sexual, dinheiro, objetivos e quanto à maneira de disciplinar os filhos. Todas essas coisas são trabalhadas entre nós na esfera da alma na nossa união. Elas não têm tanto a ver com o espírito ou com o corpo quanto têm a ver com o que pensamos a respeito dessas áreas. Podemos saber espiritualmente qual é a coisa certa a fazer, mas isso não significa que terminaremos por fazê-la.

E assim, o foco primordial da nossa concordância precisa estar na alma — na mente, na vontade e nas emoções. A sua mente lhe diz o que você pensa; a vontade lhe diz o que você quer e as suas emoções lhe dizem o que você sente. Quando Deus me chamou para o ministério, eu queria me dedicar a ele em tempo integral, mas Dave não queria tomar parte nele. Ele só queria sair para trabalhar todos os dias. Dave era um sujeito maravilhoso que amava a diversão, era um bom pai e um bom marido que jogava muito golfe, assistia a muitos esportes na TV e era uma pessoa de fácil convivência.

Basicamente, a vontade de Dave era continuar fazendo o que ele gostava de fazer antes. Ele não tinha nenhum objetivo além disso. Ele estava satisfeito em ir para o trabalho, levar o dinheiro para casa, assistir um pouco de televisão, jogar um pouco de golfe, e brincar de luta com as crianças.

Mas Deus me chamou para pregar, e eu tinha uma visão mundial de sair e salvar as pessoas que estavam morrendo e indo para o inferno. Eu queria ajudar as pessoas a reconstruírem sua vida. E Dave me disse simplesmente: "Eu não quero fazer isto".

Tínhamos um problema, não é mesmo? Mas Deus mudou a vontade de Dave nessa área. Admito que, por algum tempo, tentei mudá-lo batendo na mesma tecla, discutindo com ele e importunando-o: "Você não está produzindo nada. Se fizermos isto, poderemos ajudar muitas pessoas". Mas ele dizia com firmeza: "Eu não quero fazer isto. Eu simplesmente não quero fazer isto".

Finalmente, um dia, o Senhor me disse: "Joyce, por que você não faz simplesmente o que Eu lhe disse para fazer, e deixa Dave fazer o que ele quer fazer? Apenas ame-o e vá fazer o que Eu estou lhe dizendo para fazer". Dave nunca me disse que eu não podia exercer o meu chamado; ele apenas não queria fazer isso comigo.

Depois de três semanas, Dave se aproximou de mim e disse: "Durante três semanas, Deus vem tratando comigo" (assim que eu parei de tratar com Dave, Deus começou a trabalhar nele). Ele continuou: "Acredito que você foi chamada para fazer o que diz que foi chamada para fazer. Quero que você saiba que de agora em diante vou apoiá-la. Quando você sair para ensinar, irei com você e a apoiarei neste projeto".

O ponto que estou tentando provar é que a vontade de Dave estava voltada para uma direção, mas Deus convenceu o seu coração a obedecer à vontade Dele. Se duas pessoas quiserem estar em concordância no que diz respeito à vontade delas, terão de levar isso a Deus e dizer: "Pai, se eu estiver errado, mude a minha mente ou mude a minha vontade". Deus é Aquele que os colocará em acordo com a Sua vontade e com o Seu propósito para a vida de vocês. Você precisa estar disposto a ser levado a um acordo com a outra pessoa.

A Bíblia diz que devemos estar de acordo. Dave e eu temos personalidades que são quase tão opostas quanto possível. Mas Deus nos aproximou cada vez mais, e nos levou a um ponto em que estamos começando a pensar de uma forma mais semelhante e a querer mais as mesmas coisas a cada dia. Ainda temos duas personalidades diferentes, e agora podemos ver que Deus uniu as nossas diferenças deliberadamente. Não foi um acidente, porque Deus sabia que cada um de nós tem pontos fortes e fraquezas que se completarão quando nos tornarmos um.

A ideia de dizer, "por que você não é como eu?", já não é mais uma pergunta que está no nosso coração. Entendemos que precisamos um do outro para ser exatamente quem Deus nos criou para ser. Já não implicamos mais com as fraquezas um do outro — em vez disso, partilhamos os nossos pontos fortes e desfrutamos um ao outro.

COMO PODEMOS CONCORDAR?

Amós 3:3 pergunta: "Andarão dois juntos, se não houver entre eles acordo?" (ARA). É difícil unir duas pessoas que estão indo em direções opostas. Mateus 18:19 diz: "... se dois de vocês concordarem na terra em qualquer assunto sobre o qual pedirem, isso lhes será feito por meu Pai que está nos céus".

Se Deus puder encontrar duas pessoas na terra que estejam de acordo, Ele diz, "Qualquer coisa que essas duas pessoas pedirem, Eu farei". Ele não está dizendo que vocês podem simplesmente concordar a respeito de uma coisa na qual acreditam; Ele está falando de viver uma vida de concordância em que vocês andem em amor e unidade para que tudo que vocês peçam seja concedido.

Não existem duas pessoas que estejam em uma posição mais importante para entrarem em acordo que um casal casado. Deus fez muito por mim e por Dave desde que paramos de entrar em conflito e aprendemos a nos humilhar ao ponto de não termos mais de estar certos o tempo todo. Muitas guerras se iniciam nos nossos lares por causa de detalhes que não fazem diferença alguma, como ir pela esquerda ou pela direita quando as duas ruas dão na mesma loja.

Se vocês querem ter poder no casamento e na vida de oração, então precisam se livrar do espírito de contenda, eliminar todos os vestígios dele do seu lar e se comprometerem a descobrir o caminho para a concordância.Vocês precisam aprender a "discordar agradavelmente" sem gerar conflitos. Não estou dizendo que vocês devem pensar exatamente a mesma coisa, mas se respeitarem um ao outro, vocês podem discordar com educação, dizendo: "Bem, querido/a, realmente não concordo com isso, mas não temos de concordar o tempo todo".

Temos o **direito** de pensar por nós mesmos. Se quisermos ter bons relacionamentos, precisamos respeitar as opiniões diferentes dos outros. Um dos maiores problemas de relacionamento é que desenhamos a nossa caixinha de como achamos que tudo deve ser e depois tentamos enfiar todo mundo dentro dela.

A grande questão é como as pessoas que não têm a mesma opinião entram em um acordo? A vontade, como indiquei, representa seus desejos e suas expectativas. À medida que crescer em Cristo, você se tornará menos egocêntrico. Sem Cristo, você sempre estará com o foco em si mesmo, mas se Cristo estiver no centro do seu coração, você verá as necessidades dos outros e sentirá compaixão para ajudá-los a alcançar os seus desejos também. Se você quer ter um bom relacionamento em seu lar, precisa aprender a deixar de lado os seus desejos pessoais pelo bem da unidade de toda a família.

Por exemplo, houve um tempo em que Dave tinha um Chevrolet Camaro. Meu marido tinha essa ideia de que precisava ter um carro esporte e queria um Camaro. Pode ter sido resultado de uma crise devido à sua mudança de vida, mas ele estava se sentindo como se fosse jovem outra vez, e queria ter o carro enquanto ainda era jovem o bastante para desfrutá-lo. Alguns homens saem procurando uma mulher mais jovem, mas Dave só queria um carro esporte, e ele queria um carro com câmbio manual. Graças a Deus, eles não tinham a cor que ele queria com uma transmissão de qua-

254 —

tro marchas. Não conseguiram encontrar em nenhum lugar, então ele ficou com um que tinha transmissão automática, mas adquiriu tanta prática em mudar as marchas que não fazia diferença.

Então, imagine Dave me levando às reuniões onde eu costumo ir pregar e..., Rrrrrrrrrrrrrrrrrrrrr, Rrrrrrrrrrrrrrrrrrrrr. Virávamos a esquina voando e passávamos para outra marcha, Rrrrrrrrrrrrrrrrrr. Estou tentando orar e ler minha Bíblia enquanto meu corpo dá solavancos para frente e para trás e Dave brinca com as marchas automáticas.

Eu me sentia como se já estivesse sentada no chão, e então nós estacionávamos para irmos a uma reunião, Rrrrrrrrrrrrr, Rrrrrrrrrrrrrrrrr, e eu tinha de desdobrar meu corpo para sair do brinquedo dele. Eu odiava aquele carro. Eu realmente não me importava com aquele carro. Nossa família não cabia ali, e Dave era realmente meticuloso com relação a ele. Ele não queria que ninguém tivesse nada a ver com ele.

Certo dia, levei aquela coisa até o mercado. Quando eu o levei de volta e coloquei-o na garagem, encostei um pouco na parede da garagem, causando um pequeno arranhão. Fiquei petrificada em dizer isso a ele. Bem, ele foi compreensivo comigo, mas o ponto é que Dave comprou uma coisa que não era para o bem da unidade de toda a nossa família. Era algo que ele queria; custou muito dinheiro. O pagamento por ele era alto. Mas ele não estava atendendo às nossas necessidades como uma unidade familiar. Ele ficou com ele por cerca de um ano, e implorei e supliquei até que finalmente ele o vendeu e compramos uma camionete.

Agora, muitos anos se passaram, e Dave na verdade tem alguns carros mais velhos que ele colecionou ao longo dos anos, carros de alto desempenho dos quais ele realmente gosta. Agora estamos em outro momento da nossa vida. Não precisamos colocar nossos filhos no banco de trás do carro, e, além disso, tenho meu carro, que é grande o bastante para seis pessoas se necessário. Ele dirige os carros que colecionou, e eu raramente ando neles.

Em certos momentos da vida podemos querer alguma coisa, mas aquele não é o momento certo. Este momento da nossa vida é uma época muito melhor para Dave possuir esse tipo de automóvel. Isso sempre foi o desejo do coração dele, e quero que ele tenha seus desejos realizados.

Dave e eu estamos de acordo com relação aos carros agora; quando ele tinha o Camaro, não estávamos de acordo. Levamos um ano, mas chegamos a um acordo. Essa é a melhor e mais segura situação em que se pode estar. Embora eu tenha uma vontade determinada, não faço coisas com as quais Dave não concorda porque conheço a importância da unidade. A única forma de ir em frente com alguma coisa que ele não concorda é quando concordamos que podemos discordar de forma agradável. Em outras palavras, pode não ser o que ele faria, mas ele me permite fazê-lo sem animosidade. Levamos muito tempo para resolver todas essas coisas, mas graças a Deus conseguimos, e você também pode conseguir.

A concordância vem quando as pessoas envolvidas deixam de ser egoístas. Muitos cristãos ainda lidam com o egoísmo. Todo esse egoísmo equivale a dizer: "Quero o que quero quando quero e não me importa o que você quer porque quero o que quero". Egoísmo é ter um foco imaturo em nós mesmos.

Se cada um de nós aprender a manifestar seus desejos, mas escolher o que é melhor e o que serve **a todos** na unidade familiar, então teremos paz. A chave é se importar com o que a outra pessoa precisa e estar disposto a se humilhar e a fazer o que for preciso para atender a essas necessidades.

> Se cada um de nós aprender a manifestar seus desejos, mas escolher o que é melhor e o que serve a todos na unidade familiar, então teremos paz.

Pais/mães, eu os encorajo a levarem em consideração a opinião e o desejo de seus filhos também. Obviamente, não podemos permitir que nossos filhos governem a casa, mas eles têm desejos, gostos e antipatias assim como os adultos. Você, adulto, pode gostar de comida oriental, mas seus filhos podem não gostar. Seria egoísmo insistir em restaurantes orientais quando vocês saem, se fazem isso com frequência. Embora eles sejam crianças, creio que agrada a Deus quando levamos em consideração os desejos deles e os respeitamos. Nunca devemos ter uma atitude do tipo: "Sou eu quem manda aqui; calem a boca e façam o que eu mando".

Procure sempre chegar a um ponto de acordo. Procure um lugar para comer com o qual todos concordem. Dave e eu praticamos isso quando compramos móveis. Geralmente não gostamos das mesmas coisas, então concordamos que não compraremos algo que só um de nós dois gosta; procuramos até encontrar algo de que ambos gostemos.

Não há recompensa em viver uma vida egoísta e egocêntrica, por outro lado, as possibilidades são ilimitadas quando vivemos em concordância com os outros. Quando há concordância, Deus promete nos dar qualquer coisa que peçamos — desde que esteja dentro da Sua vontade.

Capítulo 17

A LÓGICA DO AMOR

Tenham uma mesma atitude uns para com os outros. Não sejam orgulhosos, mas estejam dispostos a associar-se a pessoas de posição inferior. Não sejam sábios aos seus próprios olhos. Façam todo o possível para viver em paz com todos.

Romanos 12:16;18

Jesus disse que teríamos problemas no mundo, mas que ainda poderíamos ter praz. Precisamos simplesmente confiar, depender e contar com o plano de Deus para nós. Quanto mais entendemos o plano Dele, mais conhecimento adquirimos da ordem que Ele projetou para a nossa vida, mais fácil é desfrutar a paz que excede todo entendimento. Gary Smalley escreveu um livro sobre a linguagem do amor,[1] cuja leitura recomendo aos casais que querem mais paz e ordem nos seus relacionamentos. Dave e eu gostamos muito das lições que são apresentadas nas obras dele.

A paz chegou para mim quando entendi e aceitei que Dave sempre iria olhar as coisas de modo diferente, porque Deus deliberadamente o projetou para ser diferente. Os homens tendem a ser mais lógicos, por apresentarem maior atividade nas células do lado esquerdo do cérebro, em que as regras são armazenadas; e as mulheres tendem a ter mais probabilidade que o seu equivalente masculino de oferecer diversas opções criativas devido às células do lado direito do seu cérebro. É por esse motivo que os homens e as mulheres costumam ter diferentes abordagens para a solução dos problemas. O resultado é que eles tomam decisões melhores juntos do que sozinhos. Esse processo faz com que eles se tornem um, à medida que desfrutam os pontos fortes um do outro.

AMAR É FAZER COMPRAS

Gary Smalley conta a seguinte história[2] sobre o tempo em que, depois de cinco anos de casamento, ele aprendeu com sua esposa que ela "havia quase aberto mão da esperança de ter um relacionamento amoroso, saudável e duradouro com..." ele! "Mas como era contra o divórcio, ela havia se resignado a viver uma vida que oferecia poucos dos desejos e sonhos pelos quais ela havia ansiado".

 Ele relata:

Eu já havia ouvido esse tipo de história antes. Durante anos, eu havia aconselhado regularmente maridos e esposas, passando horas intermináveis falando com eles sobre a melhoria do seu relacionamento. Só que agora... a mulher que estava sentada do outro lado diante de mim não era alguém pedindo aconselhamento — era minha esposa Norma!

Naquele dia, tomei a decisão de entender o que estava acontecendo, ou não estava acontecendo, no meu casamento [...]

Depois daquela sessão lacrimejante com minha esposa, decidi me comprometer de todo o coração a entendê-la e a me relacionar com ela... eu poderia fazer uma aventura com Norma — como ir às compras!

Não tenho certeza de quais mudanças emocionais e fisiológicas têm início dentro de minha esposa quando ela ouve a palavra *shopping*, mas quando contei a ela sobre a minha ideia, ficou óbvio que alguma coisa dramática estava acontecendo. Seus olhos se iluminaram como uma árvore de Natal, e ela tremeu de entusiasmo — a mesma reação que eu havia tido quando alguém me deu duas entradas para um jogo decisivo do campeonato nacional de futebol americano.

[...] ela precisava procurar uma blusa nova. Então, depois que estacionamos o carro e andamos até à loja de roupas mais próxima, ela pegou uma blusa e perguntou: "O que você acha?".

"Está ótima", disse eu. "Vamos comprá-la". Mas, na verdade, eu estava pensando: *Ótimo! Se ela se apressar e ficar com essa blusa, voltaremos para casa a tempo para assistir ao jogo na TV.*

Então ela pegou outra blusa e disse: "O que você acha desta aqui?".

"É muito bonita também!", disse eu. "Fique com uma ou com a outra. Não, fique com as duas!".

Mas depois de olhar algumas blusas na estante, saímos da loja de mãos vazias. Então fomos para outra loja, e ela fez a mesma coisa. Depois fomos para outra loja. E outra. E outra! [...] E foi aí que aconteceu.

Em vez de pegar uma blusa na loja seguinte onde entramos, ela pegou um vestido que era do tamanho da nossa filha. "O que você acha deste aqui para a Kari?", perguntou.

Levada a um extremo que ia muito além dos limites de qualquer mortal, minha paciência esgotou-se e explodi: "O que você quer dizer com 'o que você acha deste aqui para a Kari?' Estamos aqui para comprar blusas para você, e não vestidos para a Kari!".

Naquela noite, comecei a entender uma diferença comum entre homens e mulheres. Eu não estava ali para comprar blusas — eu estava **caçando** blusas! Eu queria conquistar a blusa, empacotá-la, e depois voltar para casa onde coisas importantes me aguardavam — como o meu jogo de futebol de sábado à tarde!

Mas minha mulher via as compras de uma perspectiva diametralmente oposta. Para ela, significava mais do que simplesmente comprar uma blusa; era uma maneira de passarmos tempo conversando enquanto desfrutávamos de diversas horas juntos longe das crianças — e do futebol de sábado à tarde.

[...] Lembrei-me da nossa experiência passada no shopping e do meu compromisso de me tornar um comunicador melhor. Enquanto refletia sobre a nossa tarde, percebi que eu havia negligenciado algo importante — as diferenças inatas entre homens e mulheres.

A lógica de um homem pode ser um obstáculo ao seu coração, caso ele ceda ao seu raciocínio fundamentado no lado esquerdo do cérebro. Ele pensou que eles estivessem ali para conquistar uma blusa, mas o raciocínio dela, fundamentado no lado direito do cérebro, viu um potencial muito maior naquele tempo que os dois passariam juntos.

Esse conhecimento me ajudou a entender o que acontece com Dave quando ele faz certas coisas.

Posso dizer: "Este é o lado esquerdo do seu cérebro em ação".

Se eu reajo emocionalmente a alguma coisa, ele balança a cabeça e diz:

"Hummmmm. Isso vem do lado direito do seu cérebro. É melhor você tentar usar o outro lado um pouquinho".

Em uma viagem, o lado esquerdo do cérebro quer vencer a distância, a quantidade de quilômetros a serem percorridos naquele dia. O lado direito do cérebro estaciona em paradas para descanso e em pontos históricos deliberadamente. O lado direito do cérebro não se importa com jogos de futebol ou de hóquei, a não ser que conheça os jogadores ou as esposas deles. Ele armazena e expressa os sentimentos de amor, e não apenas sua definição, e prefere ler *Caras* a ler *Quatro Rodas*, porque tem mais a ver com relacionamentos.

> ✳
>
> Os homens tendem a dar preferência ao lado esquerdo do cérebro, onde a lógica opera. As mulheres são bilaterais na sua maneira de pensar, o que significa que elas tendem a usar ambos os lados do cérebro ao mesmo tempo.

Os homens tendem a dar preferência ao lado esquerdo do cérebro, onde a lógica opera. As mulheres são bilaterais na sua maneira de pensar, o que significa que elas tendem a usar ambos os lados do cérebro ao mesmo tempo. Uma mulher favorece o lado direito do cérebro, que abrange a parte que promove o relacionamento. Mas Deus planejou as nossas diferenças para trazer paz e ordem ao nosso relacionamento.

LÓGICA, ALGUÉM TEM?

Quando Dave e eu compramos a nossa casa, a lógica de Dave entrou em plena atividade. Eu havia colocado um pano de prato na beirada da pia e ele disse: "Não coloque isto aí".

"Por que não?", franzi a testa. "Aqui é a pia".

Ele disse: "Porque esse pano vai umedecer a madeira e ela vai entortar".

Então, alguns dias depois disso, eu estava colocando loção em meus pés e no momento em que eu ia me levantar e andar no chão, Dave me interrompeu dizendo: "Você não devia colocar essa coisa nos pés e depois andar no chão".

Eu disse: "Bem, como vou chegar aonde quero ir se eu não andar no chão?".

Ele disse: "Essa loção é gordurosa e você vai passar isso para os tapetes".

Argumentei: "Tenho colocado loção nos meus pés a vida inteira. Nossos tapetes não estão gordurosos". Mas Dave aparece com esse tipo de coisa o tempo todo, e isso me ajudou a entender que a lógica dele é um dom, e não foi algo que Deus planejou para ser um fator de irritação em minha vida.

Quando quero colocar um quadro em determinado lugar na parede, ele se opõe, dizendo: "Não podemos fazer isso; não temos nenhuma viga ali".

Eu digo: "Não me importa se ali tem uma viga ou não. Quero o quadro no meio da parede".

Inabalável, ele responde: "Você não pode colocar isso no meio da parede, porque vai danificar a parede".

Tento racionalizar: "Dave, vou à casa das pessoas e todo mundo tem coisas penduradas na parede, e a parede das casas das pessoas não está desabando".

"Não me importa; você precisa colocá-lo sobre uma viga. Vamos colocá-lo ali".

———— ✳ ————

Deus planejou as nossas diferenças para trazer paz e ordem ao nosso relacionamento.

Há algumas coisas que não posso concordar em fazer, então explico: "Eu não o quero ali. Ali não é o meio da sala".

"Vamos mudar o sofá de lugar", ele oferece.

"Não quero o sofá em um lado da sala. Quero o sofá no meio da sala, e quero o quadro no meio do sofá".

Quantas vezes você já teve esse tipo de discussão com o seu cônjuge?

Eu disse: "Sabe, quero comprar cortinas para estas janelas".

Ele respondeu dizendo: "Precisamos de um galpão".

"Guarda aquelas coisas na garagem. É só deixar um dos carros na entrada por enquanto".

Ele disse: "Não quero fazer isso".

Igualmente impassível, digo: "Quero cortinas".

A vida nos oferece várias oportunidades de nos dividirmos. A não ser que saibamos como trabalhar em conjunto, estaremos em guerra desde a manhã até à noite. Somos diferentes; sentimos diferente; e queremos coisas diferentes, mas Deus ordena que entremos em acordo e vivamos em unidade. Porém, somente alcançamos a unidade por meio do entendimento, da valorização e da honra. 1 Pedro 3:7 estabelece o padrão para os maridos:

> *Do mesmo modo vocês, maridos, sejam sábios no convívio com suas mulheres e tratem-nas com honra, como parte mais frágil e co-herdeiras do dom da graça da vida, de forma que não sejam interrompidas as suas orações.*

Devemos ter consideração pelas diferenças um do outro. Não terá utilidade alguma dizer a uma mulher para não ser emotiva. Não levará a nada dizer a um homem para não ser lógico. Deus nos criou para sermos assim a fim de aperfeiçoarmos uns aos outros, e não para ferirmos uns aos outros.

Quando estou sofrendo por algum motivo, não quero que Dave pregue para mim sobre lançar meus cuidados sobre o Senhor. Só quero que ele me entenda, mas preciso ajudá-lo a entender o que preciso. Ele não quer me ver sofrendo, então tenta me convencer a não me sentir mal, mas eu só quero que ele me ame, me abrace e até que mostre que está sofrendo comigo.

Certa vez, quando eu estava sofrendo por causa de alguma coisa que alguém havia dito, ele tentou me convencer a "lançar os meus cuidados sobre o Senhor". Eu disse a ele que não era aquilo que eu queria ouvir. Finalmente, Dave sugeriu que fossemos jogar golfe, e enquanto estávamos indo de carro até o campo de golfe, ele disse: "Não deixe que o diabo arruíne o seu dia ficando absorvida pela dor que você está sentindo". Mas depois ele disse carinhosamente: "Mas eu entendo. Realmente entendo porque é difícil parar de pensar no que a feriu".

Assim que ele mostrou que entendia por que eu estava sofrendo, pude sentir a dor dentro de mim me soltar e sair. Imediatamente, relaxei, e meu espírito se abriu novamente para ele. Tudo ficou bem porque ele me deu o que eu precisava mais do que qualquer coisa. Ele simplesmente havia dito: "Entendo como você se sente".

Essa é uma frase cheia de poder, e se você não extrair nada mais deste livro, apenas as palavras "entendo como você se sente" já ajudarão a dar muitos frutos no relacionamento com o seu cônjuge. Às vezes não queremos um sermão; só queremos um amigo. E às vezes só queremos alguém que sofra conosco. Nem sempre precisamos pregar um sermão; geralmente precisamos ser o sermão para alguém que está necessitando.

O ENTENDIMENTO EDIFICA O LAR

Precisamos aprender a demonstrar respeito um pelo outro. Mesmo que não concordemos com alguma coisa, não preciso falar com Dave como se houvesse alguma coisa errada com ele só porque ele não quer o que eu quero.

1 Pedro 3:1,2 fala às esposas, dizendo:

Do mesmo modo, mulheres, sujeite-se cada uma a seu marido, a fim de que, se ele não obedece à palavra, seja ganho sem palavras, pelo procedimento de sua mulher, observando a conduta honesta e respeitosa de vocês.

> ✳
> Embora os homens devam ter consideração por suas esposas, as mulheres devem apreciar seus maridos com verdadeira admiração.

Embora os homens devam ter consideração por suas esposas, as mulheres devem apreciar seus maridos com verdadeira admiração. Se você estudar o significado de todas essas palavras e compará-las com a maneira como a maioria das pessoas vive em suas casas, não demorará muito até que entenda por que tantos lares estão carentes do fruto da paz e da alegria.

Alguém precisa dar início ao plano de Deus dentro do lar. Mas qual de vocês será o primeiro? Assim como um marido cheio de consideração inspira a adoração de sua esposa, uma esposa dedicada que demonstra profundo amor por seu marido evocará o "reconhecimento inteligente e a honra" dele por ela. Deus diz que o casamento é um acordo bilateral, e deu instruções para homens e mulheres. São necessárias duas pessoas para que ele funcione adequadamente.

Efésios 5:33 resume novamente esses pontos:

Portanto, cada um de vocês também ame a sua mulher como a si mesmo, e a mulher trate o marido com todo o respeito.

Algo maravilhoso aconteceu entre mim e Dave depois de anos de casamento. Posso dizer sinceramente que prefiro estar com meu marido que com qualquer outra pessoa. Eu prefiro meu marido. Ele me trata tão bem que eu simplesmente amo estar com ele. Seria tremendamente difícil preferir alguém que sempre estivesse me menosprezando ou debochando de mim ou não se importando com nenhuma das minhas necessidades.

O casamento é uma via de mão dupla, e Dave e eu trabalhamos no sentido de aprender a entender um ao outro, e quanto mais entendemos o ponto de vista um do outro, parece que mais nos amamos. O entendimento dá bons frutos em um casamento, fazendo com que realmente nos importemos em atender às necessidades um do outro. Acredito que as pessoas anseiam por ser compreendidas e por compreender os outros.

> ✳
> O entendimento requer comunicação, disposição para ouvir, tempo e transparência.

O entendimento requer comunicação, disposição para ouvir, tempo e transparência. Às vezes, as pessoas falam, mas podem sentir que ninguém está ouvindo. Se você quiser entender o seu cônjuge, precisa dedicar tempo para ouvir. Precisamos nos treinar para ouvir verdadeiramente. Sou uma faladora, e não sou uma boa ouvinte por natureza. Se não tomar cuidado, durante a metade do tempo em que Dave está falando comigo, eu já estou planejando a minha resposta para algo que ele disse há muito tempo. E estou somente aguardando uma pausa para entrar com o meu ponto de vista assim que ele se calar. Essa é uma fraqueza em mim, e precisei me treinar para ouvir o que ele está dizendo.

É um desafio dar a alguém toda a sua atenção, mas é muito importante prestar atenção ao que o seu cônjuge está dizendo. Aprendam a olhar um para o outro quando falam, e demonstrem de alguma forma que vocês estão ouvindo o que está sendo dito. Vocês podem até adotar a prática de repetir o que acreditam que está sendo dito.

Transparência é algo difícil para muitos de nós. Uma mulher nem sempre diz o que ela realmente quer dizer. Ela costuma querer outra coisa além do que está dizendo, mas prefere dar dicas a ir direto ao ponto e demonstrar as suas necessidades. Por exemplo, uma esposa se aproxima do marido, obviamente cansada e frustrada, dizendo: "Quero sair de férias. Acho que precisamos dar uma parada, e sinto que preciso de algum tempo a sós com você e de uma mudança de ritmo. A nossa rotina é demais para mim e está me deixando louca. Preciso descansar e quero sair daqui por algum tempo".

Ela sinceramente não sabe o que há de errado, mas sente que a sua frustração está pedindo para ser acalmada indo a algum lugar, comendo alguma coisa, ou comprando alguma coisa para quebrar o ciclo de loucura. Então, ela fala com seu marido pedindo ajuda, e sugerindo umas férias.

Ele responde com o lado esquerdo do seu cérebro: "Não podemos nos dar ao luxo de tirar férias. Só temos um pouco de dinheiro no banco, e **precisamos** de um ar-condicionado novo".

Tirar férias não é uma coisa lógica para ele quando eles precisam de um ar-condicionado, então ele reforça o seu ponto de vista.

"Você sabe que não podemos nos dar ao luxo de tirar essas férias. Por que você me pede isso, quando sabe que não temos o dinheiro?".

A lógica dele ignorou completamente a necessidade emocional dela.

Agora ela está se sentindo mal amada, incompreendida e rejeitada. Ele sente que ela não entende porque tirar férias os pressionaria financeiramente, então agora ele está frustrado também. Sentindo-se inadequado e incapaz de atender às necessidades dela, ele agora quer uma confirmação de que ela não está decepcionada demais com ele. Mas ela se retira, e ele presume que ela está furiosa com ele.

Você reconhece essa cena? Nenhum deles dedicou tempo suficiente para entender o outro. Se apenas pudéssemos aprender a olhar para o nosso cônjuge e reconhecer quando alguma coisa o está ferindo ou incomodando, e descobrir como edificar novamente a estima dele... Precisamos aprender a confiar mais um no outro e a não pensar sempre que o outro está contra nós.

Os maiores problemas de relacionamento surgem como consequência do fato de termos o nosso foco excessivamente voltado para a nossa mente e não darmos atenção suficiente para a outra pessoa. Parece que estamos sempre com a nossa mente voltada para "nós". O amor deixa o interesse em si próprio de lado para atender à outra pessoa.

Uma demonstração de preocupação sincera pode ser uma forte pedra angular para o amor. Reparem um no outro, encorajem a comunicação, reservem tempo para buscar a verdade, examinem o que pode estar realmente errado. Alguém uma vez calculou que é necessário se perguntar cinco vezes "por que você está se sentindo assim?", antes que se chegue ao problema real. Faça com que o seu cônjuge se abra demonstrando um interesse real. Você pode fazer algumas perguntas que conduzam o assunto, como:

"Há algo errado?".

"Você teve um dia ruim no trabalho?".

"O trânsito estava muito ruim?".

"Querido, você não está se sentindo bem?".

"Há algo que eu possa fazer por você; existe alguma coisa que eu possa fazer para você se sentir melhor?".

Posso quase garantir que noventa por cento das vezes, uma resposta amorosa a um homem irritado que entra pela porta pode mudar todo o curso da sua noite, transformando-a em algo que pode ser lindo. *A resposta calma desvia a fúria...* (Provérbios 15:1), mas se ele entra reclamando e ela rebate com a mesma reação grosseira, eles então se distanciam e perdem o melhor de Deus.

SÓ PRECISO DE UM AMIGO

Todo mundo quer companheirismo. Nascemos com a necessidade de nos completarmos com relacionamentos de coração para coração que só a comunicação pode construir. Façam caminhadas juntos; passem tempo apenas sentados um ao lado do outro. Deus colocou em cada um de nós a capacidade de dar amor.

Peça a Deus para lhes mostrar como se comunicarem um com o outro. Lembrem que ouvir mais e dar menos sermões gera lares mais felizes. Talvez o seu marido precise se sentar por apenas cinco minutos e lhe dizer o quanto ele está frustrado com determinada situação no trabalho. Quando ele está se abrindo com você, não é hora de dizer a ele para tomar cuidado com as palavras que está dizendo. Apenas ouça para ver se você consegue entender o que pode estar gerando estresse nele. Peça ao Espírito Santo para revelar a verdade naquela situação, sabendo que a verdade sempre liberta.

Quando a esposa disser que precisa de férias, o marido deve pelo menos se sentar e ouvir todas as coisas que a estão deixando do sobrecarregada. Ele pode dizer: "Tudo bem, querida, converse um pouco comigo. Estou vendo que algo não está bem. Quero que você me diga o que está errado". Mesmo que ele não possa levá-la para umas férias, ele pode satisfazer a necessidade dela de compreensão e tranquilizá-la, dizendo que tudo ficará bem novamente. Muito provavelmente, isso é tudo que ela queria afinal.

> ———— ✳ ————
> Deus colocou em cada um de nós a capacidade de dar amor.

Mas, queridas mulheres, não vivemos em um mundo perfeito! E entendo que mais mulheres do que homens lerão este livro para descobrir o que devem fazer, portanto, vocês vão precisar comunicar as suas necessidades a seus maridos. Deus já nos disse que nossos maridos precisam de ajuda. Gênesis 2:18 diz que Deus fez uma auxiliadora para Adão. "Farei para ele alguém que o auxilie e lhe corresponda...". Outras versões dizem "uma companheira".

A palavra "auxiliadora" ou "companheira" significa alguém que corresponde a ele e alguém que o completa.[3] Em outras palavras, quando Deus deu a Adão uma companheira, o homem não estava completo sem aquela mulher.

Assim, quando você estiver sobrecarregada, e disser a seu marido que precisa de um tempo, diga a ele o que você realmente necessita. Faça uma lista e entregue-a a ele, dizendo: "Eis o que preciso de você. Se você me disser que não podemos sair de férias, então preciso que você se sente e ouça todas as coisas que estão me enlouquecendo atualmente".

"Depois preciso que você me abrace e lamente por eu me sentir tão mal. Diga que você entende exatamente como eu me sinto e que você não me culpa por estar frustrada".

"Diga que se você estivesse na minha situação você também teria vontade de fugir, e que você provavelmente não estaria fazendo um trabalho tão bom quanto eu ao suportar tudo isso".

"Depois me abrace e me deixe chorar no seu ombro por três ou quatro minutos antes de me dizer que você me ama e que tudo vai ficar bem".

> ❋
> Valorizem e honrem um ao outro, e observem o poder da concordância crescer entre vocês.

"Você pode fazer isso por mim, querido?".

Se os casais pudessem começar a se comunicar dizendo as suas necessidades um ao outro, receberiam uma grande dose de cura. Dave e eu aprendemos a apoiar os sentimentos um do outro quando estamos para baixo, antes de tentarmos levantar um ao outro. Valorizem e honrem um ao outro, e observem o poder da concordância crescer entre vocês.

Lembrem que o amor tem uma lógica própria, que precisa ser sentida no coração. Seja amoroso, gentil e manso no falar, e não áspero; seja edificante e exortador. Seria impressionante o que aconteceria no relacionamento conjugal se ambos pudessem aprender a dizer:"Querido/a,o que posso fazer para ser mais benéfico/a para você? O que posso fazer para ajudá-lo/a mais?".

Efésios 4:29-32 explica como podemos honrar e valorizar os outros. Pregue estes versículos em algum lugar de sua casa onde todos possam ser lembrados dos pontos práticos do amor.

Nenhuma palavra torpe saia da boca de vocês, mas apenas a que for útil para edificar os outros, conforme a necessidade, para que conceda graça aos que a ouvem. Não entristeçam o Espírito Santo de Deus, com o qual vocês foram selados para o dia da redenção. Livrem-se de toda amargura, indignação e ira, gritaria e calúnia, bem como de toda maldade.

Sejam bondosos e compassivos uns para com os outros, perdoando-se mutuamente, assim como Deus os perdoou em Cristo.

Por causa da minha história de vida, eu era rude e áspera, e foi difícil aprender a ser gentil e bondosa. A capacidade estava em mim, mas eu tinha medo de que tirassem vantagem de mim se eu me tornasse mais mansa. O meu tom de voz era tão rude que eu podia dizer as palavras certas a Dave, mas ficava claro que o meu coração não estava sintonizado com a minha lógica. O meu tom de voz deixava claro para ele que eu faria o que devia fazer, mas o meu coração não estava se submetendo às instruções dele.

Colossenses 3:8 diz:

Mas agora, abandonem todas estas coisas: ira, indignação, maldade, maledicência e linguagem indecente no falar.

———————— ✳ ————————

As palavras, o tom de voz, e a expressão facial são muito importantes em um relacionamento.

Na manhã em que coloquei loção em meus pés e ele me disse para não andar no chão, eu não disse nada a Dave, mas ele viu a minha expressão facial e me ouviu suspirar. A minha expressão facial estava dizendo: "Raios o partam, qual é o problema dele?". Tudo conta — as palavras, o tom de voz e a expressão facial são muito importantes em um relacionamento, porque se não tivermos a atitude correta, não estaremos demonstrando à pessoa a quem fomos chamados a amar que a amamos e a valorizamos.

Provérbios 18:21 diz:

A língua tem poder sobre a vida e sobre a morte; os que gostam de usá-la comerão do seu fruto.

E Provérbios 15:4:

O falar amável é árvore de vida, mas o falar enganoso esmaga o espírito.

Tudo que você diz ao seu parceiro ministra vida ou morte a ele. Cada ato de comunicação por meio de palavras, tom de voz, expressões faciais e linguagem corporal ministra vida ou morte a ele. Essa é uma grande responsabilidade. Escolha a vida.

Capítulo 18

COMO GANHAR E MANTER

Esforcem-se para viver em paz com todos e para serem santos; sem santidade ninguém verá o Senhor. Cuidem que ninguém se exclua da graça de Deus. Que nenhuma raiz de amargura brote e cause perturbação, contaminando a muitos.

HEBREUS 12:14-15

Como cristãos, precisamos elevar o padrão da excelência em nossos casamentos. O profeta Daniel tinha um espírito excelente. Ele determinou em seu coração não se contaminar fazendo coisas que sabia que não agradariam a Deus. Todos nós precisamos desenhar uma linha na areia, e parar de mudar essa linha de lugar.

Cheguei a um ponto no meu relacionamento com Dave em que eu queria ser excelente. Queria dar a ele a excelência que eu sabia que traria vida, paz e alegria ao nosso relacionamento. Eu queria ir além da mediocridade, e então pedi a Deus que trouxesse integridade ao nosso casamento. Desejava que o nosso relacionamento estivesse alinhado com os padrões bíblicos de Deus para os maridos e as esposas. Descobri que independentemente da situação em que está o seu casamento, Deus o ama e tem um bom plano para a sua vida. Mesmo que as suas circunstâncias pareçam negativas, mantenha seus olhos em Deus e confie Nele para tirá-lo delas e erguê-lo.

Isaías 61:7 contém uma promessa maravilhosa para aqueles que colocam a sua esperança em Deus.

Em lugar da vergonha que sofreu, o meu povo receberá porção dupla, e ao invés da humilhação, ele se regozijará em sua herança; pois herdará porção dupla em sua terra, e terá alegria eterna.

Não se impaciente. A jornada em direção à excelência é um processo que dura a vida inteira. Mas Deus não faz acepção de pessoas, e qualquer um que confie Nele terá os mesmos benefícios. Deus fará algo tremendo na sua vida. Ele o abençoará, fará você prosperar e o amará enquanto o conduz à integridade. O Salmo 103:4 diz que Ele "... resgata a sua vida da sepultura e o coroa de bondade e compaixão".

Podemos confiar na instrução que Deus nos deu na Sua Palavra para gerar frutos no nosso casamento e nos nossos relacionamentos. O amor Dele é um bálsamo de cura, e quando demonstramos o amor de Deus um ao outro, esse poder de cura é liberado para trabalhar entre nós. Geralmente, tentamos receber demais das pessoas. Tentamos receber segurança e afirmação do nosso cônjuge em vez de receber essas coisas de Deus, e depois nos perguntamos por que o nosso cônjuge não é capaz de resolver os nossos problemas. Precisamos permanecer cheios do amor de Deus e depois deixar que o Seu amor flua de nós para o nosso cônjuge. Esse é o combustível para um casamento maravilhoso.

Quando este livro estiver sendo enviado para a sua primeira impressão, Dave e eu estaremos casados há mais de trinta e três anos. Creio que nos amamos mais agora do que nunca. Mas entendemos que não podemos atender a todas as necessidades um do outro. Preciso buscar a Deus para que Ele me mantenha inteira. Deus nunca nos rejeitará. Ele nos dá beleza em vez de cinzas, e promete bênçãos em dobro em troca das nossas mágoas e dores anteriores.

Espero que as nossas histórias demonstrem que Deus tem poder para tirar vocês de uma situação sem esperança e levá-los ao triunfo no seu relacionamento um com o outro. Eu era muito negativa quando me casei com Dave, e ele era muito positivo e cheio de esperança em Deus quanto ao nosso futuro. Observando Dave e o testemunho da sua fé em Deus, aprendi a me superar e a colocar a minha esperança em Deus também. Houve uma mudança tão surpreendente em minha vida que agora sou compelida a tentar tudo o que sei para ajudar as pessoas a encontrarem a felicidade que resulta de colocarmos a nossa esperança no Único que pode preencher o anseio do nosso coração. Só Deus pode nos mostrar como dar e receber amor.

Não fique sentado sentindo pena de si mesmo por toda a vida por causa do que aconteceu com você no passado. Pare de recapitular tudo que você perdeu e comece a contar o que lhe restou. Entregue o que você tem a Deus, mesmo que não seja nada. Ele pode fazer alguma coisa até mesmo com nada. Não é tão complicado seguir o Senhor.

Digo a Deus umas duzentas vezes por dia: "Eu Te amo. Eu Te amo, Senhor. Tu és tão tremendo, Deus! Obrigada. Obrigada, Deus, pelo que Tu fizeste em minha vida".

Quando a sua esperança está em Deus e você entende que Ele quer que coisas boas aconteçam em sua vida, você não fica tão dependente do humor de seu cônjuge. Se ele estiver para baixo, você está para cima porque acaba de cantar uma canção de amor para o Senhor, e consequentemente, você pode cantar uma canção de amor para o seu cônjuge. Mantenha o seu coração cheio de esperança. Se você não fizer isso, definitivamente se decepcionará.

A Bíblia diz que Abraão certa vez sentiu que toda a razão humana para ter esperança havia desaparecido, mas esperou pela fé que se tornaria pai de muitas nações. Nenhuma dúvida ou incredulidade fez com que ele hesitasse com relação à promessa de Deus. Uma mulher certa vez pediu oração porque seu marido de trinta e cinco anos a havia abandonado. Eu não podia prometer que se ela acreditasse em Deus seu marido voltaria para ela, porque não podemos manipular e controlar a vontade das outras pessoas com as nossas orações. Mas posso prometer que se ela insistir na sua esperança em Jesus, Ele irá curar esse casamento ou dará a ela alguém que a ame ainda mais.

Assim como Abraão, ela pode ter fé na esperança de que Deus a abençoará e cuidará dela e até será um Marido para ela. Às vezes, precisamos dar a Deus um pouco de espaço para trabalhar. Não podemos dar a Ele um projeto e depois ficarmos furiosos para saber se Ele está fazendo as coisas do jeito que pedimos, mas podemos confiar que Ele nos dará paz e alegria. Com essa confiança devemos estar cheios de expectativa e viver empolgados quanto ao nosso futuro.

Todos os dias, devemos dizer: "Deus, estou entusiasmado para ver o que Tu vais fazer hoje. Acredito que algo bom vai acontecer comigo hoje. Aonde quer que eu vá hoje, o favor de Deus está sobre mim".

SUAS EXPECTATIVAS ESTÃO NO LUGAR ERRADO?

A Bíblia nos ensina em muitas passagens a colocarmos a nossa expectativa e a nossa esperança em Deus. Ele é a nossa Fonte, a Fonte de tudo que precisamos. Ele costuma trabalhar através das pessoas para atender às nossas necessidades, mas nós bloqueamos Sua ação quando colocamos a nossa expectativa nas pessoas e não em Deus.

> *Deus costuma trabalhar através das pessoas para atender às nossas necessidades, mas nós bloqueamos Sua ação quando colocamos a nossa expectativa nas pessoas e não em Deus.*

Às vezes, esperamos que as pessoas façam coisas que elas sequer sabem que estamos esperando que façam. Acabamos decepcionados por causa da nossa expectativa, e não por causa da falha delas em atendê-la.

Houve situações em que permiti que a minha mente entrasse em parafuso, e durante um período de alguns dias convenci-me de que Dave deveria me convidar para sair — sair para comer ou para fazer compras, ou para ir ao cinema. Estava esperando que ele me convidasse para ir a algum lugar, e convenci-me de que ele deveria fazer isso.

Quando ele não fazia o que eu esperava, eu ficava zangada e dizia a ele que ele devia me levar a algum lugar. Ele reagia dizendo: "Você não me disse que queria ir a lugar algum. Eu a levarei onde você quiser ir". Eu estava esperando que ele me convidasse, e ele estava esperando que eu dissesse a ele que queria ir.

Creio que muitos casamentos fracassam por causa das expectativas erradas. Muitas decepções resultam dessas expectativas que na verdade estão fora do lugar. Não podemos realmente esperar que alguém leia a nossa mente. Precisamos nos comunicar e fazer isso com clareza. Não podemos esperar que o nosso cônjuge faça o que o cônjuge de outra pessoa faz. Isso é colocar sobre ele uma pressão injusta. Um bom amigo chamado Don Clowers escreveu um livro sobre a maneira certa e errada de pensar. Recomendo enfaticamente a leitura desse livro para quem está interessado em melhorar os seus relacionamentos.

FAÇA VOCÊ MESMO

É impressionante quantas vezes a resposta de Jesus ao problema de alguém era: "Levante-se". Jesus dirigiu-se ao homem que havia sido aleijado por trinta e oito anos e estava deitado junto ao poço de Betesda, esperando que o anjo agitasse as águas para que ele pudesse receber o seu milagre (ver João 5:1-9). Jesus perguntou a ele: "Você quer ser curado?".

O homem respondeu: "Senhor, não tenho ninguém que me ajude a entrar no tanque quando a água é agitada. Enquanto estou tentando entrar, outro chega antes de mim".

Jesus olhou para ele e disse: "Levante-se! Pegue a sua maca e ande!". Uma versão diz: "Arrume a sua maca", o que me dá a impressão de limpar a sua bagunça enquanto você está nela para poder começar a seguir em outra direção que gerará algo positivo em sua vida. Se ele ficou deitado ali por trinta e oito anos, certamente não tinha muita bravura. Acredito que em trinta e oito anos eu poderia ter me arrastado até à beira daquele poço e ficado ali até o momento em que o anjo chegasse e então eu cairia ali dentro e diria: "Ou você vai me curar ou eu vou me afogar, mas não vou mais viver assim".

Se você está esperando que alguém o coloque no poço, então aqui estou. Se você ficou comigo até agora para chegar a este ponto do livro e ainda se pergunta se Deus pode curar o seu casamento, deixe-me ser a pessoa a lhe dizer: "Levante-se! Supere o passado, e prossiga amando a pessoa com quem você se casou!".

Pare de permitir que o que as outras pessoas pensam determine o seu senso de importância e valor. Seja o que for que esteja detendo você, tome a decisão de elevar o padrão. Diga: "Estou cansado de me sentir condenado. Estou cansado de me sentir mal comigo mesmo. Estou cansado da dor da rejeição. Jesus me ama, e se ninguém mais em todo o mundo gostar de mim ou da minha personalidade, estou fazendo o melhor que posso, então vou servir a Deus e amar as pessoas daqui para frente".

Amar a Deus e amar as pessoas são as duas únicas coisas que Deus nos pediu para fazermos em troca de todas as bênçãos que Ele quer nos dar. Toda a lei da Velha Aliança se cumpre nesses dois mandamentos. Observe o que acontece quando você sai da cama pela manhã e começa a amar as pessoas independentemente de elas amarem você em troca. Observe o que acontece quando você decide superar os sentimentos feridos, a amargura e o ressentimento. Enquanto estiver fazendo isso, supere qualquer coisa que você tenha perdido para o inimigo, porque Deus pode lhe restituir uma porção dobrada de qualquer coisa que tenha sido tirada de você.

> ✳
>
> Amar a Deus e amar as pessoas são as duas únicas coisas que Deus nos pediu para fazermos em troca de todas as bênçãos que Ele quer nos dar.

Isso pode parecer duro e insensível, mas a verdade é que às vezes a única coisa que podemos fazer quanto ao nosso passado é *superá-lo!* Tive de fazer essa escolha finalmente, e se você tem permitido que o seu passado ameace o seu futuro, deve tentar fazer o mesmo. *Levante-se; tome a sua cama e ande.*

Devemos trabalhar com Deus de duas maneiras: em primeiro lugar, devemos obter vitória sobre os problemas e os cativeiros; e em segundo lugar, devemos manter a liberdade e a vitória que alcançamos. É necessária uma disposição contínua de seguirmos a direção do Espírito Santo. Gálatas 5:1 diz: "Foi para a liberdade que Cristo nos libertou. Portanto, permaneçam firmes...". Sim, todos nós devemos permanecer firmes e manter o terreno que conquistamos.

Houve muitas vezes em que Dave teve de permanecer firme durante os anos em que estava esperando pacientemente que Deus me transformasse.

Arrume-se como você se arrumaria se não fosse casada e ele estivesse vindo depois do trabalho para apanhá-la para um encontro. Talvez não de uma forma tão sofisticada, mas estou certa de que você conseguiu captar o que estou querendo dizer. Se você costuma usar maquiagem, maquie-se para ele. Não use sempre as coisas que você costuma usar para ficar em casa; vista algo melhor para a noite. Mesmo que você tenha ganhado algum peso com o passar dos anos, você ainda assim pode ter uma boa aparência. Lembre, faça o melhor que puder com o que você tem.

Deus está do seu lado. Jesus veio para curar os quebrantados de coração, para abrir as portas da prisão e libertar os cativos. Ele nos dá beleza em vez de cinzas, óleo de alegria em vez de pranto, e vestes de louvor em vez de espírito angustiado, para que possamos ser chamados carvalhos de justiça, plantados pelo Senhor. Por quê? Não porque merecemos, mas só porque Ele nos ama, e os outros verão a glória da Sua bondade através do nosso testemunho.

Agarre-se a todo o bem que Deus lhe deu e faça planos de prosseguir avançando para o melhor que Ele ainda tem para você. Sempre que você vir o inimigo ameaçar a sua paz, assuma a autoridade sobre a depressão, o desânimo, o desespero, o medo e a desesperança no Nome de Jesus. Ordene a esses espíritos malignos que o soltem, que soltem o seu pensamento, que soltem as suas emoções no Nome de Jesus. Seja curado e alegre-se por tudo que Deus está trazendo a você e à sua família.

Declare vida sobre as suas circunstâncias. Declare vida sobre o seu futuro. Declare vida sobre o seu parceiro, sobre a sua família e sobre os seus amigos. Não espere que outra pessoa o jogue no poço da vida. Apenas pule por si mesmo. Tudo que você precisa é a verdade da Palavra de Deus para mantê-lo livre.

Mateus 12:34-37 mostra como podemos falar com fé para trazer o melhor de Deus para nossa vida.

Pois a boca fala do que está cheio o coração. O homem bom, do seu bom tesouro, tira coisas boas, e o homem mau, do seu mau tesouro, tira coisas más. Mas eu lhes digo que, no dia do juízo, os homens haverão de dar conta de toda palavra inútil que tiverem falado. Pois por suas palavras você será absolvido, e por suas palavras será condenado.

Devemos colocar um freio na nossa língua e disciplinar as nossas palavras para estarem sob o senhorio de Jesus Cristo. As nossas palavras podem ser cheias de veneno mortal. A Bíblia diz que a língua é um membro minúsculo, mas começa grandes incêndios capazes de incendiar uma floresta. Podemos arruinar um relacionamento com as palavras da nossa boca. Podemos afugentar nossos filhos com as nossas palavras. Podemos dizer tantas coisas erradas sobre nós mesmos que podemos nos convencer da nossa autoimagem negativa. Podemos fofocar e maldizer, mas assim como a ira alimenta a contenda, uma língua mansa tem o poder de curar.

Não espere manter relacionamentos saudáveis se você usa a sua língua para murmurar, resmungar e reclamar. Quando você é positivo quanto à sua vida, começa a acumular poder que trará saúde e crescimento à sua situação, mas quando você diz palavras negativas e sem vida, começa a drenar os seus recursos e volta à estaca zero em termos de poder.

Para ganhar terreno no seu relacionamento, entenda que se você tem dito palavras negativas por anos, será necessário mais que um ou dois comentários positivos para transformar as coisas à sua volta. Mas você pode se surpreender com a reação de boas-vindas que algumas palavras positivas trarão a um relacionamento árido e sem vida. Ser gentil por um ou dois dias não desfará vinte anos de implicâncias e sentimentos feridos, mas declarar palavras de vida é a única maneira de fazer com que o seu relacionamento se volte para a direção certa.

2 Timóteo 2:16 diz: "Evite as conversas inúteis e profanas, pois os que se dão a isso prosseguem cada vez mais para a impiedade". Não podemos evitar os pensamentos inúteis e vãos que enchem a nossa mente. O único poder do inimigo contra nós é lançar dardos inflamados para inflamar o nosso pensamento contra a Palavra de Deus. É nossa responsabilidade discernir essas ideias ociosas e vazias que podem roubar a nossa herança e impedir que elas se firmem no nosso coração. Não controlamos os pensamentos que entram na nossa mente, mas podemos impedir que os pensamentos de impiedade criem raízes no nosso coração, pois é a partir do coração que dizemos aquilo que cremos.

É fácil descobrir como nos sentimos a respeito de alguém só de ouvir o que dizemos sobre essa pessoa e o que dizemos a ela. Nossas palavras devem demonstrar amor, e se isso não acontecer, devemos pedir a Deus para criar em nós um coração reto a fim de que possamos edificar o nosso cônjuge e os nossos entes queridos com as nossas palavras. Jesus nunca destruiu ninguém com as Suas palavras. Ele dizia às pessoas a verdade, mas nunca as menosprezava nem as ridicularizava.

UMA INFLUÊNCIA DIVINA

Provérbios 14:1 diz: "A mulher sábia edifica a sua casa, mas com as próprias mãos a insensata derruba a sua". Embora o homem deva ser o sumo sacerdote e o cabeça de uma família, a mulher nunca deve subestimar sua influência para manter o lar e a família andando dentro da vontade de Deus.

Tito 2:5 diz que as mulheres devem ser "dedicadas a seus lares" (KJV), e graças a Deus isso não significa apenas limpar a casa. A mesma versão em inglês utiliza a palavra *keepers*, cuja origem no grego, segundo a *Concordância Exaustiva da Bíblia de Strong*, significa "guardiãs, defensoras".[1] A mulher deve estar consciente do que se passa no seu lar e precisa protegê-lo.

Eu costumava levar o nosso relacionamento de volta à estaca zero em termos de poder quando me irritava com alguma coisa.

Eu podia passar duas ou três semanas sem dizer uma palavra a Dave. Isso parece muito tempo e realmente era. Mas Deus dava a Dave muita graça durante esse período para lidar com as minhas mãos tolas que ficavam trabalhando para destruir o nosso lar. Dave sabia que ele podia clamar pela graça de Deus para permanecer com um espírito positivo e continuar a desfrutar a si mesmo apesar das minhas atitudes. A graça de Deus para reconstruir nossa vida e nossos lares é ainda maior que o nosso poder de destruí-los, de modo que a fé de Dave manteve o nosso casamento sob a cobertura da benção de Deus até que aprendi a extrair a sabedoria de Deus também.

Durante esse tempo de insensatez em que eu não falava com ele, eu estava tentando arrastar Dave para baixo, para onde eu estava. Eu me ofendia por ver que ele podia permanecer alegre no Senhor, mas o que vi em Dave começou a ministrar a mim. Finalmente passei a desejar aquela paz que eu via nele. Eu queria ser feliz como ele, apesar das minhas circunstâncias. Eu também queria desfrutar a minha vida.

Deus me tirou da rebelião, da angústia e da autocomiseração e começou a me ensinar a manter o triunfo que desfrutávamos e a alcançar as bênçãos que ainda estavam reservadas para nós ao confiarmos em Deus e fazermos o que Ele nos diz para fazer.

O CASAMENTO É UMA PROPOSTA MEIO A MEIO?

Ocorreu-me que pode parecer que estou colocando a maior parte da responsabilidade sobre a mulher no sentido de ser a parte determinante para fazer as coisas direito. Não é mais responsabilidade da mulher do que do homem; no entanto, a maior porcentagem de pessoas que lerão este livro provavelmente será de mulheres. Alguém precisa "manter a bola rolando", e tem de ser aquele que tem a informação e o conhecimento necessários para fazer mudanças positivas. Não permita que o diabo o impeça de seguir em frente fazendo com que você sinta que é injusto ter de fazer todo o trabalho. Apenas esteja disposto a começar, e não se preocupe com o que cada um está fazendo.

Um dos problemas do casamento vem da mentalidade de que ele deve ser uma proposta meio a meio. Um parceiro pensa: "Bem, vou encontrar você no meio do caminho, mas isso é tudo". Se não houver uma reação que ele ache que é justa, ele se recusa a fazer o que é certo, o que por sua vez faz com que ele passe a estar tão errado quanto o outro. As coisas ficam assim: "Quem veio primeiro — a galinha ou o ovo?". Em muitos casamentos, é praticamente impossível dizer qual foi o verdadeiro problema para início de conversa. Aprendi que se uma pessoa faz algo errado e eu desço ao nível dela para retaliar, então não estou me portando melhor do que ela, e sou tão responsável quanto ela pelo fracasso do relacionamento.

Se você for maduro o bastante para tomar a decisão de ser a parte atuante na solução de sejam quais forem os problemas do seu casamento, não desanime se o seu parceiro não mudar imediatamente. Com cada oportunidade de progresso, também enfrentamos a oposição de Satanás. Ele despreza os bons relacionamentos e teme o poder que vem deles. Prepare-se para a guerra. Como diz Paulo em 1 Timóteo 6:12, "combata o bom combate da fé".

Sempre digo que foram necessários anos para fazermos tudo que levou nossa vida ao caos, portanto, não podemos ficar irritados se com apenas uma ou duas escolhas certas não conseguirmos sair dele. As boas escolhas feitas de forma consistente por um período prolongado começarão a transformar a situação. Se um navio for avisado para dar a volta e seguir na direção oposta, ele não pode virar imediatamente; isso leva tempo. Não estou dizendo isso para desanimá-lo, mas sim para ser realista. Prefiro dizer o que é real e vê-lo cruzar a linha de chegada, do que fazer com que você fique empolgado emocionalmente com possibilidades que só acontecem raramente. Um mau casamento pode ser transformado da noite para o dia, mas geralmente não é assim que as coisas acontecem.

Quando Dave me disse que eu o havia levado a um ponto em que ele não conseguia mais me suportar, ele estava lidando com muitas mágoas e feridas emocionais que levaram tempo para serem curadas. Lembro-me de perguntar a ele certa vez como ele se sentia a meu respeito depois de um ano desde que eu havia passado a adotar o que achava que era o meu melhor comportamento. Ele disse que se sentia melhor, mas que ainda tínhamos um longo caminho a percorrer. Lembro-me de ter ficado desanimada e de quase ter ficado zangada com ele, mas graças a Deus continuei avançando e "pouco a pouco, dia a dia, de glória em glória", chegamos lá.

A sua situação vai mudar também, mas decida-se a percorrer seja qual for a porcentagem do caminho que for preciso a fim de ter um casamento que glorifique a Deus. Não permita que a mentalidade da proposta de "meio a meio" do mundo o faça desistir se você não tiver a reação que espera do seu parceiro.

> ❊
>
> As boas escolhas feitas de forma consistente por um período prolongado começarão a transformar a situação.

O amor começa com aceitação, assim como Deus nos aceitou do jeito que éramos. Dave me aceitou e me amou embora eu não quisesse falar com ele. O amor nos transforma. Podemos reformar a nossa casa, mas não podemos reformar um ao outro.

1 Pedro 3:3,4 explica que os homens são mais influenciados pela beleza incorruptível do espírito manso e tranquilo de uma mulher do que pelos seus adornos exteriores de cabelos trançados, ou pelo uso de joias de ouro e roupas caras. Em outras palavras, se quisermos que uma reforma seja feita no nosso relacionamento, devemos colocar o foco no nosso comportamento. A Palavra diz que um espírito dócil e tranquilo é de grande valor para Deus (ver o versículo 4). Os versículos 5 e 6 dizem: "Pois era assim que também costumavam adornar-se as santas mulheres do passado, que colocavam a sua esperança em Deus. Elas se sujeitavam a seus maridos, como Sara, que obedecia a Abraão e lhe chamava senhor. Dela vocês serão filhas, se praticarem o bem e não derem lugar ao medo".

Os homens querem a paz no ambiente doméstico; querem chegar em casa e ter uma atmosfera pacífica, gentil e silenciosa. Eles estiveram fora, no mundo, o dia inteiro, e querem voltar para casa e encontrar as coisas em ordem. Se você quer ver mais do melhor de Deus na sua vida e no seu lar, tenha aquele espírito manso e tranquilo que não é ansioso nem agitado, mas é muito precioso aos olhos de Deus.

A ATRAÇÃO DA BELEZA VISÍVEL

Creio que as mulheres devem exibir a suavidade, a qual, provavelmente mais que qualquer outra virtude, foi a mais difícil para mim. Realmente precisei orar por isso para permitir que Deus trabalhasse em mim e me levasse ao ponto de ser mansa. Ainda tenho um caminho a percorrer, mas já vi grandes mudanças em mim e continuo a confiar em Deus para me ensinar nessa área.

A docilidade tem um valor maior do que todas as joias que podemos usar. É bom olhar visivelmente o nosso melhor, mas muitas mulheres pintam o exterior e deixam o interior em um completo caos. Deus está preocupado com a nossa vida interior.

A atração não se baseia na beleza natural; embora seja óbvio que algumas pessoas são naturalmente "mais bonitas" que outras, com base nos padrões de moda do mundo. A beleza natural é admirada, mas a beleza interior "atrai" uma atenção duradoura por parte dos outros. Essa atração exercida por uma mulher casada reflete a glória do seu marido, e ele por sua vez reflete a glória de Deus, que no final recebe a honra pela bondade em nossa vida.

Acompanhe-me enquanto refaço essa afirmação na direção oposta. 1 Coríntios 11:7 explica que o homem "não deve cobrir a cabeça, visto que ele é imagem e glória de Deus; mas a mulher é glória do homem".

Quando digo que o marido precisa que sua mulher tenha a melhor aparência possível para que ele se sinta bem consigo mesmo, não estou falando apenas da beleza natural, mas dessa atração interior que podemos levar conosco. Uma mulher que tem um casamento feliz e uma visão encantadora e destemida da vida, faz com que seu marido seja bem visto aos olhos daqueles que os conhecem. Quando as pessoas virem que

> ❋
>
> A beleza natural é admirada, mas a beleza interior "atrai" uma atenção duradoura por parte dos outros.

ela está em paz, lindamente adaptada a seu marido e à sua família, elas pensarão: *O marido dela deve ser realmente bom para que ela seja tão feliz.*

Quando olharem para o seu marido para verem por que o lar dele é cheio de paz e por que sua esposa caminha com confiança e graça, elas pensarão: *O Deus dele deve ser bom para que o seu lar e a sua família sejam tão abençoados.* Tanto a nossa aparência exterior (o que os outros veem) quanto a nossa situação interior (o que Deus vê) devem glorificar a Deus por meio do testemunho de paz que Ele nos deu.

Pelo fato de a atração externa ser o nosso primeiro testemunho aos outros, creio que toda mulher deve manter a sua aparência física a melhor possível. A beleza exterior está baseada no que fazemos com o que temos. Acredito que toda pessoa pode ser atraente. Minha aparência sempre é mais ou menos a mesma. Não ando correndo pela casa de salto alto e vestidos, mas não ando para lá e para cá com uma aparência descuidada. Entendo que quando tenho uma boa aparência, meu marido e meu Senhor são bem vistos, porque todos podem ver a benção que a ordem de Deus colocou em minha vida.

Se uma mulher estiver querendo ter um relacionamento mais profundo com seu marido e ganhar o melhor de Deus para o seu casamento, creio que um dos maiores erros que ela pode cometer é ignorar a sua aparência física. Sou uma grande advogada da maquiagem e dos perfumes. Quando uma mulher limpou a casa o dia inteiro, e seu cabelo está despenteado e caindo no rosto, deixando-a com uma aparência cansada, não é de admirar que os olhos do marido dela estejam mais atraídos pela televisão. Reserve um tempo antes de ele chegar em casa para se arrumar e demonstrar a ele que o seu relacionamento é uma prioridade em sua vida.

Já posso ouvir os argumentos contra essa ideia. As mulheres dizem: "Bem, eu não tenho tempo para fazer tudo isso, e tenho todas essas crianças para cuidar". Mas elas podem fazer isso se quiserem, e se não fizerem, serão como as mulheres que mais tarde reclamam porque seus maridos nunca demonstram fazer nenhum

COMO GANHAR E MANTER

esforço para conquistar o amor e o afeto delas. Elas ansiarão pela atenção que recusaram dar a seus maridos. A boa aparência deve ser uma prioridade na sua vida a fim de fazer com que ele se sinta atraente também.

Do mesmo modo, é claro, os homens devem cuidar de si mesmos. Dave cuida bem de si mesmo para mim. Aprecio o fato de ele querer estar bem quando está comigo. Nós afetamos um ao outro; quando estou bem, ele se sente bem consigo mesmo porque eu pertenço a ele. Eu me sinto bem comigo mesma quando ele está bem, também. Novamente, estou falando de "boa aparência", e não de beleza natural.

Você pode imaginar o romance que teria início se todas as mulheres que lessem este livro começassem a se vestir para a chegada de seus maridos todas as noites? Os maridos surpresos em todo o mundo perguntariam: "Por que você está toda arrumada?". As esposas amorosas diriam: "Para você. Só me arrumei para você. Amo você e quero estar linda para você". Ah, posso lhe garantir que o diabo não gosta dessa ideia.

Existem algumas coisas tremendas que podemos aprender com a mulher virtuosa de Provérbios 31. Ela era espiritualmente inteligente e naturalmente habilidosa. Fazia cobertas, almofadas e tapetes de tapeçaria. Sua roupa era de linho puro finíssimo e de púrpura, tal como a que era usada para se fazer roupas para os sacerdotes e os panos santificados para o templo. Nada é mencionado quanto à sua "beleza natural", mas o seu caráter e o seu espírito laborioso levaram muitas pessoas a serem atraídas por sua vida.

Em outras palavras, essa mulher era alguém que se vestia com esmero e que tinha coisas boas. Não há nada de errado em ter coisas boas. Essa mulher admirável cuida bem de si mesma e de sua família. Ela é conhecida por sua força espiritual e pela maneira como se conduz. Seu marido é famoso e conhecido por causa de sua mulher admirável. As pessoas diziam: "Ah, ele é casado com aquela mulher admirável vestida de púrpura que compra alimentos para sua família na loja de artigos importados".

286 —

Mulheres, precisamos fazer todo o possível para melhorar a reputação de nossos maridos. Assim como precisamos que nossos maridos sejam bons pais para seus filhos, eles precisam da nossa admiração e da certeza de que estamos cuidando das necessidades da família também. Acreditem se quiserem, na maioria dos casos eles estão preocupados com o seu sucesso e com o sucesso de seus filhos. Eles sabem instintivamente que o bem-estar de vocês é reflexo da virilidade deles e da capacidade deles de suprirem as suas necessidades.

O AMOR NOS ELEVA ATÉ ONDE DEUS QUER QUE ESTEJAMOS

A sua admiração por seu marido edifica a confiança dele para ser o seu provedor. A submissão é uma imagem na qual alguém fica por baixo para levantar a outra pessoa. Efésios 5:33 nos dá uma lista detalhada de como realmente nos submetermos de uma maneira que os eleve à fama e à posição que Deus quer que eles ocupem. Entendo que já fiz menção a esse versículo anteriormente neste livro, mas espero chamar a atenção das esposas de todos os ângulos possíveis até que o poder desse versículo seja entendido claramente. Lembro-me de quando o Espírito Santo me inspirou a pegar um dicionário e procurar cada uma das palavras a seguir para entender o que todas elas significavam.

> *Portanto, cada um de vocês [sem exceção] também ame a sua mulher como [sendo em certo sentido] o seu próprio ser, e a mulher trate o marido com todo* **o respeito** e **reverência** *[isto é,* **repare** *nele,* **considere**-*o,* **honre**-*o,* **prefira**-*o,* **venere**-*o* e **estime**-*o; e que ela* **reconheça o mérito** *dele,* **elogie**-*o,* **ame**-*o e* **admire**-*o em extremo].* — Efésios 5:33, AMP (ênfase da autora).

Na prática, isso significa que quando vocês saem com outras pessoas que não veem há algum tempo, não devem passar a noite inteira falando sem prestar atenção no seu cônjuge, ainda que você apenas vá até ele e aperte a sua mão de vez em quando. Isso significa que quando ele chegar em casa e se sentar na frente da televisão, você deve ir se sentar com ele, mesmo que seja por alguns minutos, e abraçá-lo para que ele saiba que você dá atenção a ele e prefere estar com ele a cuidar das obrigações da vida em família.

A principal barreira para um casamento vitorioso que está ganhando terreno à medida que os anos passam é a falta de compromisso verdadeiro. Seja comprometido com o seu cônjuge. Descubram as necessidades um do outro, e descubram como atender a essas necessidades.

Acredito que existem coisas no coração das pessoas que precisam ser expressas. Se quisermos ganhar terreno, precisamos aprender a ouvir sem nos ofendermos. Ainda peço a Dave para me dizer se existe alguma coisa que eu estou fazendo que ele não quer que eu faça. Ainda preciso praticar aceitar a sinceridade dele sem me sentir ofendida.

Certa vez ele me disse: "Realmente não gosto quando peço desculpas a você e você me dá um sermão sobre o que eu deveria ter feito e como aquilo fez você se sentir. Quando começo a pedir perdão a você, tudo que quero que você diga é: 'Obrigada. Tudo bem. Está perdoado'."

Quando ele compartilhou isso, senti aquela dor em minha alma, porque nenhum de nós quer que nos digam que estamos fazendo alguma coisa errada. Mas o ponto principal é que eu o estava magoando. Quando ele entendeu que devia lamentar pelo que fez, ele pediu perdão. E em vez de perdoá-lo, passei-lhe um sermão sobre como ele havia sido horrível ao me magoar. Precisamos superar esses sentimentos carnais. Precisamos nos comprometer de coração com a tarefa de agradar aos nossos parceiros.

— ✳ —

Compromisso significa que você dirá o que vai fazer, e depois fará o que disse que faria. Uma promessa foi feita ao seu cônjuge quando você fez os votos de casamento.

Você se importa com o seu casamento, ou não teria lido este livro até este ponto. Oro para que vocês deixem Deus dirigir as mudanças na maneira como vocês tratam um ao outro. Até os casamentos felizes podem ser melhorados se respeitarmos e honrarmos os sentimentos um do outro. Compromisso significa que você dirá o que vai fazer, e depois fará o que disse que faria. Uma promessa foi feita ao seu cônjuge quando você fez os votos de casamento.

É fácil repetir essas palavras sem prestar nenhuma atenção ao que foi dito. No nosso casamento, prometi amar, honrar e obedecer ao Dave, e eu nem entendia o significado dessas palavras.

O que você prometeu no seu casamento? Acredito que você disse algo do tipo: "Prometo amá-lo para sempre, quando as coisas estiverem boas e quando estiverem ruins". Creio que ninguém disse: "Vou amá-lo até que as coisas não estejam mais dando certo, depois vou cair fora". Acredito que você provavelmente disse: "Até que a morte nos separe". Portanto, casamento é um comprometimento total.

Capítulo 19

O PREÇO DA PAZ

Mas a sabedoria que vem do alto é antes de tudo pura; depois, pacífica, amável, compreensiva, cheia de misericórdia e de bons frutos, imparcial e sincera. O fruto da justiça semeia-se em paz para os pacificadores.

TIAGO 3:17,18

Eu era muito instável emocionalmente. Acordava em uma manhã toda entusiasmada com alguma coisa que iria fazer naquele dia. Na manhã seguinte acordava em total depressão porque não tinha nenhuma expectativa. Minhas emoções passavam por altos e baixos de um dia para o outro, de uma hora para outra, ou até de um minuto para o outro, dependendo do meu humor oscilante.

Meu marido podia chegar em casa um dia, e eu corria para ele, envolvia-o com os meus braços, abraçava-o e beijava-o. No dia seguinte, ele podia entrar, e eu estava pronta para jogar alguma coisa em cima dele. Na maior parte do tempo, minha reação não tinha nada a ver com qualquer coisa que ele havia feito ou deixado de fazer. Tudo era determinado pelo meu estado emocional.

Mesmo que você nunca tenha sofrido abuso, nem seja uma pessoa mental e emocionalmente instável como eu era, todos nós precisamos de restauração contínua a fim de mantermos o equilíbrio e a estabilidade adequados em nossa vida. Sejam quais forem as suas experiências passadas ou as suas circunstâncias presentes, submeta a sua mente, a sua vontade, e as suas emoções ao Senhor. Escrevi sobre isso detalhadamente em meu livro intitulado *Managing Your Emotions* (Administrando as Suas Emoções). Mas quero lembrar-lhe que a paz é o fruto de um relacionamento correto com Deus. Quando tivermos paz com Deus, teremos paz um com os outros.

O preço que precisamos pagar para termos paz é tão pequeno, e, no entanto, os seus benefícios são eternamente imensos. Simplesmente recebemos a paz de Jesus, através do poder do Espírito Santo, e concordamos em perdoar as pessoas pelas suas ofensas contra nós. João 20:21-23 confirma isso:

> *Novamente Jesus disse: "Paz seja com vocês! Assim como o Pai me enviou, eu os envio". E com isso, soprou sobre eles e disse: "Recebam o Espírito Santo. Se perdoarem os pecados de alguém, estarão perdoados; se não os perdoarem, não estarão perdoados".*

Jesus nos dá o poder para termos paz soprando a Sua vida, o Espírito Santo, em nós. Mas se não perdoarmos os outros, a tristeza do pecado cometido contra nós permanecerá conosco para sempre. O nosso preço é pequeno, mas o preço que Jesus pagou para que nós tivéssemos o dom do Espírito Santo é incompreensível.

JESUS ENTREGOU SUA VIDA POR NÓS

Quando Judas traiu Jesus, Ele teve discernimento para saber o que Judas estava fazendo, mas apenas ficou ali e deixou que ele continuasse com a sua saudação, o seu abraço e o seu beijo. Então, em Mateus 26:50 "Jesus perguntou: Amigo..." (você deve circular a palavra amigo na sua Bíblia). Sabendo que Judas o estava traindo, Ele ainda o chamou "'amigo, que é que o traz?'. Então os homens se aproximaram, agarraram Jesus e o prenderam".

Pedro, pronto para defender Jesus, sacou da espada, atingiu o servo do sumo sacerdote, e cortou fora sua orelha. Zum! O velho Pedro, bravo como um leão, estava cheio de zelo carnal. Ele sacou

— 291

de repente aquela espada e cortou fora a orelha do homem. Sabe o que Pedro estava pensando? *Graças a Deus, não temos de aturar isto!* Zum! *Vocês estão tratando com o ungido de Deus!*

Mas Jesus disse: "'Basta!' E tocando na orelha do homem, ele o curou" (Lucas 22:51). Então Jesus disse a Pedro para colocar sua espada no lugar porque todos os que usam da espada morrerão pela espada (Mateus 26:52). Tenho um entendimento maior dessa passagem hoje do que tive antes. O uso da espada por Pedro representava um modo de vida abrasivo, mas a espada que ele sacou da bainha representava algo mais, ela representava um tipo de comportamento.

Pedro estava sempre falando quando não precisava estar falando, estava sempre fazendo coisas quando não precisava estar fazendo. Pedro precisava aprender a esperar em Deus, e a ter humildade e mansidão. Deus queria usar Pedro de forma poderosa, mas se Pedro quisesse pregar as boas novas do Evangelho, não poderia fazer isso sacando a sua espada e cortando orelhas quando ficasse irado.

As nossas palavras abrasivas podem cortar a audição das pessoas, assim como a espada de Pedro cortou a orelha do servo. Não podemos simplesmente ir contra as pessoas sempre que acharmos necessário fazer justiça. Precisamos ser submissos a Deus, e se Ele disser, "não diga nada", devemos ficar parados e simplesmente deixar que eles pensem que estão certos embora saibamos que não estão. Precisamos dizer: "Sim, Senhor", e aceitar que Ele não nos deve nenhuma explicação.

Jesus nos pede para confiar Nele porque Ele nos ama. Não havia maneira maior para Ele provar o Seu amor que o fato de entregar a Sua vida para pagar o preço pelo pecado que nos separava das bênçãos de Deus. Jesus estava disposto a ser o nosso "bode expiatório"; Ele foi Aquele que levou a culpa por todos nós. Nenhum de nós teria o nosso nome escrito no Livro da Vida do Cordeiro se Jesus não tivesse sido submisso ou se tivesse aberto a Sua boca quando não devia.

Quantas vezes impedimos a salvação de alguém porque não conseguimos controlar o que dizemos? Quantas vezes impedimos o crescimento espiritual de alguém ou quantas vezes impedimos as bênçãos de Deus de virem sobre a nossa vida porque não temos o controle das palavras que saem da nossa boca?

Quando Jesus levou os nossos pecados, Ele os carregou para o mar do esquecimento para que pudéssemos desfrutar a liberdade de um relacionamento com Deus e liberar o fruto do Seu Espírito que habita em nós. As pessoas que não conhecem a Deus confundem mansidão com fraqueza. Mas quando Deus disse que os mansos herdarão a terra, estava falando sobre os crentes pacientes e longânimos. É necessária uma grande força para suportar pacientemente a injustiça sem ressentimento.

Eu queria tanto aprender o significado de mansidão, que lia a definição da palavra no meu *Dicionário Vine* com tanta frequência que a página acabou caindo do livro. Durante muito tempo, levei a página dobrada comigo em minha carteira, e a relia sempre que pensava em fazer isso. Uma definição

> ✳
>
> Mansidão não é fraqueza —
> é força sob controle.

diz que mansidão não é fraqueza — é força sob controle. Primeiramente diz que mansidão "é uma graça incrustada na alma".[1] "Incrustada" significa que ela precisa ser trabalhada dentro de nós.[2] Em outras palavras, ela não acontece de repente; ela precisa ser trabalhada em você. "É aquele temperamento de espírito no qual aceitamos o tratamento de Deus para conosco como algo bom".[3]

Deus revelou-me que não tenho autoridade para retaliar ninguém, a não ser que Ele me autorize a fazer isso. Em vez disso, devemos confiar em Deus para cuidar da situação. **Deus** é o nosso vingador. Ele promete: "Eu lhes retribuirei. Eu equilibrarei as balanças da justiça". Costumamos perder milagres em nossa vida os quais poderíamos conquistar porque nos envolvemos na solução de um problema quando deveríamos esperar e confiar em Deus.

Jesus era manso. No Jardim do Getsêmani, Ele tinha a força e o poder para chamar doze legiões de anjos, mas não confrontou ninguém porque o Pai não lhe havia dado permissão para fazer isso. Às vezes, Deus nos pede para sermos simplesmente o bode expiatório de alguém, em vez de confrontarmos essa pessoa com a justiça.

— 293

QUEM ESTÁ ASSUMINDO A SUA CULPA ULTIMAMENTE?

Há alguns anos, Dave estava se comportando de uma maneira que eu sabia que estava errada, e eu não conseguia fazer com que ele admitisse que estava errado. Para piorar as coisas, ele estava colocando a culpa das atitudes dele em mim. Ora, não é difícil quando alguém está fazendo alguma coisa errada e não quer admitir, e ainda coloca a culpa em você? Fiquei irritada com aquilo por diversos dias, durante os quais gemi e suspirei fortemente por causa daquela situação.

"Deus", reclamei, "isto não está certo; isto não é justo". Foi então que Deus me conduziu ao ensinamento que está em Levítico 16 sobre o bode expiatório. Ele me mostrou como Arão colocava as mãos sobre o bode e confessava todos os pecados e iniquidades de Israel antes de sacrificá-lo no altar de Deus. O "bode expiatório" inocente era um retrato do que Jesus fez por nós como o Cordeiro de Deus.

Eu estava reclamando de Dave durante o período em que também estava estudando essa ilustração, quando Deus falou comigo em resposta às minhas reclamações. Ele disse: "Joyce, durante anos Dave foi o seu bode expiatório". Quando Dave e eu nos casamos, meus problemas eram impenetráveis, mas Dave foi chamado e ungido por Deus para se casar comigo. Deus sabia que o chamado que estava sobre a minha vida necessitaria de alguém que fosse forte no Senhor e capaz de permanecer comigo e ser o meu bode expiatório para me mostrar o amor ágape de Deus. Eu não sabia o que era o amor — eu só havia visto ganância egoísta e egocêntrica — até que Dave me amou com o amor incondicional e a aceitação de Deus.

Eu sempre havia me comunicado por meio de conflitos, tentando manipular as pessoas da mesma maneira que outros haviam tentado me manipular. Eu ficava furiosa e permanecia furiosa por longos períodos. Tinha um temperamento péssimo e mergulhava em profunda autocomiseração. Dave tentava se divertir e eu ficava furiosa, mas ele nunca se levantava contra mim. Ele era um amante da paz, e apenas suportava o meu mau humor e nunca me confrontava. Muitas vezes eu o culpei, e ele confiou que Deus me revelaria a verdade.

Às vezes eu não o respeitava por isso e pensava: *Por que você simplesmente não me manda calar a boca?* Mas Deus o estava usando para demonstrar a Sua paciência e o Seu amor ágape. Então, depois de várias semanas me deixando gritar e esbravejar, como mencionei anteriormente, de repente, Dave começou a me confrontar. Reagi violentamente a esse novo desafio. Eu havia sobrevivido do meu jeito por muito, muito tempo, e agora Deus havia colocado alguém no meu caminho para me confrontar. Embora minha parte espiritual quisesse isso, a minha carne estava tendo um ataque.

De repente, Dave começou a assumir várias responsabilidades que eu havia controlado voluntariamente. Dirigi o meu atual ministério sozinha por muito tempo antes de Dave deixar seu emprego e subir a bordo. Ele assumiu a parte financeira, e eu não sabia quanto tínhamos de dinheiro durante a metade do tempo, e eu nunca via meus contracheques porque ele os levava direto para o banco. Ele tomava decisões sobre onde eu pregaria e onde eu não pregaria, que compromissos eu assumiria ou não e daí por diante.

Senti que eu havia sido esvaziada de todo o controle, e ele começou a me confrontar dizendo: "Não vou mais tolerar isto". Eu pensava: *Por que não? Você tem feito isso desde que nos casamos!* Eu podia escolher onde queria comer, mas de repente ele começou a dizer: "Não, não quero comer ali. Quero comer aqui". Eu simplesmente tinha mais um ataque por não conseguir ir aonde queria.

Eu era um terrível problema, e estava longe de compreender o que era mansidão ou humildade, mas precisava imensamente dessas qualidades em minha vida para avançar para o próximo nível do ministério que Deus estava nos chamando a seguir. Certo dia, Dave me disse: "Joyce, não tenho outra escolha. Deus está me dizendo que tenho de confrontar você".

Ele chegou a comprar um livro de David W. Augsburger chamado *Importe-se o Bastante para Confrontar*[4] e o leu. Fiquei nervosa quando ele o **comprou,** mas foi ainda pior saber que ele o estava

lendo! Exatamente como eu temia, ele começou a usar as suas técnicas de confrontação recém-aprendidas em mim.

Estávamos tendo uma boa conversa certa noite, quando ele começou: "Joyce, acredito que o Senhor me mostrou que por causa do estado ferido em que você estava quando me casei com você, se eu a tivesse confrontado mais cedo, você teria me deixado".

É verdade, eu provavelmente teria feito isso, não porque não o amasse, não porque quisesse deixá-lo, mas por causa da maneira como eu havia sido maltratada quando criança; eu não conhecia nenhuma outra maneira de reagir a não ser fugir. Eu tinha tanta rebelião na minha carne que precisava ser deixada a sós para que Deus trabalhasse em mim por um longo período.

Deus definitivamente enviou meu marido para mim. Estou confiante de que Deus enviou pessoas para ajudar você a amadurecer Nele, também. Ou talvez Deus possa estar pronto para usá-lo para ajudar alguém a crescer no conhecimento da Sua plenitude ou para conduzi-lo ao Seu Reino. Se esse for o caso, talvez você precise ser aquele bode expiatório até que Deus diga: "É hora de confrontar".

Foi isso que Dave fez por mim. Ele me amou; ele simplesmente continuou perseverando e me amando consistentemente e me mostrando o amor de Deus. Agora, se sou rude com Dave, ele me diz: "Não repita isso". Mas eu fiz muitas coisas que jamais teria tolerado de outros, no entanto, ele apenas negligenciou as minhas falhas até que Deus lhe disse para tratar comigo.

Ele agiu exatamente como Jesus, esperando como um cordeiro levado ao matadouro. Ele estava sendo maltratado e atormentado, e eu estava apenas sobrevivendo com aquilo e nada estava acontecendo, nada estava mudando, mas Deus tinha um plano. Deus vê o que somos e o que nos tornaremos.

Se Deus lhe pedir para ser um bode expiatório em uma situação é porque Ele está tentando dar àquela pessoa o mesmo espaço de tempo para mudar. Ele sabe quem aquela pessoa se tornará, e precisa que você leve a carga para aquela pessoa por algum tempo.

Assim como era importante para Dave evitar o confronto comigo por algum tempo, também era importante agir quando Deus disse: "Agora é hora de confrontá-la".

Dave me disse certa noite: "Posso lhe dizer uma coisa, Joyce? No natural, não quero desafiar você nessas coisas". Ele disse: "Por que eu iria querer brigar com você toda vez que me viro? Na verdade não me importa onde vamos comer. Não faz muita diferença para mim, e eu preferiria deixar você decidir o que quer". Ele explicou: "Estou fazendo isso porque Deus está me dizendo que preciso fazê-lo agora se quisermos progredir e avançar para a plenitude do que Ele tem para nós".

Quando uma pessoa anda com Deus por tempo suficiente, ela deve ser capaz de se submeter a qualquer autoridade que Deus coloque sobre a sua vida. Se eu tivesse resistido à liderança de Dave naquela ocasião, não estaria no ministério hoje. Não estaríamos voando por toda a nação, ou ensinando na televisão e nas estações de rádio em todo o mundo. Se você fizer as coisas do jeito de Deus, Ele o honrará. Você passará a ser valente como um leão, mas somente se fizer as coisas do jeito de Deus.

SUBMETA-SE À UNÇÃO

No ministério, uma pessoa aprende rapidamente que não se pode operar sem a unção de Deus. E você aprende rapidamente o que Deus vai ungir e o que Ele não vai ungir. Deus unge a humildade e a obediência. Para demonstrarmos a nossa disposição de sermos obedientes, é preciso haver autoridade sobre nossa vida.

Quando Deus estabeleceu a autoridade no nosso lar, Ele tinha um grande plano em mente. Assim como as mulheres demonstram a humildade necessária para se submeterem aos seus maridos, os maridos também devem se humilhar e se submeterem a Deus. Deus diz a eles para amarem suas esposas, de modo que as mulheres terminam tendo uma porção dobrada de amor: tanto seu marido quanto seu Senhor estão cuidando dela. O Plano de Deus de que todos estejam sujeitos a alguém está explicado em Romanos 13:1,2:

Todos devem sujeitar-se às autoridades governamentais, pois não há autoridade que não venha de Deus; as autoridades que existem foram por ele estabelecidas.

Portanto, aquele que se rebela contra a autoridade está se colocando contra o que Deus instituiu, e aqueles que assim procedem trazem condenação sobre si mesmos.

Devemos ter um temor reverente em relação à autoridade. O diabo pode destruir os lares onde o homem não está se submetendo a Deus, amando sua esposa, e a mulher não está se submetendo ao seu marido. O respeito precisa fluir nos nossos lares. O diabo trabalha nas mulheres tentando fazer com que elas se sintam como capachos. Mas a palavra em hebraico para "auxiliadora" em Gênesis 2:18 é mais bem ilustrada quando retratamos o lado oposto. A mulher precisa ser tão forte quanto seu marido, complementando os esforços dele para manter a família. Mas deve haver humildade em sua vida para que ela se apoie nele, como Deus ordena que ela faça, e não se distancie dele, ou tudo que Deus quer manter coeso na família desmoronará.

Precisamos ser capazes de respeitar a autoridade para podermos lidar com o poder resultante da unção que Deus nos der. Tenho o dom de ensinar e pregar, mas ainda assim não tenho o direito de ser o cabeça do meu lar. A Palavra ensina claramente que a autoridade está na nossa vida como uma ordem divina e uma cobertura, e não como uma classificação de superioridade ou inferioridade. No contexto em que diz aos homens que eles são o cabeça da família, Deus também lhes diz para se lembrarem de que vieram de uma mulher, e que não teriam vida sem ela. Deus mantém tudo em equilíbrio.

Acredito que qualquer mulher que esteja tentando atuar em algum tipo de ministério que não entre debaixo da autoridade de seu marido perderá a unção que Deus tem para ela, a não ser que ela obedeça à ordem que Ele estabeleceu para a família. Não importa se seu marido tem algo a ver com o ministério dela ou não. Ainda assim, ela precisa estar disposta a se humilhar para estar alinhada com os princípios de Deus se quiser que o poder seja liberado através das obras das suas mãos.

Deus tratou comigo ao longo dos anos sobre coisas que precisavam mudar em mim. Ele cobriu as minhas imperfeições por Sua graça por certo período, permitindo que eu sobrevivesse daquela maneira por algum tempo. Existem tantas coisas erradas em cada um de nós quando encontramos o Senhor, que se Ele revelasse tudo de uma vez, simplesmente diríamos: "Leve-me para casa, Senhor, e esqueça isso".

> ❋
>
> Precisamos ser capazes de respeitar a autoridade para podermos lidar com o poder resultante da unção que Deus nos der.

Mas Deus revela coisas em nós que precisam ser mudadas, uma de cada vez. A Sua graça nos dá o poder para fazermos a coisa certa, depois que Ele nos mostra onde precisamos crescer. Deus revelou coisas em minha personalidade que Ele queria que fossem mudadas, um passo de cada vez. Naquela altura de minha vida, eu precisava confiar na ordem e na autoridade de Deus se quisesse avançar para o próximo nível do Seu plano.

Avançamos de glória em glória. É tremendo pensar que todas essas coisas ruins em nossa vida podem ser transformadas em glórias — que Deus pode pegar cada um dos nossos maus hábitos e más atitudes e transformá-los em outra história da Sua bondade e poder.

Deus é longânimo, e Ele enviou a pessoa certa para me ajudar a aprender as lições que eu precisava. Acredito que todo casal é unido para que possa ajudar um ao outro a se encontrar espiritual, mental e fisicamente. Você não sabe do que seu marido é capaz. Você não conhece os talentos e os dons que estão nele, mas se você amá-lo e ajudá-lo a extrair o seu pleno potencial, vocês dois desfrutarão dos planos divinos de Deus para vocês.

PREFIRAM UM AO OUTRO

Deus começou a tratar comigo no sentido de que se eu quisesse que a unção Dele aumentasse sobre a minha vida, eu também precisava deixar de ser áspera. Fazia parte da minha natureza ser dura. Eu não conseguia nem mesmo mandar uma das crianças levar o lixo para fora sem parecer um sargento do exército. Eu dizia em alto e bom som: "Tudo bem, vamos tirar isso daqui! Vamos! Vamos! Vamos! Mexam-se! Peguem esse lixo! Tire-o daqui! Vamos! Vamos! Vamos!". Para mim, era até difícil dizer: "Querido, você poderia me trazer um copo d'água?". Eu preferia dizer: "Me dê um copo d'água, ok? Ande logo!". Talvez eu esteja exagerando um pouco, mas quando Deus começou a me mostrar o preço da paz, vi muitas áreas que demonstravam a minha necessidade de humildade.

Quando Deus começa a revelar o orgulho em nossa vida, Ele permite que sintamos isso de uma forma exagerada para que possamos entender a dimensão do que somos em comparação com a Sua santidade. Deus me mostrou que eu precisava ser doce e suave; humilde e mansa; bondosa e modesta. Ele me ensinou a dizer "por favor" e "obrigada". Aprendi que isso nem doía muito afinal.

Outra área na qual Deus me ensinou uma lição sobre humildade foi em nossas finanças. Realmente acredito que tanto o marido quanto a esposa devem estar envolvidos na situação financeira da família. Durante algum tempo, eu ignorava totalmente as nossas finanças e começava a me sentir ressentida e deixada de fora. Agora sei como as contas estão sendo pagas, embora elas sejam responsabilidade de Dave. Compartilhar esse conhecimento nos mantém de acordo com relação às principais compras e aos nossos objetivos financeiros.

Se quisermos comprar alguma coisa de valor mais elevado, conversamos sobre o assunto e entramos em um acordo. Se absolutamente não pudermos entrar em um acordo, então entendemos que talvez não seja o momento para comprar aquilo. Há tempo para ganhar e tempo para perder. Podemos confiar em Deus para nos dar a unção da concordância que nos indicará o momento certo para comprar algo.

Já vi a unção de Deus em operação quando havia chegado o momento de comprar algo. Sei que isso parece engraçado, mas quando o momento certo chega, não preciso de mais que uma hora para comprar cinco roupas. Quero dizer que cada uma delas vestirá perfeitamente em mim. A unção de Deus estará sobre aquilo

— é o tempo de Deus, o dinheiro está ali, e tudo está certo. Houve vezes em que andei pelo shopping para cima e para baixo em vão, me desgastando e ouvindo Dave dizer: "Podemos ir para casa? Não suporto mais isto".

Eu poderia procurar o dia inteiro e metade da noite e não conseguir comprar nada a não ser um par de sapatos que nem sequer me agradava, e um vestido que não me vestia bem. É melhor fazer compras quando Deus está pronto para colocar a Sua bênção nisso.

Se vocês estão tentando comprar uma casa e não estão de acordo quanto a isso, talvez não seja o tempo de Deus. A coisa mais importante em um lar de pessoas tementes a Deus é que não haja contenda. Vocês precisam tirar a contenda da vida de vocês. E muitas contendas ocorrem por questões financeiras, porque um quer fazer uma coisa e o outro quer fazer outra. Acredito que se vocês dois estão buscando a Deus, podem entrar em um acordo.

Mas e se temos o dinheiro para comprar algo e ele quer comprar um barco e eu quero comprar um sofá, ou ele quer comprar tacos de golfe e eu quero comprar um casaco novo? Quem vence? Acredito que aquele que vence é aquele que cede primeiro, e não aquele que consegue fazer as coisas do seu jeito. A Bíblia diz que mais abençoado é dar do que receber.

Dave e eu estávamos discutindo por alguma coisa; eu queria uma coisa e ele queria outra, e eu finalmente venci a discussão e consegui o que queria. Por um instante, eu me senti muito orgulhosa. Ele foi pegar uma xícara de café, e, inesperadamente, senti a presença do Espírito Santo vir sobre mim. Ele disse: "Sabe, você não ganhou; você perdeu". Ele disse: "Aquele que vence em uma situação como essa, Joyce, não é aquele que consegue o que quer, mas aquele que cede primeiro".

Se você puder ser obediente ao coração de Deus dessa maneira, se apenas para honrar a Deus você preferir fazer a vontade do seu cônjuge, terá uma paz que excede todo entendimento fluindo através da sua vida. Você não precisará dizer: "Senhor, não acho que isto seja justo, mas para honrar ao Senhor, vou deixar para lá". Mais cedo ou mais tarde Deus fará com que você receba o que deve

DESFRUTE A PAZ

Vamos dar uma olhada em Mateus 11, iniciando no versículo 28: "Venham a mim, todos os que estão cansados e sobrecarregados, e eu lhes darei descanso". Quando estamos tentando assumir o controle da nossa vida, tentando fazer as coisas funcionarem como queremos que elas funcionem, e estamos resistindo cerca de cinquenta a setenta e cinco por cento a tudo que cruza o nosso caminho porque não gostamos, ou porque não é agradável, ou porque não entendemos, não estamos desfrutando os frutos que recebemos por meio da humildade.

Se você não está desfrutando a paz de Deus, não está descansando Nele, e você provavelmente está cansado e sobrecarregado. Jesus disse: "Tomem sobre vocês o meu jugo e aprendam de mim, pois sou manso e humilde de coração, e vocês encontrarão descanso para as suas almas. Pois o meu jugo é suave e o meu fardo é leve" (Mateus 11:29,30). Áspero, duro, rígido e insistente é o modo da carne. Áspero, duro, rígido e insistente é o modo do mundo. Humilde, gentil, manso e suave é o modo do Reino. Essa é uma lei do Reino.

Quando penso nestas quatro palavras — manso, gentil, humilde e modesto —, inicialmente penso em "dor". A carne dói de tanta resistência à humildade, à gentileza, à mansidão e à modéstia. Por exemplo, você ama a correção? A Bíblia diz que se você é humilde, amará a correção.

Aprendi algo que me trouxe muita, muita paz e descanso, que é o fato de que Deus é soberano. Estamos nas mãos de Deus, e Ele nos ama e se importa conosco. Se eu mantiver os meus grandes olhos castanhos Nele, Ele vai fazer com que tudo dê certo. Até as coisas que não parecem estar bem neste momento, Ele vai fazer com que elas deem certo no final. Tudo que preciso fazer é aprender a ser gentil, mansa, humilde e modesta. Em Colossenses 3:12, AMP, a Bíblia diz:

Revistam-se, portanto, como povo escolhido de Deus (Seus representantes escolhidos), [que são] purificados, santos e bem amados [pelo próprio Deus, de um comportamento marcado pela], terna compaixão e misericórdia, pelos sentimentos de bondade, por uma opinião humilde de si mesmos, por um comportamento gentil, e pela paciência [que é incansável e longânime, e que tem o poder de suportar o que vier, com bom humor].

Como escolhidos de Deus, temos o poder de suportar o que vier, com bom humor. Romanos 8:28 diz: "Sabemos que Deus age em todas as coisas para o bem daqueles que o amam, dos que foram chamados de acordo com o seu propósito".

Efésios 1:11 diz: "Nele fomos também escolhidos, tendo sido predestinados conforme o plano daquele que faz todas as coisas segundo o propósito da sua vontade".

Você pode achar que isso não inclui o que você está passando, mas a Palavra diz que Ele faz **todas as coisas.** Só porque alguma coisa não é agradável, isso não significa que não seja boa. E só porque as coisas parecem terríveis neste instante, não significa que elas parecerão terríveis mais adiante, quando veremos Deus encaixar até a coisa mais terrível em um plano para o nosso bem.

Confiança é acreditar em Deus quando não faz sentido algum, e você não vê nenhuma maneira de aquilo se encaixar. No entanto, você está dizendo: "Deus, estou em Tuas mãos. Coloquei-me nas Tuas mãos pela fé. Creio que, porque Tu és Deus, Tu vais fazer tudo cooperar para o meu bem. Creio nisso! Creio que Tu irás resolver tudo!".

Recebemos uma carta de uma jovem que nos fez um grande elogio. Eis um resumo dos comentários dela:

Agradeço a Deus pelo seu ministério porque ele preencheu as lacunas... Eu poderia pregar uma série sobre prosperidade e cura, mas graças a Deus, também posso pregar uma série sobre o sofrimento. Ele também é parte da Palavra, tanto quanto o restante. Se deixarmos essa parte de fora, vamos deixar as pessoas confusas, porque você vai passar pela prova ardente; você vai passar por tribulações; você vai ter aflições; você vai passar por sofrimentos — porque a Bíblia assim o diz.

A Bíblia diz que faz parte do plano de Deus nos fazer crescer. Faz parte do plano de Deus nos levar ao ponto onde francamente, independentemente do que esteja acontecendo, somos os mesmos o tempo todo porque não estamos agindo por causa do que está acontecendo lá fora; estamos agindo por causa do que está acontecendo aqui dentro (no nosso coração).

Agradeço a Deus pelo ensinamento que tive sobre fé, cura e prosperidade, mas isso não estava funcionando sem a parte relativa a morrer para si mesmo! Eu estava ficando esgotada o tempo todo! Eu estava confusa porque não entendia por que não podia ter tudo o que queria, do jeito que queria, quando queria. Eu não conseguia entender o que havia de errado comigo, o que havia de errado com a minha fé. Agradeço a Deus pelos ensinamentos que tive sobre fé, prosperidade, cura, conhecimento da Palavra, saber como orar e como expulsar o diabo da minha propriedade. Mas agradeço a Deus porque você preencheu as lacunas. Precisamos ter todo o conselho da Palavra de Deus!

Anos atrás, a igreja estava no extremo oposto. Tudo que os cristãos queriam fazer era sofrer, sofrer, sofrer, sofrer e sofrer — mas nós sofremos para sermos ressuscitados, e não para continuar sofrendo na mesma área a vida inteira! Quando Deus trata com você em uma área da sua vida, você sairá livre do outro lado! Mas eu também posso lhe dizer que Ele sempre estará tratando com você com respeito a alguma coisa.

Deus corrige aqueles a quem ama. Ele o ama mais do que você pode imaginar. Sim, Deus quer que prosperemos. Sim, Ele quer nos ver com corpos saudáveis. Sim, Ele quer que nossos casamentos deem certo. Sim, Ele quer que sejamos favorecidos porque somos aqueles que devem glorificá-lo nesta terra, mas precisamos estar dispostos a fazer isso do jeito de Deus. Jesus disse: "Sigam os meus passos". A Bíblia diz que a mente do homem planeja o seu caminho, mas Deus dirige os seus passos. Coloque tudo que o preocupa nas mãos de Deus; Ele lhe dará o que é certo.

Filipenses 4:6,7 diz:

Não andem ansiosos por coisa alguma, mas em tudo, pela oração e súplicas, e com ação de graças, apresentem seus pedidos a Deus. E a paz de Deus, que excede todo o entendimento, guardará o coração e a mente de vocês em Cristo Jesus.

Eis um exemplo de como levar tudo, todos os nossos desejos a Deus. Suponha que Dave decida que deseja ir a algum lugar e eu não quero ir.

Digo a ele: "Realmente não quero ir, Dave. Simplesmente não quero ir! Não podemos deixar de ir?".

Ele é firme: "Bem, sim, nós vamos".

Eu cedo: "Tudo bem, então vamos".

Então, diante de Deus eu digo: *Deus, realmente não quero ir. Gostaria que o Senhor mudasse o coração de Dave. Eu simplesmente não quero ir. No entanto, Deus, eu me coloco nas Tuas mãos, e acreditarei que se Tu quiseres que eu vá, irei, e que se Tu não quiseres, mudarás o coração dele.* Quantas guerras e brigas seriam evitadas se levássemos os nossos desejos a Deus e confiássemos Nele para resolver as coisas a nosso favor? Nunca deixo de ficar impressionada com o que Deus faz por nós se simplesmente pedirmos a Ele.

> ❋
>
> É impressionante o que Deus faz por nós se simplesmente pedirmos a Ele.

Deus não vai deixar você "em suspenso". 1 Pedro 5:10 promete: "O Deus de toda a graça, que os chamou para a sua glória eterna em Cristo Jesus, depois de terem sofrido durante pouco de tempo, os restaurará, os confirmará, lhes dará forças e os porá sobre firmes alicerces".

Podemos suportar qualquer coisa por algum tempo, mas não desista até que a obra Dele esteja completa. Continue a amar o seu cônjuge até ver que vocês se tornaram um. Continue a obedecer à Palavra de Deus até ver as Suas promessas se completarem em você. Deus fará uma obra em nossa vida que não poderemos acreditar ou entender.

Capítulo 20

SOCORRO – ACHO QUE ESTOU APAIXONADO!

Semelhantemente, ensine as mulheres mais velhas a serem reverentes na sua maneira de viver, a não serem caluniadoras nem escravizadas a muito vinho, mas a serem capazes de ensinar o que é bom. Assim, poderão orientar as mulheres mais jovens a amarem seus maridos e seus filhos.

Tito 2:3,4

O dia em que eu disse a Dave: "Desisto! Ensine-me a jogar golfe", talvez tenha sido o dia em que aprendi a amá-lo realmente. Temos desfrutado o golfe juntos há alguns anos. É um tempo em que podemos nos afastar e desfrutar a solidão do campo de golfe, o ar fresco e o exercício.

Sentar-se em um barco de pesca o dia inteiro talvez não seja a sua ideia de um encontro perfeito com seu marido, mas você se surpreenderia com o prazer que sentirá ao vê-lo inserido no seu ambiente favorito. Isso pode ser tão bom para o seu relacionamento que ele concorde em andar com você pela feira de artesanato no fim de semana seguinte. Seja qual for a atividade em que seu marido se refugie, aceite o desafio de "adaptar-se a ele" e diga: "Sabe, gostaria de ir com você um dia desses".

Com uma expressão chocada, seu marido provavelmente dirá: "O quê? Você quer mesmo?". Não posso esperar para receber a sua carta me dizendo que você aceitou o desafio e foi com ele participar da sua atividade favorita. Talvez seja simplesmente assistir a um jogo de futebol, aconchegada ao lado dele enquanto segura o pote de pipocas para ele. Talvez você passe o dia na oficina ao seu lado, enquanto segura um pedaço de madeira para que ele o corte em dois.

Estou certa de que uma parte do seu testemunho será igual ao de outras mulheres que se ofereceram para passar o dia com seus maridos fazendo "seja lá o que for" que eles mais gostem. Você escreverá e dirá: "Sabe, Joyce, acho que posso ir com ele novamente um dia desses".

Quando você passar esse dia com ele, utilize o tempo para apenas observá-lo enquanto ele a conduz pela área das suas aventuras. Deixe de lado toda a sua programação, os seus rancores e os seus planos de vingança. Interesse-se por ele, e veja que surpresas Deus tem para você por meio do seu relacionamento com seu marido.

Saímos à procura de uma experiência com Deus, procuramos saber qual é o nosso "ministério" e nos perguntamos se Deus pode nos usar de alguma maneira, quando durante todo o tempo Deus já nos deu a atribuição de amarmos nossos maridos como ao Senhor. Precisamos começar a dar o nosso tempo, a nossa atenção, o nosso sacrifício, e o nosso serviço ao nosso cônjuge.

Quando vocês forem bons em amarem um ao outro, Deus lhes dará atribuições maiores. Quando vocês dois estiverem de acordo, Deus fará com que vocês façam dez vezes mais do que o que poderiam fazer sozinhos.

Dave sai para jogar golfe muitas vezes quando eu não quero ir — não sinto a mesma paixão pelo jogo que ele. Se digo que realmente não quero ir naquele dia, tudo bem. Mas temos ótimas lembranças dos momentos em que jogamos juntos. É preciso que vocês se divirtam juntos; vocês precisam rir juntos.

> ✳
> Você e o seu cônjuge precisam se divertir juntos; vocês precisam rir juntos.

Dave e eu ainda brincamos de luta algumas vezes. Embora estejamos mais velhos, ainda corremos atrás um do outro. É um pouco perigoso para mim, porque quando começamos a lutar, ele entra no "modo de conquista", disposto a vencer ou vencer. Às vezes digo a ele que é perigoso brincarmos dessa maneira porque é provável que eu termine machucada antes de a luta terminar.

Há vários anos, provavelmente há vinte e cinco anos, estávamos correndo atrás um do outro pela casa, brincando de "pega-pega". Eu corria e o pegava, então saía correndo e gritava: "Peguei". Então ele corria atrás de mim e dizia: "Peguei". Então eu corria atrás dele de novo e ele corria atrás de mim.

Bem, eu corri para fora, pela porta da frente, e dei a volta no nosso beco sem saída. Eu estava correndo o mais rápido que podia, depois virei para voltar para dentro de casa. A porta da garagem estava parcialmente aberta, mas estava escuro lá fora e não percebi que a porta marrom escura não estava totalmente aberta. Ela estava suspensa a alguns metros do teto e corri direto para ela, atingindo o topo da minha cabeça. O impacto me derrubou e cortou minha cabeça.

Dave teve de me levar para o hospital para levar pontos. A primeira coisa que as enfermeiras e os médicos procuram verificar é se houve abuso. Então ali estava eu com um corte na cabeça e eles estavam sondando a história. "Querida, pode nos contar o que aconteceu? Ele bateu em você?".

Eu disse: "Na verdade, estávamos brincando de pega-pega".

A enfermeira disse: "Vocês estavam fazendo o quê?".

Eu disse: "Estávamos brincando de pega-pega. Eu estava correndo atrás dele, ele estava correndo atrás de mim, sabe... Então eu corri...".

Ela disse: "Querida, trabalho aqui há muito tempo, e já vi todo tipo de situação. Mas nunca tivemos nenhum caso de pega-pega".

Falando sério, os casais precisam aproveitar todas as oportunidades disponíveis no dia para rirem. Agarre o momento, e faça com que vocês dois possam rir de alguma coisa. Eu sempre fui muito séria, contida, uma pensadora profunda, sempre pensando em alguma coisa, sempre tentando resolver algum problema. Aprendi nos últimos anos a ser mais como uma criança e a ter um coração mais despreocupado.

As coisas que Dave costumava fazer que me deixavam furiosa por um ou dois dias, agora apenas nos fazem rir. Do mesmo modo, eu fazia muitas coisas que o irritavam, e agora apenas rimos quando olhamos para trás e nos lembramos daqueles dias. Aproveitem todas as oportunidades possíveis para rir.

Seu marido precisa de uma auxiliadora, e não de uma chata, de uma patroa, de uma crítica, de uma professora, de uma oleira que quer continuar a reconstruí-lo como um vaso de barro na roda o tempo todo. Ele não precisa que você seja uma consultora pessoal, a não ser que lhe peça isso. Mas ele precisa, sim, de uma amiga e de um lugar para voltar onde se sinta encorajado, apesar do que ele tenha tido de suportar durante o dia. Talvez ele não queira reviver os estresses que passou no trabalho contando essas coisas a você, mas certamente ficará contente em fugir delas através do seu abraço caloroso quando voltar para casa. Ajude-o a entender que há mais coisas na vida do que aquilo que ele vivenciou no trabalho.

Divirtam-se! Planejem um tempo de diversão juntos. Procurem o lado humorístico de uma situação. Façam isso inesperadamente. Não sejam tão sérios o tempo todo. Riam de si mesmos!

Uma senhora refinada me procurou em uma conferência mal conseguindo dizer o que queria, mas finalmente ela admitiu: "Eu realmente não queria vir. Fiquei feliz quando liguei da primeira vez e disseram que não havia mais ingressos, mas então alguém nos deu ingressos, e eu vim".

"Estamos casados há vinte e quatro anos e temos sete filhos, e vim aqui sem esperança — eu estava pronta para desistir e me divorciar". As lágrimas começaram a descer pelo seu rosto enquanto ela dizia: "Nem mesmo estou certa de qual a razão, mas de algum modo neste fim de semana a esperança entrou em meu coração".

Baixando um pouco a voz, ela disse: "Meu marido e eu não fazemos amor há dois anos", então ela se inclinou e sussurrou em meu ouvido "mas esta noite realmente quero fazer amor com ele". A Palavra de Deus transforma o coração das pessoas. Há esperança e ajuda em Deus. As pessoas sem o Senhor estão sem esperança, mas em Cristo Jesus há um futuro brilhante.

— 309

COMO UM PAR DE APOIOS PARA LIVROS

Dave e eu somos um e estamos ficando mais parecidos o tempo todo. Quando estou com Dave, é como estar comigo mesma. Sinto-me muito confortável com ele; posso fazer qualquer coisa que desejo quando estamos juntos. Não preciso falar se não quiser ou posso falar se quiser. Às vezes Dave e eu viajamos, e dirigimos por duas ou três horas sem dizer uma única palavra. Porém, há uma comunicação silenciosa entre nós.

Realmente não me importo de fazer muitas coisas sem meu marido. Apenas não gosto de ficar longe dele por muito tempo. Dave vai fazer compras comigo; se vou ao mercado, ele vai comigo. Ainda tenho de tomar cuidado para que ele não jogue as coisas para mim quando vamos às compras, mas até mesmo essas idas ao supermercado são cheias de lembranças maravilhosas de nós dois fazendo compras, com as crianças penduradas nos carrinhos. Vejo Dave correndo atrás de nós enquanto eu tentava voltar ao propósito e à intenção do que havíamos ido fazer ali.

Muitas vezes se não quero jogar golfe ou não estou com vontade de jogar, ele quer que eu apenas vá com ele só para andar no carrinho. Ele diz: "Você pode ler ou estudar ou fazer o que quiser". Dave me mantém equilibrada; ele me faz ver o mundo de uma perspectiva nova que eu não apreciaria de outro modo.

Agora, algumas vezes ele vai sozinho e há vezes em que eu vou sozinha. Não estou tentando parecer desequilibrada, mas estou tentando compartilhar um princípio com você. Quando a Bíblia diz para deixar seu pai e sua mãe e para se unirem um ao outro, isso não quer dizer que os dois devem se casar e o homem deve jogar três partidas de futebol por semana e boliche duas noites, além de jogar golfe pelo menos uma vez depois da sua semana de quarenta horas de trabalho.

Há muitos casamentos que sofreram danos irreparáveis porque o homem estava fora o tempo todo fazendo o que queria enquanto sua mulher ficava em casa tentando criar os filhos. Deixe-me dizer outra vez: não evitem um ao outro.

Se seu marido quer jogar bola, vá e sente-se na sua espreguiçadeira. Fique ali para vê-lo jogar. Você não precisa gostar disso totalmente, mas precisa estar lá e estar lá **com** ele.

Convide seu marido para ir ao mercado com você. Quando ele disser que não quer perder tempo lá, diga a ele que você precisa de sua companhia. Esses gestos de companheirismo mudarão a sua vida amorosa.

A Bíblia diz que o homem deve deixar seu pai e sua mãe e **unir-se** à sua mulher. E lembre-se de que "unir-se", como vimos anteriormente, significa estar colado a, permanecer com, seguir. Unir-se a uma pessoa é ir aonde ela vai, estar ligado, dedicado, depender um do outro como uma expressão de amor. "Unir-se" significa fixar-se, estar permanentemente ligado como por um adesivo, estar soldado de modo a aderir firmemente ao outro em lealdade e sem hesitação.

Muitas vezes, eu simplesmente não solto Dave. "O que Deus uniu, não o separe o homem". Acredito que o propósito para o casamento é a força, porque a Biblia diz que um só homem perseguirá mil, mas dois porão em fuga dez mil (Deuteronômio 32:30). A Biblia diz: "Acaso andarão dois juntos, se não estiverem de acordo?" (Amós 3:3, AA).

Acredito que o propósito de Deus para o casamento seja o prazer. Deus quer que vocês tenham prazer um no outro assim como Ele quer que vocês tenham prazer Nele.

Satanás trabalha com afinco para destruir os casamentos, gerando contenda no relacionamento. Ele deve saber de alguma coisa que nós não sabemos. O diabo é ameaçado pelo poder de uma relação conjugal amorosa onde duas pessoas estão em unidade e em harmonia uma com a outra. Ele sabe que o amor nunca falha, então a sua única esperança é destruir o amor entre duas pessoas.

O que realmente achamos que significa quando a Palavra diz: "um só homem perseguirá mil, mas dois porão em fuga dez mil"? Quantos inimigos vocês acham que existem lá fora tentando destruí-los? Vocês têm força quando estão de acordo. A concordância é a chave para as orações respondidas. A força resulta da concor-

— 311

dância. A Bíblia diz que uma casa dividida não pode ficar de pé. Quando vivemos em contenda, destruímos a nossa força.

A Bíblia diz que se os homens maltratarem suas esposas, Deus não responderá às suas orações. Muitas pessoas não estão tendo suas orações respondidas, e creio que a discórdia no lar delas é uma das razões para isso.

O EQUILÍBRIO DO AMOR

Temos muito equilíbrio agora. Dave costumava me dizer que eu estava sempre correndo na frente de Deus. E eu dizia: "É, e você está dez quilômetros atrás Dele". Mas não estou mais correndo na frente de Deus, e Dave não está mais atrás. Certa vez, Deus deu uma visão a Dave de um grupo de cavalos selvagens que estavam puxando uma carroça com um condutor tentando refreá-los. Os cavalos estavam em um frenesi, e o sujeito na carroça tentava frear com força, de maneira que estava fazendo um sulco na estrada.

O Senhor disse a Dave: "Esta é a imagem de você e Joyce. Ela é representada pelos cavalos selvagens, e você é o sujeito na carroça tentando refreá-la. Você está tentando desacelerar as coisas. E ela está tentando correr na frente".

E assim Deus nos uniu e mudou o coração de Dave. Não podemos mudar o coração do nosso marido, mas Deus pode. Em Esdras 7:27 vemos como Deus mudou o coração do rei para se alinhar com o Seu plano. "Bendito seja o Senhor, o Deus de nossos antepassados, que pôs no coração do rei o propósito de honrar desta maneira o templo do Senhor em Jerusalém". O Senhor disse a Dave: "Preciso que vocês trabalhem juntos para que possam fluir juntos".

Passei a confiar em Dave. Sei que ele me ama e não quer o meu mal. Ele ainda pode ficar mal-humorado de vez em quando ou tomar uma decisão que eu ache que não é justa para comigo sobre dinheiro ou sobre qualquer outra coisa, mas ele geralmente conserta as coisas se eu não ficar zangada nem tentar criar um caso por causa disso. Sei que posso confiar em Deus para consertar a situação ou para me dar a graça para deixar o assunto para lá.

Depois que está casado com alguém por muito tempo, você aprende a trabalhar com ele. Se Dave tem uma ideia firme sobre alguma coisa, e vejo que o nosso debate está começando a esquentar, eu simplesmente recuo. Então, se for algo que realmente é importante para mim, posso tentar novamente uma semana depois.

Muitas vezes ele pensará de um modo diferente a respeito do assunto, mas se ele ainda pensar do mesmo modo, eu simplesmente entendo que devemos deixar o assunto para lá. Se eu me aproximar de Dave e disser a ele: "Foi isto que Deus me disse", ele sempre me deixará fazer o que quero. Mas nunca abuso disso. Quero dizer que nunca digo isso a ele a não ser que eu realmente sinta que Deus me disse algo.

Aprecio a liberdade que Dave deixa que eu tenha com Deus. Suponho que seja porque Dave sabe que ele pode confiar em Deus também. Dave nunca tenta me dizer o que fazer no púlpito. Ele me deixa dirigir as reuniões e nunca se envolve nesse aspecto. Ele nunca tenta me dizer como devo ouvir a Deus. Agora, se eu estivesse fazendo algo errado, ele me diria, mas só houve algumas vezes em que ele me corrigiu acerca de alguma coisa. Certa vez, ele disse: "Não acho que você deva dizer isso dessa maneira".

Temos um relacionamento maravilhoso agora. Mas conhecemos um ao outro muito bem e nos respeitamos. Respeito a autoridade de Dave e ele respeita o dom que Deus colocou em mim. Ele não se intromete no que Deus colocou em mim e reconhece a autoridade com a qual Deus me ungiu para estar diante das pessoas na plataforma.

Quando lhe perguntam como ele se sente ao me ver no foco do ministério, ele diz que Deus me colocou naquela posição, e ele está em paz com a obra de Deus na nossa vida. É claro que se ele não estivesse de acordo, este ministério não fluiria na unção que está sobre ele.

E QUANTO AOS FILHOS?

No início do livro, abordamos o fato de que Deus quer que a ordem, o equilíbrio e o amor fluam entre o marido e a mulher para que haja uma geração bendita liberada na terra. Estou convencida de que muito da rebelião que vemos nos adolescentes hoje em dia é causada pela contenda entre os pais.

O melhor conselho que posso dar aos casais quanto à criação de filhos é que vocês amem um ao outro e sejam abertamente carinhosos um com o outro na frente de seus filhos. Se vocês brigam o tempo todo, isso afetará seus filhos. Nos primeiros anos em que Dave e eu brigávamos, eles ficavam angustiados e iam para seus quartos e choravam. Não existe dor maior para uma criança do que a experiência da ameaça de que seus pais não se amem mais. Mas fingir amar um ao outro só por causa dos filhos não funciona.

A pessoa com quem estamos casados é a pessoa mais importante da nossa vida, além do Senhor Jesus Cristo. O seu cônjuge é mais importante para você do que seus filhos. Seus filhos crescerão e se casarão e partirão para terem vida própria, e deixarão o ninho depressa. Tínhamos quatro filhos conosco, e em um espaço de doze meses, dois deles se casaram, e outro ficou noivo.

Se você dedicar toda a sua vida aos seus filhos, um dia poderá lamentar o que fez. Seus filhos não devem estar na frente do seu cônjuge. Cuide bem dos seus filhos, mas não os coloque acima de Deus ou do seu casamento. Seja generoso para com seus filhos enquanto eles estão com você. Ensine-os a dar, deixando que eles vejam as suas ofertas e a assistência que você dá às pessoas do corpo de Cristo, mas certifique-se de permitir que esses princípios operem com relação a eles também. Deus me convenceu, anos atrás, que eu deveria dar aos meus filhos.

Conheço um homem que se recusa a ser cristão porque seu pai deu todo o dinheiro deles à igreja e deixou os próprios filhos andarem descalços, mesmo no inverno. Eles tiveram de lidar com o desconforto e o constrangimento de irem à escola sem sapatos, e aquilo criou uma amargura em seu coração que ele nunca superou.

Se você entrega seus dízimos e ofertas de acordo com a direção de Deus, acredito que sempre terá o suficiente para atender às necessidades da sua família e muito mais. Mas a Bíblia ensina em Provérbios que devemos usar de sabedoria. Às vezes podemos ter satisfação em dar a outros e nos envolvermos tanto com isso a ponto de nos esquecermos da nossa família. Em Isaías 58 a Bíblia diz que não devemos esquecer as necessidades da nossa carne e do nosso sangue.

Quando comecei a aprender os princípios sobre contribuir, eu estava dando ofertas, tirando roupas de meu armário e coisas das paredes e dando-as às pessoas. Eu queria me envolver em dar! Certo dia, o Senhor tocou o meu coração, dizendo: "Os seus filhos estão andando por aí com buracos nos sapatos, e você está ocupada dando tudo que tem aos outros". Às vezes ficamos tão religiosos com relação a um princípio divino que perdemos a essência de como ele deve funcionar para as pessoas com quem vivemos.

Damos a estranhos e abençoamos pessoas através da igreja, e isso faz com que nos sintamos bem. Se fizermos isso, as pessoas que nos virem dando gostarão de nós, e então estaremos sendo religiosos, e não piedosos. Precisamos dar ao nosso cônjuge e aos nossos filhos só porque os amamos, e não para termos a aprovação de ninguém.

Sempre encorajo os homens a se envolverem na disciplina dos filhos. O pai deve definir qual é a consequência da desobediência. Nenhuma mulher jamais conseguirá disciplinar uma criança como o homem pode fazer, e nenhum filho irá temer a mãe da forma adequada — e estou falando do tipo certo de temor — como temerá o pai.

As mães podem ter de ajudar os pais envolvidos, já que elas estão com os filhos por mais tempo que eles. Meu filho tentava me persuadir: discutia comigo e fazia acordos

> ✳
>
> Quando os filhos veem a concordância entre os pais, a segurança deles é afirmada e eles aprendem a se submeter também.

para tentar me convencer. Se isso não funcionasse, ele chorava e jogava com as minhas emoções. Mas com Dave não. Se Dave lhe dissesse alguma coisa, estava decidido, porque o homem foi ungido com a autoridade no lar. Ele deve andar nela em amor, e a mulher deve se submeter a ela apoiando-o. Quando os filhos veem a concordância entre os pais, a segurança deles é afirmada e eles aprendem a se submeter também.

— 315

O amor incondicional precisa ser equilibrado com encorajamento para que uma criança faça o seu melhor. O lar não deve ser um local de pressão onde seus filhos sintam a necessidade de ter um desempenho apenas para que vocês se sintam bem. Encoraje seus filhos a darem o seu melhor na escolha, mas nunca os compare com outro irmão ou com outra criança que você conhece.

É uma lástima o que algumas pessoas passam até o momento em que se tornam adultos. A coisa mais importante que podemos ensinar aos nossos filhos é como ter relacionamentos saudáveis e amorosos. Eles precisam aprender a conviver com os seus irmãos, e a tratar as pessoas com o mesmo respeito que veem sua mãe e seu pai tratarem um ao outro.

Se os relacionamentos no seu lar precisam de conserto, saiba que Deus está envolvido no processo de cura. Há um mover do Espírito Santo em nossos dias para trazer cura às feridas passadas e direção para um futuro frutífero.

Construa a estima em seus filhos amando primeiramente um ao outro. Para fazer isso, vocês precisam ter tempo a sós, longe deles. Passem tempo juntos como casal; saiam juntos para namorar. Talvez isso pareça tolice para vocês porque estão casados, mas vocês precisam namorar!

Lembro-me de quando Dave e eu nos casamos, e não tínhamos muito dinheiro. Talvez tivéssemos quarenta dólares sobrando para passar o mês, e isso se nenhum pneu furasse, ou se não tivéssemos nenhuma despesa inesperada. De vez em quando alguém dava a Dave entradas para um show ou um jogo de futebol ou coisa parecida para que pudéssemos sair juntos. Eu me preparava o dia inteiro para sair com Dave. O processo do banho de espuma, do perfume, da maquiagem, de pentear o cabelo, tudo isso gerava uma grande expectativa para os nossos momentos juntos.

UM BOM CASAMENTO ACONTECE INTENCIONALMENTE

Bons casamentos não acontecem por acaso. Se você quer ter um relacionamento maravilhoso com alguém, precisa trabalhar deliberadamente para isso. Não importa se você está edificando uma amizade com um vizinho, com um parente, com seu filho, com o seu cônjuge, ou com Deus, você precisa manter a comunicação fluindo de ambos os lados com a pessoa a quem você ama. Esse envolvimento faz com que o amor continue crescendo entre vocês. "Com a sabedoria se edifica a casa, e com o entendimento ela se estabelece" (Provérbios 24:3).

Descubra o que o seu cônjuge gostaria de fazer em uma noite fora. Contrate uma babá se você ainda tem filhos pequenos em casa e passem a noite fora. As crianças ficarão bem. Elas mandariam em você se você permitisse! Mas elas vão crescer e seguir o caminho delas e viver felizes para sempre, enquanto vocês dois ficarão um com o outro por toda a vida! Faça alguma coisa agora para certificar-se de que você tenha algo para o qual queira viver mais tarde!

> ✳
>
> Bons casamentos não acontecem por acaso. Se você quer ter um relacionamento maravilhoso com alguém, precisa trabalhar deliberadamente para isso.

Saiam para jantar e talvez de vez em quando fiquem em um bom hotel, mesmo que seja perto de casa. Não permitam que a vida de vocês seja monótona! Existem muitas pessoas que estão simplesmente entediadas com sua vida. Façam alguma coisa contra a monotonia! Sejam criativos! Orem e peçam a Deus que lhes dê ideias. Todo mundo gosta de mudanças, mesmo quando tem medo delas.

Protejam esses encontros entre vocês dois. Certifiquem-se de que aconteçam com frequência suficiente para manter o seu panorama agitado por cenários novos. Saiam a cada semana ou duas e descubram como é estar a sós na companhia um do outro. Demonstrem ao mundo como é o amor de Deus entre duas pessoas.

A PALAVRA DO NOSSO TESTEMUNHO

Falando dos crentes em defesa contra o acusador, Apocalipse 12:11 diz: "Eles o venceram pelo sangue do Cordeiro e pela palavra do testemunho que deram; diante da morte, não amaram a própria vida".

Amar alguém é morrer para si mesmo, mas morrer para si mesmo é a única maneira de ganhar a vida que Deus planejou para nós. Dave e eu compartilhamos um testemunho do poder de Deus para vencer a guerra do diabo contra nós. Temos lembranças infindáveis sobre as quais podemos falar mesmo quando formos velhos demais para apreciarmos viajar para lugares novos. Entendemos que os nossos dias são curtos, cheios de atividades e eventos, mas o nosso lar, onde voltamos um para o outro, continua sendo o destaque a cada novo dia.

A Palavra de Deus transforma as pessoas; ela certamente me transformou. Mudanças radicais, em todas as áreas da vida, estão reservadas para aqueles que se dispuserem a colocar sua esperança em Deus. Sinceramente não sei como as pessoas estão vivendo sem Jesus; mal posso compreender como passar um dia sem que o Senhor ilumine o nosso caminho em direção à maior de todas as coisas eternas — o amor.

— ✳ —

O testemunho do amor de vocês um pelo outro pode ser usado por Deus para atrair outras pessoas.

Para encerrar, creio que a carta escrita a você pelo apóstolo Pedro, de acordo com a versão parafraseada da Bíblia Viva, resume melhor esse testemunho da esperança que temos em Deus:

> Deus pagou um resgate para livrar vocês do insuportável caminho que seus pais tentaram seguir para chegar ao céu, e o resgate que Ele pagou não foi simplesmente ouro ou prata, como vocês sabem muito bem, mas Ele pagou por vocês o precioso sangue de Cristo, o Cordeiro de Deus sem pecado e sem mancha.
>
> Deus O escolheu para este propósito muito antes do princípio do mundo, mas só recentemente foi que Ele manifestou isto publicamente, nestes últimos dias, como uma bênção para vocês. Por causa disto, vocês podem pôr sua confiança em Deus, que levantou a Cristo dentre os mortos e Lhe deu grande glória. Agora, a fé e a esperança de vocês podem descansar somente nele.
>
> Agora vocês podem ter amor verdadeiro por todos, porque as almas de vocês foram purificadas do egoísmo e do ódio quando confiaram em Cristo, como seu Salvador; portanto, procurem amar na verdade uns aos outros ardentemente, de todo o coração.

Porque vocês têm uma nova vida. Ela não foi transmitida a vocês por seus pais, pois a vida que eles lhes deram se desvanecerá. Esta vida nova durará para sempre, pois provém de Cristo, a Mensagem sempre viva de Deus aos homens.

Sim, a nossa vida natural murchará como a erva, quando fica toda amarelada e seca; e toda a nossa grandeza é como a flor que murcha e cai; mas a Palavra do Senhor permanecerá para sempre. E a sua mensagem é a Boa Nova que foi pregada a vocês. — 1 Pedro 1:18-25

Nossa vida deve ser cheia de recompensas — cheias do testemunho do poder de Deus. Pedro prosseguiu testificando em sua primeira carta à igreja, no capítulo 2:15, que "é da vontade de Deus que a vida correta de vocês faça calarem-se aqueles que insensatamente condenam o Evangelho sem saberem o que ele pode fazer por eles, pois nunca experimentaram o seu poder" (A Bíblia Viva). Deus é maravilhoso. Ele é tremendo, e conhecê-lo, ser salvo e desfrutar os

> ✳
>
> Deus não apenas nos salvou de morrermos e irmos para o inferno; Ele nos salvou de termos de viver no inferno enquanto estamos aqui na terra.

benefícios de viver dentro da Sua divina ordem e graça é a coisa mais maravilhosa que existe. Ele não apenas nos salvou de morrermos e irmos para o inferno; Ele nos salvou de termos de viver no inferno enquanto estamos aqui na terra.

O testemunho do amor de vocês um pelo outro pode ser usado por Deus para atrair outras pessoas. O mistério de como Deus faz com que você e o seu cônjuge se tornem uma só carne em perfeita concordância por meio do casamento é maravilhoso, mas dentro do seu testemunho de como Deus faz isso acontecer está a revelação do amor de Deus por você e pelo mundo.

Deus é o Autor das mais lindas histórias de amor desta vida. Deixe-o terminar de escrever aquela que você começou.

ORAÇÃO POR UM RELACIONAMENTO PESSOAL COM O SENHOR

Deus quer que você receba o Seu dom gratuito da salvação. Jesus deseja salvá-lo e enchê-lo com o Espírito Santo mais do que qualquer coisa. Se você nunca convidou Jesus, o Príncipe da Paz, para ser o seu Senhor e Salvador, eu o convido a fazer isso agora. Faça a oração a seguir, e se você realmente for sincero, terá a experiência de ter uma nova vida em Cristo.

Pai,

Tu amaste tanto o mundo que deste o Teu Filho unigênito para morrer pelos nossos pecados para que todo aquele que crer Nele não pereça, mas tenha a vida eterna.

A Tua Palavra diz que somos salvos pela graça por meio da fé como um dom que vem de Ti. Não há nada que possamos fazer para merecer a salvação.

Creio e confesso com a minha boca que Jesus Cristo é o Teu Filho, o Salvador do mundo. Creio que Ele morreu na cruz por mim e levou todos os meus pecados, pagando o preço por eles. Creio em meu coração que Tu ressuscitaste Jesus dentre os mortos.

Peço que perdoes os meus pecados. Confesso Jesus como meu Senhor. De acordo com a Tua Palavra, estou salvo e passarei a eternidade contigo! Obrigado, Pai. Sou tão grato! Em Nome de Jesus, amém.

Ver João 3:16; Efésios 2:8,9; Romanos 10:9,10; 1 Coríntios 15:3,4; 1 João 1:9; 4:14-16; 5:1;12,13.

MAIS UMA BÊNÇÃO DISPONÍVEL PARA VOCÊ

Há outra coisa muito importante que você precisa saber.

A Bíblia chama outra benção que está disponível para você de "o batismo no Espírito Santo". Em Mateus 3:4-6;11, João Batista disse que quando Jesus viesse, Ele batizaria as pessoas com o Espírito Santo e com fogo. João estava batizando as pessoas com água, e elas estavam se arrependendo dos seus pecados, mas o batismo de Jesus era no Espírito Santo.

Em Atos 1:5-8, Jesus falou sobre esse batismo no Espírito. Ele disse que os discípulos receberiam poder (capacidade, eficiência e força) quando o Espírito Santo viesse sobre eles, e esse poder faria com que eles fossem testemunhas de Jesus.

Quando recebeu Jesus, você recebeu o Espírito Santo no seu espírito humano. Mas o batismo do Espírito é um enchimento completo. Ele enche você, e você é colocado dentro Dele. É como pedir ao Espírito para enchê-lo mais e mais com o poder e a capacidade para viver a vida cristã e servir a Deus de acordo com a Sua vontade.

Se você precisa de poder, capacidade, força e milagres em sua vida, você precisa ser batizado no Espírito Santo.

COMO RECEBER O BATISMO NO ESPÍRITO SANTO

Peça a Deus para enchê-lo e batizá-lo no Espírito Santo. Simplesmente ore, *Pai, em Nome de Jesus, peço que me batizes no poder do Espírito Santo com a evidência do dom de línguas.*

Fique relaxado e à vontade na presença de Deus. Ele o ama e quer que você tenha o melhor Dele. Espere Nele em silêncio e creia que está recebendo. Creia antes de *sentir* qualquer mudança. Você pode *sentir* uma mudança acontecendo, mas pode não sentir também. Não seja guiado pelos seus sentimentos; seja guiado pelas promessas de Deus.

Para falar em línguas, abra sua boca, e à medida que o Espírito lhe der uma forma de expressão, fale aquilo que ouvir que está vindo do seu homem interior. *Isso não virá da sua mente.* Lembre, a sua mente não entende isso.

É por isso que é tão difícil para muitas pessoas. Estamos acostumados com a nossa mente governando a nossa vida. Todo este livro é sobre a vida espiritual e sobre aprender a viver espiritualmente, e não naturalmente.

Você ouvirá ou sentirá sílabas, frases, gemidos, ou expressões que têm um som incomum ou que soarão como palavras estrangeiras. Dê um passo de fé e pronuncie-as: fale-as em voz alta. Atos 2:4 diz que eles "... ficaram cheios do Espírito Santo e passaram a falar em outras línguas, segundo o Espírito lhes concedia que falassem".

Agora você pode usar essa língua (que irá se desenvolver à medida que você crescer e exercitar o dom) toda vez que orar ou apenas para edificar a si mesmo. Não ore em línguas na companhia de pessoas que não entendem esse dom. As línguas faladas no ambiente da igreja devem ser interpretadas ou explicadas.

Desfrute a sua nova vida no Espírito!

NOTAS FINAIS

Capítulo 4

1 "casamento". Merriam-Webster online:/wwwwebster Dictionary. 2000. http://www.n.w.com/dictionary.htm (7 de agosto de 2000).

Capítulo 10

1 James E. Strong. "Greek Dictionary of the New Testament" em *Strong's Exaustive Concordance of the Bible* (Nashville:Abingdon, 1890). p. 10, N°283, s.v. "incontaminado", Hebreus 13:4 (As abreviações foram soletradas nesta e em todas as outras notas finais de Strong).

Capítulo 14

1 Strong, "Greek Dictionary", p. 58, lançamento N°4139, s.v. "próximo", Romanos 15:2.

2 "próximo". *Merriam-Webster OnLine.* (7 de agosto de 2000).

Capítulo 15

1 Um teste disponível: C. Peter Wagner, *Finding Your Spiritual Gifts:* Wagner-Modified Houts Questionnaire (Ventura: Gospel Light Publications, 1978, 1985, 1995 por Peter C. Wagner).

Capítulo 16

1 "unir-se". Com base na definição do *Merriam-Webster OnLine.* (7 de agosto de 2000).

2 Strong, "Hebrew and Chaldee Dictionary" em *Strong's Exhaustive Concordance of the Bible* (Nashville: Abingdon, 1890), p. 29, lançamento N° 1692, s.v. "unir-se", Gênesis 2:24. Com base nessa definição.

3 Strong, p. 10, lançamento N° 259. s.v. "um", Gênesis 2:24.

4 Strong, p. 10, lançamento N° 258, s.v. "um", Gênesis 2:24.

Capítulo 17

1 Gary A. Smalley & John T.Trent, The Language of Love (Colorado Springs: Focus on the Fanily Publishing, 1991).

2 "Shoooooppping" em "Why Can't My Spouse Understand What I Say?" "husbands & wives". http://www.family.org/married/comm/a0009640.html.

3 Strong, "Hebrew and Chaldee Dictionary", p. 87, lançamento N° 5828, "auxiliadora", Gênesis 2:18. Com base na definição.

Capítulo 18

1 Strong, "Greek Dictionary", p. 51, lançamento N° 3626, s.v. "guardiã". Origem grega da palavra.

Capítulo 19

1. W. E. Vine, Vine's Complete Expository Dictionary of Old and New Testament Words (Nashville: Thomas Nelson Inc., 1984), "An Expository Dictionary of New Testament Words", p. 401, s.v. "MANSO, MANSIDÃO", B. Substantivos.
2. "incrustada". Merriam-Webster OnLine (6 de agosto de 2000). Com base na definição, "2: inserido especialmente como ornamentação".
3. Vine, "New Testament Words", s.v. "MANSO, MANSIDÃO", B. Substantivos.
4. David W. Augsburger, Caring Enough to Confront (Ventura: Gospel Light Publications, 1980).

Sobre a Autora

Joyce Meyer é uma das líderes no ensino prático da Bíblia no mundo. Renomada autora de best-sellers pelo *New York Times*, seus livros ajudaram milhões de pessoas a encontrarem esperança e restauração através de Jesus Cristo.

Através dos *Ministérios Joyce Meyer*, ela ensina sobre centenas de assuntos, é autora de mais de 80 livros e conduz aproximadamente quinze conferências por ano. Até hoje, mais de doze milhões de seus livros foram distribuídos mundialmente, e em 2007 mais de três milhões de cópias foram vendidas. Joyce também tem um programa de TV e de rádio, *Desfrutando a Vida Diária*®, o qual é transmitido mundialmente para uma audiência potencial de três bilhões de pessoas. Acesse seus programas a qualquer hora no site www.joycemeyer.com.br

Após ter sofrido abuso sexual quando criança e a dor de um primeiro casamento emocionalmente abusivo, Joyce descobriu a liberdade de viver vitoriosamente aplicando a Palavra de Deus à sua vida, e deseja ajudar outras pessoas a fazerem o mesmo. Desde sua batalha contra um câncer no seio até as lutas da vida diária, Joyce Meyer fala de forma aberta e prática sobre sua experiência, para que outros possam aplicar o que ela aprendeu às suas vidas.

Ao longo dos anos, Deus tem dado a Joyce muitas oportunidades de compartilhar seu testemunho e a mensagem de mudança de vida do Evangelho. De fato, a revista *Time* a selecionou como uma das mais influentes líderes evangélicas na América. Sua vida é um incrível testemunho do dinâmico e restaurador trabalho de Jesus Cristo. Ela crê e ensina que, independente do passado da pessoa ou dos erros cometidos, Deus tem um lugar para ela, e pode ajudá-la em seus caminhos para desfrutar a vida diária.

Joyce tem um merecido PhD em teologia obtido da Universidade Life Christian em Tampa, Flórida; um honorário doutorado em divindade da Universidade Oral Roberts em Tulsa, Oklahoma; e um honorário doutorado em teologia sacra da Universidade Grand Canyon em Phoenix, Arizona. Joyce e seu marido, Dave, são casados há mais de quarenta anos e são pais de quatro filhos adultos. Dave e Joyce Meyer vivem atualmente em St. Louis, Missouri.